史學研究叢書・歷史文化叢刊

流散與匯聚：
明清以降華南地區的
流動人群及其經世策略

韓冬威、丁汀、謝智敏、梁新堂　著

前言

　　這是一部關於人群流動的歷史作品，關注的是明清以來在福建、廣西等華南地區活動的各類人群。本書追溯的人群活躍在較長的歷史時空中，他們跨過區域的邊界甚至是國界，在面貌迥異的自然環境和多元共存的文化中穿梭。他們把自己的影響從家鄉延伸到了異鄉，他們的活動場域成為了國家、社會、家族、個人互動聯結的系統。可以說國家、社會如何與流動人群發生聯繫是本書寫作的主線邏輯。而要探討其中的問題，揭示人群活動、王朝國家、族群之間的關係，需要最大限度地利用史料。本書利用了公開出版的文集、族譜、地方志、報刊、檔案等史料，另外從田野調查中獲取了一些未公開出版的族譜、碑文、信件等資料。從田野調查回到「歷史的現場」，可以更深入地研究人群活動的每個領域。總之，本書試圖以四個生動的案例，獨特的視角，展現明清以來流動人群與華南社會的複雜面向。

　　第一章主要討論貢川早期人口的構成和祖籍來源、生計及定居歷程。明中葉以前，福建內陸山區開發進程中的人口流動，不僅包括橫穿省府縣界的遠距離水平遷徙，還包括縱向跨越海拔與自然帶的垂直轉移。本文以沙溪中游河谷市鎮貢川為對象，考察當地早期的人口構成和籍貫來源。一方面，落戶於貢川的家庭以垂直轉移為主，多在明代之前就已生活在附近山地。作為更具競爭力的社區「新貴」，根據各自核心生計手段的差異，不妨將他們分為閩江流域的商業家族、外來謀生的耕讀之家和進踞河谷的山鄉舊族三類，至明代中葉，開始相互借鑑彼此的生存和發展策略；另一方面，低山丘陵和高山盆谷還分

布著很多的「土著」大姓，稍早之前，其祖先剛從原始的游耕和採獵經濟過渡到定居農業的新階段，較之匯聚河谷的新興家族具有財富和文化上的劣勢，因而在明中葉極力把自己和鄰近同姓者打造為地方名人之後，又展現出對國家正統觀念的認同。

第二章主要圍繞著福建泉州晉江東石地區的一個普通華僑跨國家族的歷史展開。主人公郭燕趁是東石郭岑村人士，其家族移民軌跡主要集中在馬來西亞霹靂州的太平地區。郭家所在的東石地區，一直以來有對外交流傳統，直至近代掀起下南洋風潮。親屬蔡氏在近代出洋到馬來亞的太平埠謀生發展，郭家因此依託蔡氏的資源得以南渡。從郭家的經歷可見不同時代局勢與個體條件共同造就了流動歷程的差異化。文章進而聚焦郭家早期的家庭生活、經濟生計和維繫鞏固代際成員的策略。到了冷戰時期，郭家開啟家庭式移民和維持兩地擺的狀態。最後關注到郭家的社會資本代際傳承問題。郭氏一門三代均介入到親友、宗親及社區的事務之中，參照出僑鄉大多數的中小層人物，正是他們形成的網絡、信任、規範，才推動著僑鄉具體的跨國實踐。

第三章討論越南及其民族解放運動在中國抗戰局勢變化下是如何被理解和宣傳的。日本於二十世紀初正式吞併朝鮮半島後，眾多朝鮮志士流亡海外展開艱苦卓絕的革命活動，由於國土毗鄰、歷史文化相通，且同樣遭受日本野蠻侵略等原因，中國成為朝鮮人民海外反日獨立運動的主戰場，特別是「三一」運動之後，更是有大批的朝鮮反日人士到中國活動。在華開展獨立復國運動的韓人深受中國抗戰局勢、政治格局、經濟因素等影響。在全面抗戰開啟之後，在華的關內韓人亦在中國整體部署的引導下，以及在自身革命活動進程的影響下逐步向中國腹地遷移。當時關內的兩股主要的韓人革命勢力──以金元鳳為中心的朝鮮義勇隊和以金九為中心的韓國臨時政府主體於一九三八年秋先後抵達廣西，韓人革命群體內遷入桂既有不得已而為之的客觀

「被動」因素，亦有自我選擇的主觀「主動」因素，他們在廣西繼續參與中國抗戰以及開展反日獨立運動。韓人在桂期間深受廣西政治、經濟、社會、文化狀況及民眾心態的影響，特別是在桂林「文化城」文化氛圍的浸染下，在桂韓人通過創辦期刊雜誌、創作各類文學作品、排演戲劇、對敵宣傳等方式，積極開展各項文化活動，迸發出蓬勃的文化活力，融入抗戰文化洪流中。《東方戰友》是朝鮮革命者在桂期間創辦及發行的重要刊物。是在桂韓人開展文化活動的重要平臺。該期刊由獨立革命家李斗山於一九三九年一月在廣西創辦發行，當中登載了近二十篇以越南為主題的文稿，包括社論、雜文、詩文、宣言、公函等，是亞洲各弱小民族相關文章中除了朝鮮之外數量最多的，體現出朝鮮對越南的關注。這些文稿呈現出以革命敘事為主、以文化敘事為輔的多面向內容，成為窺探在桂韓人這一「他者」對越南認知的有益「窗口」。從《東方戰友》中越南革命敘事和文化敘事的變化，可窺視朝鮮革命者對越南獨立運動的認知發展過程，亦透露出朝鮮革命者對自身革命進程的審視與反思。

第四章以廣西水上社會民船民主改革為切入點，討論新中國成立初期國家權力在西江水域社會的滲透以及建立水域社會新秩序的過程。新中國成立初期，水域社會的混亂情況要比陸上鄉村社會顯得更為複雜。歷朝歷代國家政權力量對水域社會的滲透都是極為有限。大量「倚水維生」的人群，具有文化水準低下、分散，流動性強等特點，這決定了新中國成立初期國家權力對水域社會控制與建立新秩序的難度。中國共產黨通過在水域推行民船民主改革運動，在水域社會中塑造新中國的形象，實現了對西江水域人群的有效管理，真正建立起穩定的水上秩序。

大一統中國歷史發展的內在一致性，正是本書各章中所要堅持的歷史邏輯。瞭解中國社會是本書寫作的出發點，華南是本書關注的重

點區域，希望能沿著這樣的足跡，在華南社會中尋找到更多富有啟發
性的生動案例。

目次

第一章
明中葉前福建內陸的山區開發與人口流動
——以沙溪中游為例

韓冬威

　　既往研究根據地域考察各片山區的經濟開發過程，圍繞勞動力的來源、構成與分布進行了大量探討，留意到外來人口的複雜性和多樣性，揭示出族群之間潛在矛盾對山區秩序的負面影響。[1]然而，這些論述側重於宏觀尺度的分析，展現的多是二維平面的人口流動，鮮少涉及微觀地形下跨越垂直自然帶譜的遷移行為，忽視了山地環境的特性，也消解了形形色色外來開發者的內部差異。事實上，「外來」的具體標準模糊不清，既包括數百年間相繼逃離原籍的移民、流民與客民，又可能涵蓋那些復出山林、重返編戶的棚民和逋民，不僅是長期累積的結果，還是利益競逐雙方彼此攻訐和詆毀的說辭，很難找到一條確切的內外分界線。以下把眼光放小，聚焦福建內陸河谷市鎮貢川

---

[1] 參見曹樹基：〈明清時期的流民和贛南山區的開發〉，《中國農史》1985年第4期；〈明清時期的流民和贛北山區的開發〉，《中國農史》1986年第2期；蕭正洪：〈清代陝南的流民與人口地理分布的變遷〉，《中國史研究》1992年第3期；馬雪芹：〈明中期流民問題與南陽盆地周邊山地開發〉，《陝西師大學報（哲學社會科學版）》1995年第1期；饒偉新：〈明代贛南的移民運動及其分布特徵〉，《中國社會經濟史研究》2000年第3期。

的早期移民史，結合沙溪中游的山區開發進程，嘗試在特定的空間中，闡釋明中葉前東南丘陵的人口流動實態和社會經濟變遷。

　　本章主要運用貢川當地所見族譜，結合相關地方誌和文史資料，以及田野調查採集到的資訊，將在簡要介紹貢川周邊環境的基礎上，先後關注貢川當地和附近山區的各色人群，儘量梳理他們的祖籍來源、生計模式和定居歷程。不難發現，相較於遠距離和大範圍的水平遷徙，貢川更不乏四圍群山裡走出的鄉民，亦即「自上而下」的新住戶，這種垂直方向的人口流動體現了河谷的發展優勢，它得益於王朝國家的存在、水利灌溉的便捷和商品貿易的萌芽。而在高山盆谷地帶，核心生產方式逐步從游耕採獵向定居農業轉型，新耕作技術騰挪和空閒出的大片山田亟待墾殖，又開始吸引外地的佃農進山拓荒，催生了垂直方向「自下而上」的人口流動。

第一節　貢川：沙溪中游的河谷市鎮

　　貢川古名「掛口」，又稱「固發口」、「發口」、「闊口」，意即地勢平坦且植被繁茂的水口，是沙溪與其支流貢溪（又稱坊溪，今胡貢溪）合流處西北岸逐漸形成的河谷聚落。福建內陸山區地名中的「口」，多指幹、支流交匯口附近的開闊地，如永安城關所在的浮流口、貢川上游二十里的益口、貢川下游十餘里的溪口和近三十里的莘口等，依次是桂口溪、益溪、溪源溪和薯沙溪注入沙溪的節點。它們憑藉地利之便，吸納各方人群，轉輸山鄉物產，容易發育為較大規模的村鎮，常有渡口、橋樑、墟市分布，往往充當著周邊的社會經濟中心。貢川亦不例外，甚至曾經扮演過比永安（該地於景泰三年設縣）

更重要的角色，以致有「先有貢川，後有永安」之說。[2]因此，貢川一隅的歷史變遷，也是沙溪中游山區開發進程的一個縮影。

同為閩江三大源流，與建溪、富屯溪相比，沙溪沿線的地域開發最為遲緩，特別是其中游的永安、明溪和三明河段，宋元時期還是尚未充分墾闢的處女地，處在汀州和南劍州之間模糊的交界帶，是沙溪流域乃至整個閩江上游最晚析置新縣管理的區域。究其原因，無疑與自然環境的客觀條件和地理位置的邊緣屬性有關。一方面，當地身處閩中大山帶，與外界交通聯繫脆弱，是閩西與閩北的過渡地帶。儘管很早納入王朝版圖，但這裡經濟開發較遲緩，長期徘徊在採獵游耕階段，農業落後且盜賊猖獗，各色人群的生計模式普遍具有流動性，其整體上被華夏網絡切割包圍的同時，也不乏國家鞭長莫及的「化外之區」。另一方面，本區以沙溪幹、支流為軸線，形成河谷沿線、低山丘陵和高山腹裡三個地帶。宋元以前，地方政府通過鄉里組織的管理、防禦工程的設置以及民間社會的自我凝聚，逐漸穩定了河谷沿線的秩序，並部分滲透到低山丘陵乃至高山腹裡的村寨和關津要害，不斷嘗試改造著山內居民的文化傳統。其間，沙溪兩岸的橋渡和墟市悄然興起，催生出一些規模較大的河谷聚落，既充當了山村與山村溝通的仲介，又轉變成山區與山外交往的門戶，紛紛從籍籍無名的水口躍升為串聯周邊山地的集鎮，貢川便是其中之一。

貢川位於沙縣縣治上游一百二十里，浮流（即日後的永安縣治）下游四十里，是進出沙溪中游腹地的水陸碼頭。其中，沙溪和貢溪的交匯口西北岸面積最大，除了西北面的後山和麻公嶺，盡是竹林窠、白石坑、狐狸坑、順安洋、後山洋、深壟洋這樣的低窪之地，適宜水稻灌溉，方便農業生產，吸引人口聚集，社區規模最大，可以說是狹

2　永安市情調查組編：《百縣市經濟社會調查・永安卷》（北京：中國大百科全書出版社，1993年），頁395。

義上的貢川；[3]西南岸與之僅一水之隔，名字叫巫峽頭，地塊雖然狹小，但卻不乏良田，因貢溪日常的水量有限，和西北岸幾乎融為一體，由此出發，循山路南行可達上游的浮流；它們對面是水東，岸邊地勢較陡峭，耕地多以山田為主，居住者稀少且零散，通過渡口聯接水西，是貢川北向前往沙溪下游的陸路出口。河谷地帶之外，群山連綿不絕，西北方是相對和緩的低山丘陵，東南方分布著數座海拔一千米以上的高山。顯然，貢川在沙溪中游的交通價值非凡，既是左岸與右岸之間互動的橋樑，又是沙縣控制其西南偏遠部分的咽喉要道——南宋咸淳元年（1265），慧照庵（寺）創建在西北岸，[4]標誌貢川的社區體量業已發展到一定規模。

值得注意的是，貢川的早期開發深受沙溪上下游商民影響，外鄉人在當地社會扮演著舉足輕重的角色。例如，十四世紀中葉前，固發口渡作為貢川最核心的公共設施，就是清流馮氏一家私產，本鄉百姓無從參與管理，而在隨後收回該渡的過程中，我們也不難察覺上下游兩個方向來訪者的蹤跡和文化傳統的薰染。

十四世紀初，固發口渡的管理問題積弊已久，興資創辦但住址甚遠的業主難以約束擺渡人的不良行為，致使即便「賃者歲輸賦若干」，卻無奈「舟子貪得，人咸病焉」，既限制渡口發展，又阻礙兩岸交通。[5]於是，元至正戊子（1348）春，貢川處士嚴覺心、義士李君實與馮氏子弟商討，索回渡口產權，改私渡為義渡，另募集資金「置田以為長久計」，「擇舟子之能者領之，力耕所收而供所需」，初步訂

3　這些小地名，散見於當地族譜或其他民間文獻內的圖版。

4　（明）蘇民望修，蕭時中、賴萬璵纂：萬曆《永安縣志》（明萬曆二十二年刊本），《日本藏中國罕見地方志叢刊》（北京：書目文獻出版社，1991年影印），卷8，〈雜志‧寺觀〉。

5　（元）王中：〈貢川臨津門義渡並田段記〉，光緒《重建貢堡浮橋冊》（清光緒三年刊本），頁62b。

立相關組織章程，正式將固發口渡變成貢川鄉民治下的公共事業。[6]
接下來的十餘年間，「嚴公之心，猶為未已」，他先是三年後在義渡的
西端創建臨津閣，安奉大悲尊佛（觀音菩薩），以期「有田而渡久，
有閣而田更久」，後是邀請沙縣貢士王中撰寫記文，講述自己與李君
實率眾重整義渡的原委，並於至正二十二年（1362）刻碑立石以示紀
念，不斷完善固發口渡運營機制，力求這項服務的穩定和持續。[7]筆
者以為，該交通設施歸屬性質變化的背後，隱含了地方社會組織模式
的轉型——十四世紀中葉，本地居民開始取代外鄉客商，成為維護公
共工程和進行社區管理的主體。

　　這一系列舉措，預示著以固發口渡為中心的地域社會悄然誕生。
借助當年的參與者捐獻名單，我們能夠大致推測貢川彼時的族姓構成
和空間範圍。除了「舍義渡基一片」的清流馮松撫裔後人外，還有與
李君實「共舍鈔五十錠，置義渡田」的鄧伯賜、李景元、張文奇、李
德甫、劉世琛、張文德、李元右、羅淨德、嚴汝可、林積善、林九
靜、金德甫、林石泉、姜大三等十四位信善，以及「舍臨津閣基一
片」的里人劉權甫，和捐出閣後菜園一片的姜真常、姜仁壽。[8]他們
作為貢川及鄰近區域的鄉民代表，來自鄧、李、張、劉、羅、嚴、
林、金、姜等九個姓氏，主要分布於河谷沿線和低山丘陵地帶，基本
上是明代之前就已活躍在沙溪水畔的人群，日常需要乘渡船往返於兩
岸。另一方面，義渡田段的位置與控制狀況也反映了該鄉族組織的權
力界限。相關資料顯示，渡田原計四處，位於河谷（貢川對面的水東
和上游的長道洲）的三處長期掌握在理事者手中，靠近高山（東南方
的洋廚溪鄧舍山）的一處僅十餘年後便不幸失管，始終沒能找補回

6　（元）王中：〈貢川臨津門義渡並田段記〉，頁62b。

7　（元）王中：〈貢川臨津門義渡並田段記〉，頁62b-63b。

8　（元）王中：〈貢川臨津門義渡並田段記〉，頁63b。

來。[9]有理由認為，元末的「貢川」尚未染指深山腹地，無法妥善管理距離河谷較遠的田產，而那些居住在高山的人，絕大多數仍舊游離於貢川的地域社會網絡之外。

事實上，貢川鄉民收歸義渡不久，當地就被納入明王朝統治之下。明初，延平府沙縣的二十六都以貢川為中心，囊括了周邊幾條溪流串聯起來的山區。根據地理環境差異，大致分為三個板塊：其一是沙溪兩岸的河谷地帶，海拔高度通常不超過二百米，面積最為狹小，農業稟賦良好，引水灌溉便利；其二是緊鄰河谷但起伏不平的低山丘陵，對稱分布於河谷地帶的兩側，海拔高度在二百至五百米間，占地比例最大，耕地以山壟田為主；其三是偏居東南的深山腹裡，海拔高度普遍達到五百米以上，含多座千餘米高峰，距離河谷路途曲折，外部勢力難以滲透，村落和人口集中在少數幾處山間盆谷，主要依靠梯田種植糧食。除了貢川，二十六都的民戶還散處於群山和密林裡的村落——明末，方志記載的該都地名僅七處，即第一板塊的貢川、大坡（今龍大）、小坡（今南阪）、第二板塊的沖村、瑤田、東坑以及第三板塊的余荊山；[10]清初之後，西北部的瑤田改劃二十七都，相關方志內的地名新增六處，即第一板塊的發沖（今新發沖）、第二板塊的上甘地、下甘地（今龍嶺）、卓步和是第三板塊的楊家畬（今洋峰）、熊荊山（今張荊）。[11]晚近以來，貢川鎮的轄區範圍較原二十六都又有縮減（余荊山、沖村陸續劃出），現今十五個行政村中，七個位於第一板塊（貢川鎮內的攀龍、集鳳、延爽、觀成和新發沖、龍大、南阪），五個位於第二板塊（龍嶺、井崗、大阪、岩下、紅安），三個位

9　（元）王中：〈貢川臨津門義渡並田段記〉，頁63b-64a。

10　萬曆《永安縣志》，卷3，〈建置志‧坊里都圖〉。

11　（清）裘樹榮修纂：雍正《永安縣志》（清道光十三年重刊本），卷2，〈疆域‧坊里都圖〉。

於第三板塊（洋峰、雙峰、張荊）。

總之，貢川早期的聚落發展，與其瀕臨沙溪的地理位置息息相關。憑藉著濱河的航運優勢和河谷的農業稟賦，當地吸引了眾多沙溪上下游的商旅和移民，是鄰近山區首屈一指的水陸碼頭、戰略樞紐和市場中心。相關資料所限，我們並不清楚當地何時發育為市鎮，但能確定的是，沙縣曾於此設「西倉」，永安析置新縣之後，又改稱「北倉」，並設驛站貢川鋪，是沙縣到永安郵傳驛路的必經之地；[12]至遲弘治年間，地方文獻中開始出現「貢川市」，表明當地躍升為重要的商業中心。[13]以下首先關注河谷的新興「望族」，隨後考察其周邊低山丘陵和高山腹裡的「土著」，力圖更加完整地展現，明中葉前福建內陸山區開發背景下的人口流動實態。

第二節　新貴：聚向河谷的「望族」

宋元以降，閩西北山區乃至更遠方的人群逐漸匯聚到貢川，讓這個河谷村落演變為一座新興市鎮。該過程中，當地居民幾經更迭，貧富分化悄然發生，明代以來形成不少名門望族。按照他們早年的生計模式和遷徙路線，不妨將之大致分為三個類型：閩江流域的商業家族、外來謀生的耕讀之家和進踞河谷的山鄉舊族。前兩者來自沙溪中游山區之外，分別以經商或耕田作為根本的生計模式，後者往往是山民裡的精英份子，移住貢川主要是追求自身發展，各方面表現對前兩者均有借鑑。抵達貢川伊始，他們仍舊具備相當的流動性，常因賊寇襲擾再度外遷別處，永安設縣之後，伴隨著周邊區域秩序的穩定，這

12　（明）陳能修，鄭慶雲纂：嘉靖《延平府志》（明嘉靖刊本），卷1，〈公署志〉。

13　（明）黃仲昭：弘治《八閩通志》（明弘治庚戌年刊本），卷14，〈地理・坊市・延平府〉。

些家族才陸續落戶在貢川，積極參與公共建設之餘，還嘗試引導社區文化的走向。同時，他們的謀生策略也愈益趨同，商業家族開始讀書入仕，耕讀之家亦會涉足貿易，家計之道顯示出多樣化特徵。

一　閩江流域的商業家族：以劉進五裔為中心

貢川憑藉沙溪水路之便，很早就已融入閩江流域的市場網絡，吸引商旅於此轉輸物資或落腳停歇。前文提到的清流馮氏，就是元代穿梭於閩西與閩北、閩東間的商業家族，雖然創立過固發口渡，但並未選擇定居貢川。與之不同，還有一些行商坐賈常駐下來，或支援地方上的公共事業建設，或參與山林資源的開發和運銷，藉財富和德望的積累而躋身「望族」。值得注意的是，這類家族來自閩江流域，長時間內保持著流動性，以期滿足商品經濟和躲避賊寇的雙重需要。永安縣析置後，他們先後開啟了各自的「在地化」轉型，將大量商業資本兌現為田地，謀求由科舉實現階層的躍升。前文提到的臨津閣基捐贈者劉權甫的家族，即其中之代表。

與清流馮氏一樣，劉權甫家族也在沙溪沿線捐資置產，投身到多個市場節點的公共建設，屢次往返於閩江流域上下游，無疑是以經商為業的生意人。

根據族譜記載，該支開基祖劉進五，南宋孝宗時遷貢川，「隱居營溪，足跡不入城市，生平樂善好施，人皆以『長者』稱之」，不僅是貢川本地重要祠祀正順廟的檀越主[14]，還向沙縣城頭渡慷慨解囊獻出過自家的一塊腴田。[15]他的財力如此雄厚，或許與經營山林有

14　正順廟內神龕前橫樑底面書：「前代檀越劉進五公、男八一、孫千十等祈合族昌隆者」。

15　〈進五公傳〉，光緒《劉氏家譜》（清光緒二十二年刊本），卷14，〈龍雲堂世傳〉，頁1a。

關——營溪，是貢川南面丘陵間的一片產業，周邊岩壁險峻，絕非沃野良田，但卻堪稱劉氏家族長盛不衰的根本。其傳文說：「公之將買營溪也，有以岩險止之者，公笑而應之曰：『汝不聞乎？昔楚孫叔囑其子曰：我死，王與爾地，則必以寢丘為請，地瘠而名惡，人之所棄也，惟此可以長有。況岩壑幽邃，足吾為菟裘乎？』」[16]考慮到山區的自然環境特徵，進五效法孫叔敖的「寢丘之志」，未嘗不是符合山民生計需要的理性選擇，給他的子孫後代積累了豐厚的物質財富。

　　劉權甫是進五公的六世孫，元末時參與過收回義渡的善舉，捐獻出自家地基來修建臨津閣。[17]相關資料闕如，我們無從知曉他的生平，但能確定的是，當年，無論他本人還是他所屬的家族，都在貢川本地享有極高的聲望，憑藉義渡股東、臨津閣信善和正順廟檀越主的多重身份，積極參加地方上的公共事業。不過，劉氏子弟似乎並未徹底定居，始終保持著較大的迴旋餘地。元明易代之際，閩中山區再度賊寇頻發，劉權甫的後輩顛沛流離，艱難輾轉於閩江流域上下游各地。多年以後，其孫劉宗福（1351-1413）重歸故里，簡要回顧了這段經歷，曾自敘曰：

> 至正甲午（1354）間天下擾攘，時貢中山寇竊發，劫掠焚毀。遂奔福城，僦舍畫錦坊，移住河東遭回祿，移於奧橋，又移洪塘水。寇作亂，避於十四門橋，幾遇害，復入居福城東門，值歲大饑。至壬寅（1362）還歷西，丙午（1366）歸於貢。戊申（1368）鄧賊流毒，奔余荊山，官軍攝其後，更竄上山洋，幾為草竊所掠，遂奔豐城。己酉（1369）來余荊山，庚戌（1370）始寧。[18]

16　〈進五公傳〉，頁1a。

17　（元）王中：〈貢川臨津門義渡並田段記〉，頁63b。

18　〈汝錫公傳〉，光緒《劉氏家譜》，卷14，〈龍雲堂世傳〉，頁1b。

劉宗福的自敘，展現了一個商業家族面對山區戰禍的生死抉擇。貢川改立義渡僅六年後，閩江上游再度陷入動盪，令劉家人迅速逃往下游入海口的福州，暫且租住在瓊東河西側的晝錦坊，接著遷轉於福州城附近的河東、奧橋、洪塘水、十四門橋、福城東門等地，數次瀕臨劫難，所幸活了下來。同期，陳友定屢敗陳友諒部將鄧克明，重新穩定福建內陸的社會秩序，至少給沙溪沿線的聚落提供了相對安全的發展環境。於是，至正壬寅（1362），也就是嚴覺心樹碑立石那年，劉宗福一族便回到歷西（今三明梅列），過了四年方才復返貢川。可惜好景不長，閩中山區很快又成為明朝官軍征伐的對象，亂世中「鄧賊流毒」（鄧克明餘黨）、「草竊所掠」（本地的賊徒）橫生，迫使劉家人奔向貢川東南方的大山裡（豐城在今大田桃源，余荊山在今永安上坪，分居天寶岩南北）避難。這一切亂象，終至明洪武三年（1370）落下帷幕。照理來說，剛成年的劉宗福將編入沙縣二十六都的里甲系統，而受明初畫地為牢管理體制束縛的劉家人，則會在相當程度上喪失自身固有的流動性。

明前中期，劉家的故事乏善可陳，族譜沒有太多的記載。我們僅知道，劉宗福生三子，長子子珩早卒，老二子瓊、老三子璉分福、壽兩房。[19]其中，福房十二世有劉長成（1461-1533）「幼習舉子業，鬱鬱不得志，卒棄去，挾計然策起家，稱素封焉」，再度投身商賈而發家致富，還獲得了鄉飲大賓的頭銜。此外，他深知讀書的重要性，「遂延名宿教子孫」，甚至「親自督率，日夜弗衰」，以致生前「親見者四十餘人，在庠者十有三人」，為鄉鄰所稱道。[20]他死後，祭田累計達七十八筆，散布在貢川東北的柳州城一帶，另設應付差役、資助科

19 光緒《劉氏家譜》，卷3，〈劉氏龍雲堂世錄〉，頁6b。
20 〈文樂公傳〉，光緒《劉氏家譜》，卷14，〈龍雲堂福房世傳〉，頁2a。

舉的役田與科田，以備子孫之需，交由四房輪收。[21]這四房，即四子厚富、厚堂、厚福、厚鼎分衍的仁、義、禮、智四派，是當年劉進五裔的大多數。相比之下，壽房略顯平庸，十三世孫劉震（？-1560）儘管精通堪輿，卻慘遭算計而破產，只好辛勤勞動，以盼恢復家業，不過，較之尋常人家，倒也寬裕得多。[22]需要補充的是，以上歷程均以永安縣析置為背景。

　　這一時期，劉進五裔的商業資本大量轉化為在地田產，鞏固住自身在地方社會的話語權。首先，福房十三世的厚富（1483-1545，號文樂）、厚堂（1488-1556，號石崗）、厚福（1496-？，號角峰）皆被推選為鄉飲大賓，彰顯了家族的名望。[23]其次，厚堂、厚福兩支於家族舊有永安縣二十六都三圖十甲「劉長成戶」外，承擔新的戶籍「劉堂福戶」，隸屬同都十圖十甲。[24]而且，劉氏全族及各房派紛紛創立祭田眾多，如「始祖進五公暨列位祖考妣蒸田」、「福房文樂公暨祖妣蒸田」、「福房義派石崗公暨祖妣蒸田」、「福房禮派角峰公暨祖妣蒸田」、「福房智派公業」、「壽房列位祖考妣蒸田」，分別是劉進五裔、福壽兩房及福房支下三派的公共財產。[25]最後，還有族人擅長打理家業──厚福「承先人創業之厚，益拓而大之，而性尚節儉，無封靡習，至濟困扶危，則傾囊不吝」，受到里民欽佩，並「構草堂于柳城

---

21 光緒《劉氏家譜》，卷7，〈福房蒸田〉，頁5a-11a。

22 嘉靖末年，貢川築堡之際，劉震代表壽房一支捐了六丈城牆，處在捐款名單的前列。

23 光緒《劉氏家譜》，卷3，〈龍雲堂福房仁派世錄〉，頁8b；卷3，〈龍雲堂福房義派世錄〉，頁1a。

24 光緒《劉氏家譜》，卷7，〈福房蒸田〉，頁10a、頁17a。

25 光緒《劉氏家譜》，卷7，〈龍雲堂福壽二房蒸田〉，頁1a；卷7，〈福房蒸田〉，頁5a、12a、15a、50a、56a；卷8，〈壽房蒸田〉，頁1a。這裡之所以沒有福房仁派，是因為該派後裔遷居尤溪，僅留下一系列的「歸眾苗田」，交由義派的孝悌忠信四房輪收，作為「春秋兩祭墳墓並祭忌日之費」。

角峰，葛布野服處其中，因自為號焉」。[26]實際上，角峰堂是管理柳城
一帶山田的中心，「有山若干片、田若干畝，以為奉祀及修葺之資」，
賠佃給一些鄧姓人租種經營。[27]總之，隨著族產拓張和在地化，嘉靖
末年，劉進五裔繁衍到十五代，男丁約四十人左右。

與劉進五裔經歷相似的，還有元初來貢川的旗峰楊氏。該族始祖
楊宏生於南宋末，曾經「隨父避亂閩城，入贅侯官王氏，轉居龍湖
（今明溪縣龍湖村）」，從閩江下游回遷內陸，緊接著又移居到貢川，
死後「葬於建旗峰」，即旗峰楊氏鼻祖。[28]楊功和（1366-1441）是他
的玄孫，其次子楊子余（1393-1459）年幼時遭遇鄧茂七之亂，[29]宗支
的繁衍陷入停滯狀態，連續四代單傳，家資也不富裕。多年後，隨著
閩中山區社會經濟的復甦，楊氏子弟才依靠商業頭腦和山林經營，扭
轉自身命運。晚明之際，裔孫楊郁林主持分家事宜，談及祖上產業旗
峰的緣由，對族人解釋說：

> 蓋旗峰辟自曾祖諱乾元公。時高祖諱誠公以計然策起家，享眉
> 壽。是以乾元公一意山水間，中年得旗峰，種松竹，庀宅舍，
> 辟門亭，又建雲澗一亭，岩石崚嶒，逶迤石徑，一一皆乾元公
> 經營而成，晚而自號為『旗峰』云。公二子，一諱震威公為福
> 房；一諱震耀公為壽房。公遺命：山中亭舍，共為遊息所，毋
> 分屬，而山則各有水為界，長公山界右，次公山界左，各自植

26　（清）楊燤：〈角峰公傳〉，光緒《劉氏家譜》，卷14，〈龍雲堂福房世傳〉，頁2b。

27　光緒《劉氏家譜》，卷13，〈角峰堂圖〉，頁6b；卷7，〈福房蒸田〉，頁5a-11a。

28　民國《楊氏家譜》（民國三十三年刊本），卷2，〈歷代世錄〉，頁10a。

29　（明）李珏：〈貢川旗峰楊氏譜序〉，民國《楊氏家譜》，卷1，〈序〉，頁14b。李序
　　原文稱，楊子余「以沖年丁鄧寇之亂」，存在時間上的紕漏，可能是楊氏後人跟李
　　珏講述家史時的誤傳。

木以為產業焉。[30]

　　顯而易見，楊家的發跡始於祖業旗峰山場的松竹經營活動。「以計然策起家」的高祖楊誠（1474-1556）係楊子余的曾孫，「當式微之際屹起家至萬金」，樂善好施的他，「嘗拯人之溺、賑人之困，有古仁惠風」，熱衷家族建設，「其厚于本宗一意，尤可嘉尚焉，買近地為業塚，葬其高、曾、祖、叔伯、父母，其後有不能舉者，咸列以昭穆而合葬焉，歲有祭祀，公可謂知『親親之愛而厚其一本』者矣」。[31]其子楊乾元（1507-1557）字道亨，號旗峰，是父親生意上的幫手，及貢川北郊旗峰山水景觀的締造者。他娶妻姜氏愛娘，育有震威、震耀兩子，分為福、壽二房。此外，楊氏父子還不斷募集田產，相繼於嘉靖戊子（1528）、壬寅（1542）、甲寅（1554）三年購置有十九段充入「福壽二房忌墓祭田段」，奠定了旗峰楊氏的族產基礎。[32]

　　嘉靖末年，楊家富甲一方，子孫迅速繁衍，全族已有男丁近十人，擺脫了先前的「式微」態勢。福房祖楊震威（1527-1595）字德昭，號敬齋，先娶劉厚福女蓮娘為妻，繼娶永安城陳桂峰女增娘為妻，通過姻親關係擴展了自身的社會網絡。他有名顯、名第、名時、名教四子，分仁、義、禮、智四派，子孫眾多，構成了日後旗峰楊氏的主體。[33]壽房祖楊震耀（1538-1577）字德光，號北泉，改號仰高，娶李朝正女玉桂娘為妻，生名標、名聲，分中、和兩派。[34]而且，兄弟二人還分別擔任永安縣二十六都一圖五甲、七圖八甲的里長，「又

30　（明）楊郁林：〈旗峰福壽二房約言〉，光緒《楊氏家譜》，卷11，〈福壽二房約言〉，頁1a-1b。

31　（明）李玨：〈貢川旗峰楊氏譜序〉，頁14b-15a。

32　光緒《楊氏家譜》，卷11，〈福壽二房忌墓祭田段〉，頁9a-11b。

33　民國《楊氏家譜》，卷2，〈歷代世錄〉，頁17a-18a。

34　民國《楊氏家譜》，卷2，〈歷代世錄〉，頁18a-18b。

共立貢川等處米田應役，俱各輪收當平訖」。[35]總之，遷居貢川以來，楊家人終於享有了地方上的一席之地。

與前兩個家族不同，羅仕通裔原居閩北，並沒有避難閩江下游的經歷。按照其族譜的說法，開基祖羅仕通於明初從沙縣竹林塋遷入貢川，其後子孫世居於此。[36]繁衍至第五代，羅華（1475-1550）因感家道稍顯衰落，「大加奮勵」自己，快到四十歲的時候，「盡復其舊，而恢張益閎」，很可能參與了閩江流域的商業活動。[37]他晚年榮膺耆賓，深受鄉民的敬重，其行狀開篇稱：「羅氏諱華，字彥榮。高祖仕通，曾祖福勝，祖子集，考轉富，皆世居貢川，族系繁衍至今，建陽、崇安多其族人」，透露出羅家人與閩北林木貿易的潛在關係。[38]他的孫子羅天長（1534-1612）還「傾產鬻木于榕城」，親身到訪江南六鼇山、閩北武夷山等地。[39]另一方面，該族一世祖仕通字學優，二世祖福勝字永錫，三世祖子集字孔成，四世祖轉富字方谷，似乎並非眾祖先的真實名字，而是晚輩們重述家史的一種建構。[40]由此，不妨推測，羅氏早年也不富裕，但卻廣泛分布在閩江上游的河谷沿線，主要從事林木生意。與旗峰楊氏一樣，羅仕通裔發家的年代亦在鄧茂七之亂後。嘉靖間，羅華三子雲鵬、雲鶚、雲鶴分為福、祿、壽三房，全部男丁不到十人，已經傳續至第七世。

---

35 （明）楊名顯：〈福壽二房議立祭田定額〉，光緒《楊氏家譜》，卷11，〈福壽二房議立祭田〉，頁7b。

36 （明）羅明祖：〈豫章郡貢川羅氏族譜序〉，光緒《豫章羅氏家譜》（清光緒十六年刊本），卷1，〈原序〉，頁1a-1b。

37 （明）林祥：〈明處士彥榮羅公暨淑配鄧氏孺人墓誌銘〉，光緒《豫章羅氏家譜》，卷3，〈墓誌銘〉，頁1b。

38 （明）林祥：〈明處士彥榮羅公暨淑配鄧氏孺人墓誌銘〉，頁1a-1b。

39 （明）羅明祖：〈先府君行狀〉，光緒《豫章羅氏家譜》，卷2，〈行狀〉，頁1a-1b。

40 光緒《豫章羅氏家譜》，卷2，〈歷代世錄〉，頁1a-2b。

二　外來謀生的耕讀之家：以林菊所裔為中心

貢川一帶地處河谷，多條山溪相繼於此注入沙溪，耕地資源相對豐富，方便農民引流灌溉，是沙溪中游少有的良田沃壤。宋元以降，這裡經濟開發尚待深入，存在許多未墾闢的荒野，在山外人口壓力和戰亂災荒的共同促進下，一些以農耕為生的家族紛至沓來。與閩江流域的商業家族不同，他們主要源自於贛東北山區，更加強調土地經營，瞭解讀書的重要性，基本不太涉足商業，家計困頓之際，也會選擇行醫，總體上講子孫繁衍緩慢。然而，個別佼佼者能通過科舉躋身士林，迅速實現家族振興。林菊所裔即是其中翹楚，但不具有「望族」形成模式的代表性，反倒是默默無聞的沖村夏氏、貢川聶氏，更符合明中葉前山區拓荒者的一般狀態。

按照族譜的說法，林氏始祖菊所公並非山區土著，而是一位原籍廣信府弋陽縣的歲進士，曾任職延平府司錄參軍，卸任返鄉之際，「時當宋祚傾頹，干戈塞道，因睹貢川山水之勝，遂徙而居焉」。他的名諱皆已失考，菊所只是可能的號，林氏後輩因「公以上弗可深考，故尊公為始祖」。[41]他生前購置過三植房屋，地處沙縣城西黃橋頭叢桂坊，死後留給子孫，以便收租祭掃，「後因明季寇亂失管」；他與妻張氏分別葬於沙縣東郊外和西南方的浮流，彼此相距遙遠，不在貢川當地。[42]筆者推測，菊所本人尚未定居貢川，不過是南宋末於沙溪中下游流落的異鄉人。其子興九公字阜欽，待人誠懇，心胸豁達，「人有以非義相犯者，公以情恕理遣，不為少忤」，「有奴盜金帛、繒絮、什器等物，棄妻女逃去，公亦不怒，厚其妻，嫁其女，數年，奴聞之歸，頓首請罪，公亦無言，故鄉人稱長者必以公云」，獲得鄉民愛

---

41 光緒《林氏家譜》（清光緒十六年刊本），卷2，〈福壽二房世錄〉，頁1a。

42 光緒《林氏家譜》，卷2，〈福壽二房世錄〉，頁1a-1b。

戴。⁴³他與妻葉氏葬在貢川西郊，⁴⁴喪事由獨子林德週（1337-1418）操辦，墓址出自陰陽家白衣牛的推薦——風水，似乎成為林氏家族發跡的關鍵要素，正如林德週傳文中道：

> 德週公，阜欽公之子，行政二，字宣義，善於相地。嘗與陰陽家號白衣牛者遊，遇山川奇勝，時覽眺焉。嘗曰：「世人以土丘蔭庇之說為誣，遂謂生人與骷骸不相屬，此蓋怠心自圖，以禍其子孫者也。人之生，與植物無異，肥者厚之，磽者瘠之，非地之故歟？辨親之骸，嘗以子之血滲入為驗，苟不相屬，何由而入乎？人多以華居腴田遺其子孫，自以為算矣。……若得善地，而賢者出焉，華居腴田皆在其中矣。鄙諺有曰：『善裕後者貯地，不善裕後者貯利。』此言殊有味也。吾今相祖地，皆合堪輿家法，後嗣其昌乎？後嗣其昌乎？」⁴⁵

顯然，不同於閩江流域的商業家族，林家強調「貯地」而非「貯利」，尤其重視農田的經營與積累。這一點，德週長子碻觀（1372-1432）貫徹的最為淋漓盡致。他生平樂善好施，「少即敦仁泛愛，賑窮賙急，嘗有推食食人之義，後家用漸縮，公毫無自傷意」，結果積善成德，「數年漸裕，及數年大裕，田產俱復而益拓之，是以資雄於鄉」。⁴⁶他與妻羅氏育四子，次子雖「游庠有聲」，但沒有留下後代，⁴⁷唯長子道清、四子宗岳傳承下來，分福、壽二房。林道清（1398-

---

43 〈二世祖阜欽公小傳〉，光緒《林氏家譜》，卷5，〈傳文〉，頁2a。
44 光緒《林氏家譜》，卷2，〈福壽二房世錄〉，頁1b。
45 〈三世祖宣義公小傳〉，光緒《林氏家譜》，卷5，〈傳文〉，頁2b-3a。
46 〈四世祖以權公小傳〉，光緒《林氏家譜》，卷5，〈傳文〉，頁3b-4a。
47 〈四世祖以權公小傳〉，頁4a。

1448）「少治舉子業，隸籍學官，淹貫墳典，藝圃燁然，人咸以為不及也」，他娶妻朱氏，有一子紹祖；[48]林宗岳（1419-1490）年少老成，「奉母羅氏，承顏聚順，敬畏三兄，視之如父」。[49]正統末，原本與世無爭的林家人，不幸遭遇了鄧茂七之亂。面對賊寇的威脅，道清決定率鄉民抗賊，可惜戰術失誤，終致功敗垂成，奔亡途中遇害；[50]另一邊，宗岳帶領著侄子紹祖攜全族逃到延平府城，給林菊所裔一脈存續了香火。[51]數年之後，閩中山區盜寇平息，叔侄二人隨即返鄉，致力於自家舊產業的恢復與重建工作。

　　除了本族事業，林氏叔侄還熱心地方建設，深受鄉鄰敬重，雙雙獲得冠帶大賓的頭銜。[52]宗岳「賙人之急，濟人之厄，里閭以碩德稱焉」。[53]紹祖（1420-1493）「樂成人之美，凡橋樑、道路、祠宇、亭幛，經兵燹有圮毀者，公不惟均預其費，而亦樂首其事」，「于鄉黨比鄰，事在賙恤者，弗吝也」。治家嚴格的他，還幫鄰里伸張正義，調節吏民間的糾紛，「間因里胥周旋縣庭，自令以下至于輿皂，皆愛敬之，且能保障里民，以故邑大夫累拜為學官大賓，愜民望也」。[54]民望如斯，甚至讓貢川父老關心起林家的憂心事——返鄉多年，紹祖子林俊（1454-1524）始終無子嗣，令他倍感焦慮。鄉親勸慰老人：「勿憂也，豈有公福德之深厚而弗昌其嗣者乎？古語云：『貌不勝德，德不勝量。』今貌、量、德公兼有之，必有大振其家聲者為公後也。」果

48　〈五世祖澄長公小傳〉，光緒《林氏家譜》，卷5，〈傳文〉，頁4b。

49　〈五世祖泰長公小傳〉，光緒《林氏家譜》，卷5，〈傳文〉，頁5b。

50　〈五世祖澄長公小傳〉，頁4b-5a。

51　〈五世祖泰長公小傳〉，頁5b。

52　光緒《林氏家譜》，卷2，〈福房世錄〉，頁3a；光緒《林氏家譜》，卷3，〈壽房世錄〉，頁1a。

53　〈五世祖泰長公小傳〉，頁6a。

54　（明）張天宜：〈明故大賓恭一林公墓誌銘〉，光緒《林氏家譜》，卷5，〈墓誌銘〉，頁6b-7a。

不其然，紹祖六十九歲老來得子，取名祥，日後成為首位走上仕途的林氏子弟。[55]

永安設縣以來，閩中山區漸趨穩定，林氏族人嘗試追求科舉上的突破。回鄉不久，壽房有六世孫瑞誠（1444-1503）「聰穎絕倫」，「年弱冠，以禮部儒士克試，然竟以數奇未得」，轉而流連於悠遊山水。[56]他的恣意，令諸子不得不操持家務，暫時無心競取功名。[57]福房境遇大為不同。成化壬辰（1472），紹祖遷入大巷，住在貢川鎮上。[58]其長子林俊俗事纏身，個人無法考取功名，但十分重視幼弟教育，「延嚴師教之，親督其成，繼之以撻，每歲考得首選則悅懌有加，名次少後艴然曰：『不日進而日退，為吾羞。』」[59]林祥（1488-1577）不負眾望，「少即豪邁磊落，英氣勃勃，十五歲聞安砂鄭文端先生開幃講學，楷範端嚴，乃負笈從之」，開啟了自己讀書入仕的道路。[60]值得一提的是，求學期間，林祥「潛心性命之學，不徒耽玩文彩」，因表現優異被選為貢生，受到過當世理學名儒潘潢、歐陽德等人的讚許：

> 朴溪潘公（潘潢）督學入閩，立道學之赤幟者也。廉得公（林祥）歎曰：文行俱優，華實並茂，此士之第一流也，寧不可以克貢乎？于是，公乃游燕薊，淹留都，尚友群彥。時歐陽南野公（歐陽德）講致良知之說，諸士翕然宗之，其徒或有呶呶，

---

55 〈遺事〉，光緒《林氏家譜》，卷5，〈遺事〉，頁8b-9a。

56 〈明儒士惟信公小傳〉，光緒《林氏家譜》，卷5，〈傳文〉，頁10a。

57 （明）林祥：〈明大賓廷節林公墓誌銘〉，頁19a-20a。

58 〈遺事〉，頁9a。

59 （明）葉奇：〈明故義相懇齋林先生墓誌銘〉，光緒《林氏家譜》，卷5，〈墓誌銘〉，頁11b-12a。

60 （明）林騰鯤：〈明誥封監察御史顯考竹泉公家傳〉，光緒《林氏家譜》，卷5，〈傳文〉，頁24a。

　　然不稽本旨，多歧異轍者。公與南野公反覆辨之。公始憬然曰：「不意子造詣之深如此乎！」于是，公名滿都內矣。[61]

　　嘉靖年間，林祥及其子侄紛紛躋身士林，林氏家族也在貢川顯赫一時。嘉靖癸巳（1533），選授歲貢的林祥，出任湖廣長沙府經歷，不過「未一年棄而歸」，回鄉持家治學。[62]他自號竹泉，里人稱其「嘉慶翁」，娶義官鄧元福女金菊娘為妻，育有六子，分禮、樂、射、御、書、數六派。[63]長子騰驥（1510-1559）號少竹，嘉靖丁巳（1557）拔貢，選授浙江衢州府教諭，尚未赴任的他，不幸於京師早逝，靈柩送返之際，「家人號慟，下達臧獲，而鄉里人為之罷市」。[64]次子騰鯉（1513-1576）號少泉，嘉靖庚子（1540）舉人，初授湖廣衡州府通判，升授武昌府興國州知州，再升河南鄭府左長史，稍後還鄉，侍奉父親，「周旋膝下，承顏順志，視身外之富貴泊如也」。[65]三子騰蛟（1517-1560）號三泉，嘉靖癸卯（1543）亞元、丁未（1547）進士，「初授廣東廣州府新會縣尹，甫一年，丁母憂，壬子（1552）補授南直隸徽州府休寧縣尹，三年欽取山東道監察御史，督通南直隸、江西、湖廣等處都御史，再轉貴州監察御史，升授河南按察司僉事」，曾是全族及整個永安縣官職最高的人，遺憾盛年「終于汝州官署」。[66]

61　（明）林騰鯤：〈明誥封監察御史顯考竹泉公家傳〉，頁24b。此外，林騰蛟還稱：嘉靖中，「今少傅徐公（徐階）謫倅延平，時嘗過裡中與翁語。他日，有語贈翁，曰：『林君當非義，雖貴育不能奪矣。』」可見林祥名望之盛。參見林騰蛟：〈嘉慶翁事略〉，光緒《林氏家譜》，卷5，〈壽文〉，頁14b。

62　（明）林騰蛟：〈嘉慶翁事略〉，頁14a。

63　光緒《林氏家譜》，卷2，〈福房世錄〉，頁4a-4b。

64　（明）林騰蛟：〈明貢士塚兄少竹先生誌銘〉，光緒《林氏家譜》，卷5，〈墓誌銘〉，頁36b。

65　（明）魏道亨：〈明奉議大夫鄭府左長史前興國州知州少泉林公墓誌銘〉，光緒《林氏家譜》，卷5，〈墓誌銘〉，頁43a。

66　光緒《林氏家譜》，卷2，〈福房射派世錄〉，頁1a。

儘管他的弟弟騰鯤（1520-1608）、騰鵬（1523-1597）、騰鵠（1526-1613）彼時尚未考取功名，但林家已經是貢川乃至延平府毋庸置疑的名門望族——在貢川，有紀念林祥、騰蛟、騰鯉的「崇正慕古」、「進士」、「聯芳」三座坊表；在縣治和府治，另立與林騰蛟相關的「雙鳳鳴陽」、「豸繡」兩座坊表。[67]

相比之下，壽房平庸得多，沒人入仕為官，卻開始轉向耕讀外，進行新的生計嘗試。與林騰蛟同輩的八世孫林鳳（1511-1534）號儀山，選擇行醫濟世，早年「于書無所不讀，即瑣至稗小，必窮極其蘊，奈其體素羸，遂棄儒業而自學為醫」。精通脈法的他，擅長開方抓藥，有一次「會歲大疫，公煮藥積片，以救貧病，活人莫計其數，故誦道公德者弗衰」，也是地方上的賢達。[68]他的堂弟林聰（1514-1560）號西泉，「豪邁不羈，好結交賢豪文士，與談世事，一裁于義，遇忠孝人獲誣害，輒切齒不平」；[69]胞弟林麒（1516-1558）號谷泉，追求生活的富足，「性好修容，嘗恥儉而務華衣，冠必以絲絹接之者」，曾到東南各地做生意，「賈遊于外，獲利多金」，先後於新會、休寧兩縣同林騰蛟「敘闊別之情，間談及時事，公議論極有原委，大負經濟之略」，可見其商業網絡遍及廣州、徽州。[70]不過，這三人活得都不長，令壽房的發展受阻。總之，歷經明中葉以前閩中山區的動盪，嘉靖末年，林菊所裔無疑是貢川首屈一指的世家大族，其子孫繁衍到第七代，族內男丁約二十人左右。

然而，林菊所裔的顯貴，只是貢川周邊耕讀之家的個例。事實上，山地環境的制約下，單純依靠田產經營，很難迅速發家致富。比

---

67 萬曆《永安縣志》，卷6，〈選舉志·坊表〉；（清）傅爾泰修，陶元藻纂：乾隆《延平府志》（清乾隆三十年刊本），卷7，〈坊表〉。

68 〈處士儀山公小傳〉，光緒《林氏家譜》，卷5，〈傳文〉，頁42b。

69 〈處士西泉公小傳〉，光緒《林氏家譜》，卷5，〈傳文〉，頁46a。

70 〈處士谷泉公小傳〉，光緒《林氏家譜》，卷5，〈傳文〉，頁46b。

如，元至正間，夏氏的開基祖夏回自江西南城縣竺由村來沙縣避難，定居在貢川西北丘陵中的沖村產福坑。他娶妻李氏，生二子德溥、德隆分為富、貴兩房，其下數代「世守農業」。[71]德溥長子永石（1415-1478）與妻張氏育有智命、昌二子，又分為福、壽兩房，唯次子夏昌「始讀書，為禮生」，首次找到農耕之外的營生。嘉靖年間，夏昌之孫永豐（號竹野，回公六世孫）和夏智命曾孫京寶（號沖峰，回公七世孫）方才來到貢川，[72]開啟了夏氏一族「伯叔兄弟士農工商各事其業」的時代。[73]不難想見，早年世居沖村的夏家田產有限，很長時間無法投身到科舉事業，難以企及林菊所裔子孫的高度。

又如聶氏一族，其始祖聶智觀約在鄧茂七之亂後，由江西臨川縣移居貢川。[74]他與妻吳氏生一子聶昺，「原買貢川東坑山場一大片，土名鐵爐坑餘舍窠」，或許短暫做過一段林木生意，但是並未發家致富，生計仍仰賴於農耕。聶昺娶妻鄧氏，育有二子——兄新起與妻姜氏生富、明、璧三子；弟法琳妻室不詳，生山、岩二子。[75]四代之後，僅聶明一支的子孫傳續下來，他的五子文潭、文深、文進、文淵、文洋分別成為了仁、義、禮、智、信五房之祖。其中，聶文潭（1534-1590）字龍居，「由選舉任江南留守衛倉大使，升江南淮安府清河縣主簿，出京赴任，卒於舟中」；[76]聶文深字龍源，「幼聰穎，精于岐黃，故以醫世其家」，熱衷懸壺濟世，「不論貧富，有叩輒應，垂

71　（清）夏勛：〈家譜原序〉，《夏氏家譜》（貢川夏氏子孫1996年新編《夏氏家譜》影本），卷1，〈序〉，頁1a-1b。

72　《夏氏家譜》，卷2，〈富房世錄〉、〈富金房福派世錄〉、〈富金房壽派世錄〉，頁2a、4a、24a。

73　（清）夏勛：〈家譜原序〉，頁1b-2a。

74　李馥：〈奉思堂碑記〉，光緒《聶氏家譜》（清光緒二十七年刊本），卷6，〈奉思堂碑記〉，頁1a。

75　光緒《聶氏家譜》，卷2，〈奉思堂遠祖世錄〉，頁1a-3b。

76　光緒《聶氏家譜》，卷2，〈奉思堂仁房世錄〉，頁1a。

老靡有倦態」，且因長兄外出做官，他還承擔了聶智觀裔的家政，晚年被推舉為鄉賓。[77]然而，聶氏子弟初涉仕途、轉行行醫的事蹟都是後話，嘉靖年間，他們依舊是默默無聞的小家族，算不上地方上真正的「望族」。

三 進踞河谷的山鄉舊族：
以嚴三五裔、高從四裔、劉萬六裔為例

貢川深居群山之中，隨著當地社會經濟的悄然崛起，周邊的山鄉舊族也會來此謀生，或從事農耕生產，或參與商業活動，展現出與外來家族相似的發展方式。不過，他們之間還存在一些彼此的共性特徵：其一，其同族散布於附近的低山丘陵或高山盆谷，抵達貢川的只是幾小支或一部分；其二，其歷代祖先多數保留著原本的郎名，顯示出「客家」或「畬民」的族群背景；其三，這類家族遷居貢川（河谷市鎮）後，其子弟的郎名便逐漸消失，並代之以較為文雅的別號。

前文已述，嚴氏是貢川一帶的山鄉大姓，元末有嚴君實率眾收歸義渡。他們主要分布在沙溪西北岸的低山丘陵，支派眾多，世系混雜。貢川的嚴姓多以嚴三五郎為始祖——據說，南宋紹興年間，他「攜家避亂，跋涉險阻」，經明溪、浮流來到貢川，[78]「見鄉西之小溪頭，有林曰『靛青林』，有塘曰『金魚塘』，茂樹清泉，人跡罕到，爰結廬隱處其間，躬率婦子業農桑，不求聞達」。[79]他清淨淡泊的態度，

---

77 （清）聶昌書：〈鄉賓龍源公傳〉，光緒《聶氏家譜》，卷5，〈傳文〉，又廿一頁。

78 （明）嚴應隨：〈族譜後跋〉，光緒《嚴氏家譜》（清光緒十五年刊本），卷7，〈跋〉，頁2b。其中，同為嚴三五郎公十六世孫的嚴應隨轉述了嚴應動的說法：「我家自宋避寇延津，歷數傳有三五郎公，繇明溪徙浮流，爰居貢川靛青林焉，此吾族氏之鼻祖也。」因各版的《嚴氏家譜》均有殘缺，筆者無法追溯嚴應動說法的來源。

79 （明）嚴應隨：〈天水始祖公遺行錄並贊〉，光緒《嚴氏家譜》，卷7，〈世傳〉，頁

贏得風水師的尊重，時有「地師厲伯韶精堪輿術，人稱為『地仙』，遠來館于公家」，受到嚴老盛情款待，作為答謝，厲伯韶本準備擇地，卻遭三五郎公婉拒，只好指曰：「君屋後一坯土乃牛眠形，誠鬱鬱佳城也，葬此，後嗣必昌。」[80]多年以後，三五郎公諸子用這塊地安葬父親，拉開了嚴家發展為「本鄉巨族」的新篇章。[81]

　　嚴氏始祖的隱士形象或許源自杜撰，但也是該族先輩早年間的生活實態，反映出閩中山鄉舊族的清苦與艱辛。三五郎公六世孫宗二，元朝人，「祖居靛青林，茅屋數間，薄田數畝，出作入息，于此而已」，他擅長交友，「性復廉能，最有高誼，喜養魚，林前多開池，每友人過訪，即舉網取魚，酌之至醉，各罷」，送別之際，「又期之曰：『有暇即過我，無相忘也。』」[82]嚴宗二郎育有三子，長進二，次添三，三千四，三兄弟之間，對世代農耕的看法迥異，發生過這樣的一段爭論：

> 伯兄進二、仲兄添三志趣與處士稍異。一日，前處士謂曰：「吾家祖代隱居西郊，于茲七世矣，農之子恒為農，豈其然哉？俚語曰：蓬蓽之陋，不及廈屋之榮，我等宜易業。」處士曰：「不然，數有一定，弗可移也。吾寧泌水以樂而已。嗣是，二兄羨心素封，挾奇贏之術以遊於世。人咸指曰：伯也公容公，仲也公孫公，而處士則埋名不出，獨流傳曰千四郎。[83]

1a。另外，嚴應隨同輩嚴應槐之孫嚴猶龍卻說：「吾家世貢川始祖三五郎公，宋嘉定安厝本里靛青林。」時間略有出入。參見：〈明處士瑞河嚴公墓誌銘〉，光緒《嚴氏家譜》，卷7，〈誌銘〉，頁13a。

80　（明）嚴應隨：〈天水始祖公遺行錄並贊〉，光緒《嚴氏家譜》，卷7，〈世傳〉，頁1a-1b。

81　（明）嚴應隨：〈天水始祖公遺行錄並贊〉，頁1b-2a。

82　〈宗二公小傳〉，光緒《嚴氏家譜》，卷7，〈世傳〉，頁3a。

83　〈千四公小傳〉，光緒《嚴氏家譜》，卷7，〈世傳〉，頁3b。

　　由此可見，至遲元代，嚴家已涉足閩江流域的貿易活動，突破了以往依賴農耕的生計模式。雖然千四郎尚能「守道不仕，敦厖力穡，一如其父」，[84]但是後輩卻邁上了行商坐賈的道路。其子嚴功饒，郎名壽十一，「創業經營，起家四壁，配高氏治絲枲、斥服飾」，投身於工商業，生平好善的他，「有陰德，嘗聞行道經狗退灘，因炎蒸，飲山澗流泉，獲白金，家遂饒足，人咸以為種德之報云」，致富之餘，「不忘舊跡，創建亭宇，復置田打掃」，方便行人歇息。[85]嚴氏夫婦積累的資財，賦予後代更好的成長空間──祖清郎名忠八，「徜徉林壑，寄興苔磯，性嗜唐詩，每行吟西溪堤畔，窮極耕櫚、桃源諸勝跡，有得意句，輒呼童收錄，復自酌以大斗」，是一位喜好詩文的明初處士，死後留下遺稿甚豐，惜因兵火僅存一二；[86]住善郎名良六，也是明理之士，「讀書聞聖賢大義，為人復負繩矩，一跬一步，罔有愆儀，隱居弗仕，里黨無少長，莫不讚揚之」。[87]毫無疑問，該族稱得上明前中期的殷實之家。

　　不過，其發展的步伐被鄧茂七之亂暫時打斷。與林菊所裔一樣，嚴氏子孫有的逃離、有的堅守，並在賊寇平息後致力於地方重建。比如，十一世孫得貴「挈家逃往上杭等處，跋涉險阻，後寇平歸里，于兵火之餘，求田問舍，為子孫計，有創垂功焉」。[88]又如，住善之子得意「正直醇謹，兼有才智」，本以隱士自居，「遭草寇之亂，里人苦禍不息，公乃聚眾防禦之，經略有方且信義服人，故咸聽其驅使，賊遂稍稍遠遯，地方賴以少安」；[89]暴徒退去，又「以勤儉治生，產業日

84　〈千四公小傳〉，頁3b。

85　〈功饒公小傳〉，光緒《嚴氏家譜》，卷7，〈世傳〉，頁4a。

86　〈忠八公小傳〉，光緒《嚴氏家譜》，卷7，〈世傳〉，頁4b。

87　〈良六公小傳〉，光緒《嚴氏家譜》，卷7，〈世傳〉，頁5b。

88　〈得貴公小傳〉，光緒《嚴氏家譜》，卷7，〈世傳〉，頁6a。

89　〈得意公小傳〉，光緒《嚴氏家譜》，卷7，〈世傳〉，頁7a。

隆」，專注恢復家資，意圖擴張門戶，因「仁厚之德，猶津津在父老
齒頰間，真可稱光前裕後、卓然中興者耳。」[90]其季子景安，字汝
和，號松山，為人友善，崇尚簡樸，「日拓土田，遂甲一鄉，然而未
常以計算斂怨於人，又數賑施閭裡貧者」，有一年饑荒，「乃出其穀粟
活人，人得活，則盡出其借券焚之，由是公名著郡中矣」。[91]值得一提
的是，得意還有郎名福三，景安開始取了別號，名字上的變化預示著
家族的文化轉型。

　　作為同姓族眾中的一支，嚴景安裔的境況頗能體現十六世紀初貢
川人發展的普遍軌跡。景安育有六子，長子子煥（1499-1575）「佐父
起家，友愛諸弟」，儼然一家之長──六弟出生僅九個月，「父喪母
憂，甚乳乏，公惻然，遂囑室黃氏分哺，撫養成人」，「後暨諸季擇婚
營室，惟公任之，咸各獲宜」；[92]次子子周日用節儉，而「臨義利之
界，則屹然不移」，既能拾金不昧，「行道得遺金，輒求其人而歸之」，
又不投機倒把，當年「世俗用金，率多淆銅錫，公獨不隨俗，人呼為
『嚴白臉』云」；[93]三子子隆「為人沉厚善晦，不妄言笑，不輕附和」，
平常熱愛思考，「嘗閉門齋中，琅琅誦古書不休」；[94]四子子哲懂得待
人接物，「與里中豪長者為月會，談笑詠歌，握手邀歡，極洽而罷」，
他「生平不廢誦讀，凡陰陽、星學、地理之術，亦略通曉」；[95]五子子
昇（1513-1592）「克勤克儉，每秋獲，偕僕躬親田舍，衣則布為之，

90　〈得意公小傳〉，頁7a-7b。

91　〈松山公小傳〉，光緒《嚴氏家譜》，卷7，〈世傳〉，頁8a-9a。

92　〈資山公小傳〉，光緒《嚴氏家譜》，卷7，〈世傳〉，頁10b；（明）林祥：〈明故大賓
　　資山嚴公墓誌銘〉，光緒《嚴氏家譜》，卷7，〈誌銘〉，頁3a-5a。

93　〈東崗公小傳〉，光緒《嚴氏家譜》，卷7，〈世傳〉，頁11a。

94　〈東山公小傳〉，光緒《嚴氏家譜》，卷7，〈世傳〉，頁11b。

95　〈小山公小傳〉，光緒《嚴氏家譜》，卷7，〈世傳〉，頁12a。

尤雅好詩書，加勵子弟治儒業，早晚詣齋，聞書聲琅琅則快」；[96]六子子㬎「生而歧嶷，九月失父，得兄嫂保護成人」，九歲「即工苦于學，跡不出齋中」，二十歲入邑庠，因喜讀古書，與林騰蛟等人友善，一道結社於百順堂，文章深受好評。[97]嘉靖末，六兄弟分禮、樂、射、御、書、數六房，堪稱一大「望族」。我們不難察覺，同代卻年齒不相仿的幾個人境遇不一，老三開始讀書，老四涉獵廣泛，老五重視儒學，老六成為秀才，對科舉功名的競取之心愈益增強，顯示出貢川河谷新貴的共同趨向。

再如高氏一族，也是貢川西北低山丘陵裡的鄉民，自稱不知何時，祖上「由江右遷歸邑大吉溪（今岩前鎮西側山村），爰立宮室聚于斯」，[98]繁衍至郎名從四的高欽生（1222-1274）始分派。其子友進（1245-1309）移居石馬，與妻鄧氏生伯琮、伯瑛、伯瑤、伯琳四子，分別住在沙溪河谷及西北岸的五蘭、貢川、岩下、石馬。其中，伯瑛（1271-1329）郎名七九，是貢川派開基祖，與妻李氏合葬大坡口。其子延實（1300-1343）郎名任三，娶妻姜氏；其孫廷璧（1328-1355）郎名賢七，娶妻張氏，皆附葬於伯瑛公墓。[99]第六世婆孫（1355-1421）真名不詳，「父母早喪，惟祖婆姜氏是依，因名婆孫」，娶妻莊氏靜娘，仍葬於大坡口。[100]他有二子四孫，僅次子文甫（1385-1450）的次子祖德（1427-1515）傳續下來，與妻李氏所生三子，「長、次因貢

96　光緒《嚴氏家譜》，卷3，〈書房壽派世錄〉（今見於貢川嚴氏射房忠派、書房壽派後裔2002年重新編輯的《嚴氏家譜》影本），頁1a；〈在川公小傳〉，光緒《嚴氏家譜》，卷7，〈世傳〉，頁12a。

97　〈闇泉公小傳〉，光緒《嚴氏家譜》，卷7，〈世傳〉，頁13a。

98　（明）高翔、高湖：〈序〉，光緒《高氏家譜》（清光緒十三年刊本），卷1，〈原序〉之三，頁3a。

99　光緒《高氏家譜》，卷1，〈歷代世錄〉，頁2b-3b。

100　光緒《高氏家譜》，卷1，〈歷代世錄〉，頁3b-4a。

遭流寇所毒，俱遷居他郡」，僅三弟永明留在貢川。[101]幾代間，高家子弟寂寂無聞，除生卒和婚喪資訊，並沒太多事蹟，這其實是多數山鄉舊族的常態。

鄧茂七之亂後，通過參與商貿活動，高家迅速繁盛。永明（1467-1526）「幼習儒業，久之，慨然興念曰：『丈夫貴各行其志耳，奚必沾沾章句為？』于是，候時轉物，治產積居，閱數年，土田日拓，遂以資雄吾里」，給子孫積攢了豐厚的財產和基業。[102]他品行端方，「敦信義，好賑施」，被貢川鄉民「嘖嘖稱為善人」，[103]與妻張氏福娘生文璘、文瓊，分出福、壽兩房。文璘（1489-1562）號西崗，娶妻劉氏，其三子源、湖、海分詩、禮、樂三派；文瓊號西峰，妻室不詳，其四子陞、翔、亨、顯分仁、義、禮、智四派。兩兄弟間還有分工，長兄主要處理本地事務，晚年獲得鄉飲大賓殊榮；[104]二弟「少有大志」，接手父親事業，「祖陶朱之術，遂以資甲一鄉」，曾與「少溪賴君、石山吳君各以資納於藩司，以助邊費」，積極援助邊疆戰事。[105]嘉靖庚子（1540），福壽二房於貢川後山共建祖祠百順堂，奉祀始祖從四郎公，立大坡莊管理蒸田，完善了祭祀儀式的設施準備，標誌著家族組織的初步形成。[106]

另一方面，伴隨著永安縣的社會經濟發展和政治教化推進，高氏子弟開始謀求家族文化轉型。首先，他們大力支持本地的風雅活動。事實上，百順堂不僅是高家的祭祀場所，還演變成士紳階層的聚會地

101　光緒《高氏家譜》，卷1，〈歷代世錄〉，頁4a-5a。

102　（明）黃宗器：〈仲亮公傳〉，光緒《高氏家譜》，卷3，〈傳文〉，頁1a。

103　（明）黃宗器：〈仲亮公傳〉，頁1a。

104　〈西崗公傳〉，光緒《高氏家譜》，卷3，〈福房傳文〉，頁1a。

105　〈西峰公傳〉，光緒《高氏家譜》，卷3，〈壽房傳文〉，頁1a。

106　（明）黃宗器：〈百順堂祭田碑記〉，光緒《高氏家譜》，卷3，〈百順堂祭田碑記〉，頁1b-2b。

點——嘉靖間，永安名士楊瓚、林祥、林騰鯉、林騰蛟、張繼良、張繼武、陳倫、林元、吳良謨於百順堂後瞻雲亭結社，「因各賦詩，以紀其勝」。[107]其次，兩房子弟投身舉業，取得了一定的成就。比如，文璘次子高湖（1547-1588）又被選為邑庠生，文瓊長子高陞捐納獲得國學生，[108]更有佼佼者經由正途入仕當官——文瓊次子高翔（1527-1591）號鳳軒，「生而穎異，讀書數行俱下，下筆妙絕」，參加了百順堂結社，被大家推舉為文會的主持者。[109]他是嘉靖乙卯（1555）拔貢，歷任慈溪、廣昌教諭，升湖廣黃陂知縣，令高家躋身名副其實的地方「望族」。嘉靖末，這支高姓傳至第十一代，全族男丁接近十人。

又如元中期遷入的劉萬六，祖上世居浮流西北低山丘陵間的嶺後村。他「行醇謹，以長厚稱，明堪輿術」，因「性好遊，遍覽風土」，到貢川後，發覺「惟掛口地勢爽塏、山水清秀且民風俗古樸」，便選擇住下來。對子孫而言，萬六「開創之功居多，嘗捐嶺後傍邊庵祀田，好施不吝，今倘遺嶺後田米二十余石，為應役費」，為家族遺留了不少田產，死後與妻陳氏合葬在貢川北郊的深壟池西坑口。[110]隨後三代，事蹟闕如。[111]儘管無從查證他的形象是否杜撰，但也不必否認劉家的早期遷居史。鑑於通曉堪輿、積累田產的行為，劉萬六裔起初的生計模式可能以農耕為主。

劉萬六的玄孫祖成（1400-1476）親歷過鄧茂七之亂，彼時「海宇甫定，居民半屬流離」。叛軍平息後，他回到貢川，「悉其心力，故業乃復」，重新振興家業，還曾以里長的身份，維護地方社會秩序，

---

107 〈瞻雲亭酧唱並引〉，光緒《高氏家譜》，卷3，〈瞻雲亭詩〉，頁1a-3a。

108 光緒《高氏家譜》，卷1，〈福房世系圖〉、〈壽房世系圖〉，頁2a、6a。

109 〈鳳軒公傳〉，光緒《高氏家譜》，卷3，〈壽房傳文〉，頁2b-3b。

110 〈萬六公傳〉，宣統《劉氏家譜》（清宣統三年刊本），卷6，〈玉華堂世傳〉，頁1a。

111 宣統《劉氏家譜》，卷3，〈玉華堂近祖世錄〉，頁1a-1b。

「人有不平者，咸質於公」，深受鄉民愛戴。有次「里有刁頑逞兇無忌，公肅戒之，其人聞公言，斂手退謂人曰：『正直如劉公，我當避之。』其為人所欽服如此。」[112]不過，他與那些因寇變而顛沛半生的貢川人（如林紹祖）一樣，苦於中年無嗣，好在「天之報施不爽也」，有幸五十四歲老來得子，取名景富。[113]成年後，他「稟質和厚，勤儉起家」，開闢田園，興善積德：

> 堡（即日後的貢川堡，彼時尚未構築）之北鄉曰龍水者，地饒泉石，公（即劉景富）愛之，辟為別業，植四時花木，遊玩其中。復立祠于山之壟，顏曰「玉華」，嘗曰：「祠，享祀先人者也。先人未妥，何敢自逸？」祠外仙殿基址，公所施也。北郊有園，鄉人請為廟，以祀晏公，公從之。大帝宮、寶興堂之建，公捐田助之。周貧濟急，善行為多。馬伏波云「財貴其能施」，公得之矣！[114]

顯而易見，劉景富（1454-1521）不僅熱衷於本族的物業積累和祠堂創設，還積極參與了晏公廟、大帝宮、寶興堂的建立，憑藉豐厚財力，讓劉萬六裔躍升為貢川新貴。有理由推測，開闢田園、培植花木、樂善好施的劉萬六，業已涉足閩江流域的林木貿易。稍晚，他的二子盛茂、盛翁分出福、壽二房，尤以壽房興旺發達。盛翁（1504-1528）是劉家首位邑庠生，被鄉民稱為「千里駒」，可惜「年未三旬，竟赴玉樓之召」。[115]其子繼周（1524-1607）「幼明悟，沉默不與

---

112 〈祖成公傳〉，宣統《劉氏家譜》，卷6，〈玉華堂世傳〉，頁1b。

113 宣統《劉氏家譜》，卷3，〈玉華堂近祖世錄〉，頁1b-2a。

114 〈景富公傳〉，宣統《劉氏家譜》，卷6，〈玉華堂世傳〉，頁2a。

115 〈文學毅齋公傳〉，宣統《劉氏家譜》，卷6，〈玉華堂世傳〉，頁2b。

群兒伍」，蒙受高文瓊欣賞，將長女許配給他。他「性好義，里中築堡、建墩、成梁之舉，不吝重資，時人推為碩望，邑侯屢以賓筵請」，也是地方名流。[116]他與妻高氏育有恆德、恆道、恆善和恆正四子，又分為仁、義、禮、智四派，構成了明末劉萬六裔的主體。

總而言之，明中葉前，隨著永安縣的設置和閩中山區的基本穩定，水路便捷且物產豐饒的河谷地帶發展起來，各方的人群陸續匯聚到貢川，其中佼佼者依靠林木貿易、農業經營和科舉取仕脫穎而出，成為當地「望族」。儘管他們的確是貢川的外來移民，但是細究起來，多數人其實早就習慣了山鄉生活。以上九個家族，明代前中期不在沙溪流域的只有聶智觀裔，其餘八家或僻居附近的低山丘陵深處（楊乾元裔、嚴三五裔、高從四裔、劉萬六裔、夏回裔），或短暫駐足於沙溪下游河谷（劉進五裔、羅仕通裔、林菊所裔），名義上，僅後五家在延平府沙縣境內，實際上，汀州府的楊、嚴、高三家反倒跟貢川更近，而全部八家住址與貢川的直線距離，無一超出其方圓百里的範圍。也就是說，至少從貢川的移民狀況來看，相較於跨省界和路途遙遠的水平遷徙，十六世紀前沙溪沿線的新住戶多源自周邊山地。這意味著，山區的人口流動形態除去前輩學者揭示的域外補充，還發生了垂直維度上大規模的結構性重組。如是重組，與山鄉腹地的社會經濟變遷息息相關，河谷聚落之所以具有家族發展的優勢，無疑得益於長久以來王朝國家的滲透、水利灌溉的改造和商業網絡的延展，亦即貢川的商業家族、耕讀之家和山鄉舊族能躋身為新貴的秘密。[117]然而河谷形成的中心集鎮，終究是山區世界裡的局部，再怎麼引人注

---

116 〈大賓振軒公傳〉，宣統《劉氏家譜》，卷6，〈玉華堂世傳〉，頁6a。

117 順帶一提，明中葉前，相對弱勢的羅氏、聶氏、夏氏和劉萬六裔四家，顯然算不上真正的地方顯貴，但他們紛紛在明末清初崛起，所倚仗的，無非是河谷市鎮在生計模式和科舉考試上提供的多樣性和可能性。

目，仍難以呈現整個開發進程的全景，下一節，我們將眼光轉向深山
腹地。

第三節　舊族：散布群山的「土著」

　　十五世紀末，前述「望族」並不算貢川的大多數，與他們同樣生
活在沙溪中游山區的，還有以陳、李、姜、鄧、張、黃、余、賴、
吳、范、葉等姓為主體的普通百姓，以及劉、嚴、楊、高、羅、林諸
姓的「平庸之輩」。其中，既有世居河谷兩側群山的土著，也有明代
以降陸續遷入的移民，均保持著高度的流動性。他們或繁衍生息於高
山腹裡，或散布在溪岸邊的低山丘陵，較之先祖，其核心的生計手段
悄然地發生了深遠變化，至遲明代前期，已由早期的游耕與採集狩獵
過渡到晚近的定居農業，有的穿梭山野，致力於洋田、壟田和梯田的
墾闢，有的前往河谷，轉變為新貴的鄉鄰、佃農和幫工。到明中葉前
後，這些人開始謀求同姓的身份認同，形成以地方性名人為遠祖的家
史敘述，將族群標籤與區域文化符號綁定起來，努力把自己打造成家
世不凡且久居於此的「土著」，儘管支派關係混亂，分衍脈絡不詳，
但卻悉數追溯其祖先至唐宋時代，名氣和地位都要遠超「望族」誕生
的仕宦。除了王朝國家正統觀念的影響外，河谷新貴的崛起更是他們
選擇攀附先賢的現實原因。

一　沙溪兩岸：低山丘陵的大多數

　　雖然同樣是高低起伏的山地，但溪岸邊的低山丘陵和更深處的高
山地帶存在顯著差異，前者與河谷沿線的互動頻繁，而後者必須克服
山巒的阻隔。明中葉，生活於低山丘陵的人群，生產階段早已由採集

狩獵過渡到定居農耕，無論是以市鎮為中心的日常空間，抑或是以寺廟為中心的社會網絡，乃至是圍繞宗祠、祖墓構建起的血緣認同，都體現出他們與沙溪河谷世界的密切聯繫。作為不少唐宋古廟的檀越主或依附者，他們又聲稱是沙縣歷史上賢達的子孫，名義上比肩「望族」的同時，也在暗示自己的土著身份和服膺於正統觀念的文化傾向，側面反映了王朝國家對山區腹地潛移默化的滲透，以及新、老同姓者之間的整合趨勢。

鄧氏是沙溪流域的大姓，明中葉之前，逐漸形成了以鄧光布、鄧克諧為祖先的群體認同。據說，鄧光布字明遠，號南津，河南光州固始人，隨王緒南下入閩，任崇安鎮將，駐守於沙縣。[118] 晚唐，他與汀州司錄攝沙縣事曹朋商議，把縣治從琅口遷移到鳳林崗，隨後率眾抵禦黃巢的起義軍，「誤中流矢而死，沙民立祠祀焉」，被當地人視作「開縣始祖」，北宋宣和五年（1123）追封為「靈衛侯」，是閩中山區遠近聞名的偉人，悄然變成同姓心目中的遠祖。[119] 不過，沙溪中上游的鄧氏子孫還流傳著另一套家史敘述，即以鄧克諧為始祖，以墓址荊山（今三元區荊東村）為祖地，構建了一個跨村落的族群共同體。值得注意的是，與現今公認的克諧乃光布八世孫不同，彼時就連鄧姓子弟也搞不清楚二人的代際關係。嘉靖三十七年（1558），鄧仕仁創立祖祠垂裕堂之際，尤溪縣顯宦田頊撰寫的碑文便這樣介紹沙陽鄧氏：

> 沙陽鄧氏，……數傳入閩，至大司馬上柱國太師公谷，生克

---

118 （清）鄧焜：〈家譜自序〉，收入《三元後路鄧氏家譜（金房）》，轉引自《閩沙鄧氏族譜》，頁25。當然，近人業已指出，鄧光布與王緒入閩的時間和情由對不上。參見閩沙鄧氏族譜編修委員會編：《閩沙鄧氏族譜》（內部資料，2003年）；〈鄧光布入閩時間考證〉，載《三明歷史名人》，頁16。

119 國家文物局主編：《中國文物地圖集・福建分冊（下）》（福州：福建省地圖出版社，2007年），頁560。

諧，歷官資善大夫，……營祠昭祀，名其堂曰：奉先垂裕，以
章前光，以貽來慶，厥功懋矣。生八子：長子諱亞初，官至中
順大夫；次子諱沖，奉政大夫；三子諱崇，迪功郎；四子諱
汴，中順大夫；五子諱職，歷官朝請大夫；六子諱全；七子諱
有儀；八子諱亞商，迪功郎。後，各子孫川岳鐘淑，足軼國
士，派衍瓜瓞，族日以大。嘉祐間，靈衛侯光布公克承先志，
宮宇載新，歲時展祭弗弛也。靈秘發祥，有邑南及曾孫九齡，
官至銀青光祿大夫。元孫鄧肅，淳熙中登第後，以敷文閣。[120]

　　按照引文，鄧光布與宋儒鄧九齡、鄧肅一樣，是鄧克諧裔孫而非
祖宗。這樣的說法，無疑來自邀請田頊撰文的鄧氏代表。他們意在建
立兩個人的關係，以鄧克諧為先，以鄧光布為後，將家族記憶與地域
文化相縫合。遺憾的是，光布的生卒年代弄錯了，導致後世無法自圓
其說，至萬曆朝，才重新擬構他倆的血緣紐帶，確定鄧克諧為鄧光布
八世孫。另一方面，鄧氏子弟試圖塑造我族賢達輩出的形象，不僅把
鄧克諧及八子皆描繪為有識之士，還於早期世系中增加名宦鄧九齡、
鄧肅，以期提升同姓者之間的凝聚力與榮譽感，強化沙溪中游山區鄧
姓的共同體觀念。某種程度來講，世次上的倒置，反映了當年鄧氏祖
先敘述的模糊性，呈現出該同姓族群內部的鬆散狀態；而圍繞家史的
種種「包裝」，則透露出普羅大眾面臨河谷新貴的焦慮與對策——類
似的行為十分常見，往往意味著相應家庭和群體的邊緣地位。

　　鄧克諧後裔「質」的弱勢與「量」的優勢，還體現在其早期的生
計模式和與鄰近古寺的關係中。荊山鄧氏分金、石、絲、竹、匏、
土、革、木八房，號稱「北宋八音分房」，散布在劍、汀之間的低山

120　（明）田頊：〈垂裕堂碑文〉，轉引自閩沙鄧氏族譜編修委員會編：《閩沙鄧氏族
　　譜》，〈祠墓〉，頁662。

丘陵間，與沙縣福聖寺、琅口長興寺、荊村延福寺、鼇溪興雲寺、青州白雲寺聯結緊密，不乏這些河谷唐宋古廟的捐資人和信仰者。[121]為了將光布和克諧連接起來，他們以光布公次子舜為支祖，塑造了擅長田獵的先祖形象——鄧舜喜好弓彈，經常率部狩獵，有次追趕野兔，臥於草坡之際，夢見神人讖詩指點，挖土掘地獲金百斤，「即治宅居之，名曰金村，後庭植紫荊茂盛，因名荊村（即荊山）」，便選擇留下來。[122]筆者以為，傳說固然是後人的附會，但也透露出該族由採集狩獵向定居農耕的生計轉型，之所以要定位於荊村，是因為它和貢川類似，實乃沙溪沿線的另一大水陸碼頭，與其周邊低山丘陵裡鄧姓子孫的日常生活息息相關。[123]不過，鄧茂七起義令荊村的祠、墓毀於明軍之手，鄧姓一度失去祭祀和聚會的場所，這才有多年後，鄧仕仁率眾於荊山重建祖祠垂裕堂的舉動。[124]

---

121 南陽鄧氏眾議立：〈八房分帳總書〉，收入《劍沙三元鄧氏家譜（革房）》，轉引自閩沙鄧氏族譜編修委員會編：《閩沙鄧氏族譜》，頁13。該文書落款為「大宋乾道二年三月初三日」，但文中卻出現了「二十五都」這一明代才有的區劃概念，很可能是後世偽造的，不過，其中記載了鄧氏族人對福聖寺、長興寺、延福寺、興雲寺、白雲寺捐獻的大量田產，以及八大房的墳穴，並確定了「三月三日，就在垂裕堂遞年致祭」的規則，反映出這些鄧姓族人相互間的身份認同，以及他們與沙縣境內一系列寺廟的密切聯繫，很大程度上說明了他們的山鄉土著身份。另據弘治《八閩通志》，卷78，〈寺觀·延平府〉記載：福聖寺晉天福八年始建，宋天禧二年重建，明景泰間再度重建；延福寺唐會昌二年始建，明景泰二年重建；長興寺、興雲寺、白雲寺始建時間不詳，分別於洪武間併入太平興國寺、雲際寺、延福寺，顯然也是非常古老的寺廟。

122 〈荊村屋志〉，三元岩前：《南陽鄧氏家譜（絲房）》，轉引自閩沙鄧氏族譜編修委員會編：《閩沙鄧氏族譜》，《藝文》，頁683；轉引自〈劍沙三元荊村族譜〉，《閩西姓氏大典》，頁1610。

123 陳弱水的研究也表明，鄧姓是東南地區的土著姓氏。參見陳弱水：〈早期中國東南原住人群——以山越和姓氏為例的探討〉，《臺大歷史學報》第63期（2019年6月），頁1-82。

124 （明）田頊：〈垂裕堂碑文〉，頁662。

　　嘉靖末，移住貢川周邊的鄧姓以石、竹、匏、木四房為主，遍布在貢川市及炭槎、沖村、柳城、大阪、益口和上坪的大、小梅溪等村，多數是新興「望族」的佃戶，也有個別家庭躋身地方精英。比如，貢川的一支以木房十九代成祖為始祖，其家譜稱，他於明永樂二年（1404）從大梅溪遷入貢川北郊大坑頭；[125]另一支在貢川西郊和炭槎、沖村，以木房二十七世孫子璉為開基祖，約明中葉，從大梅溪至貢川西郊順安洋。[126]貢川北面低山丘陵裡的鄧姓，來自竹房十五世孫宣義、革房廿四世孫景榮、木房十三世孫夢景三支——宣義於至元二十七年（1290）遷居高眉坑（眉山），夢景、景榮後裔分散在西坑、樓源、仕坑等地。沙溪對面的柳城、大阪一帶，更是鄧姓的聚居區，柳城支祖是石房十六代明高，南宋淳祐四年（1244）由沙縣城頭至柳城；大阪支祖是匏房廿二代千二，來自下游不遠處的莘口沙陽；此外，附近山村如寨山、楓樹杆亦有鄧姓，分別是眉山、柳城兩地播遷的後裔。西南方向，明中葉前，石房廿六代生八、木房廿八代茂三先後從三元荊村和上坪小梅溪，遷入益口旁邊的各石、興坪。[127]總之，鄧姓族人頻繁游轉於沙溪兩岸的低山丘陵，既是閩中山區內的「土著」，又是到訪村落外的「客人」，其生計模式和分布狀態，很大程度顯示出潛在的佃戶、棚民或客家身份。[128]而且，他們極少參與科舉。晚清之際，貢川裔孫鄧本科回顧家史說：「（鄧氏）遷徙無常……然皆

---

125 （明）鄧成祖：〈重修聿修堂〉，收入《貢川鄧氏家譜》（聿修堂），轉引自閩沙鄧氏族譜編修委員會編：《閩沙鄧氏族譜》，頁445。另外，為了方便起見，以上世代，均以鄧光布為始祖。

126 《貢川鄧氏家譜》（近年新修複印本）。

127 參見閩沙鄧氏族譜編修委員會編：《閩沙鄧氏族譜》。

128 如是棚民或客家的族群身份，也反映在閩沙鄧姓後來的宗族網絡和譜系建構中。近年編纂的《閩沙鄧氏族譜》，除了收錄沙溪流域的族譜資訊外，還融入了大量來自浙江、江西、廣東山區的宗族關係，與梁肇庭描述的客家區域基本符合。

事業耕桑，不事楮墨。」[129]不過，該姓構成十分複雜，除了平民，還包括一些地方上的體面人，例如：底層士紳生員鄧達材、軍官四川衛指揮僉事鄧授和「祖醫蠱毒，方術秘異」的名醫鄧文仲等。[130]

　　與鄧姓類似，張氏也是沙溪流域的大姓，明代中葉，形成以北宋名臣張若谷為始祖的家史敘述。張若谷字德縤，南劍州沙縣人，早年居住在城內興義坊，淳化三年（992）考取進士，初任巴州軍事推官，隨後多次升遷，官至尚書左丞，素以「循良」著稱，事蹟載於《宋史》，僅一子庾，知臨江軍。然而，關於他的家世，貢川張姓另有一套說辭——五代末，張若谷之父張仲升來到貢川，選擇北郊外牛欄角定居下來，死後骨灰安放在沙縣福聖寺；張若谷出生於北宋開寶元年（968），除了仕途經歷，還捐建過貢川北郊的民主廟，其長子文珠曾隱逸於枡橺寺，皆展現出張姓與鄰近廟宇的密切關係。更加關鍵的是，張若谷的世系也被重構，不再提知臨江軍的張庾，代之以妻金氏、鄭氏和四子文珠、文景、文賢、應，並借由其墓碑反覆確認——張若谷墓坐落在貢川東北的廟仔坑，碑陽書「宋左丞始祖若谷張公，誥贈一品金氏夫人之墓」。儘管無從查考張姓子孫何時以若谷為始祖，但有理由推測，它的發生年代約在明中前期——弘治以降，張若谷已屢見於相關方志記載中。[131]

　　嘉靖末，貢川的張姓人口眾多、支派複雜，主要聚居在市鎮旁，

129　（清）鄧本科：〈跋〉，《貢川鄧氏家譜》（聿修堂），轉引自閩沙鄧氏族譜編修委員會編：《閩沙鄧氏族譜》，頁446。

130　萬曆《永安縣志》，卷7，〈人物志‧武功〉；（清）孔自洙、宋杞修，吳殿齡纂，余奎元點校：順治《延平府志》，收入福建省地方志編纂委員會：《福建舊方志叢書》（廈門：廈門大學出版社，2010年，據清順治十七年刊本整理），卷20，〈人物志‧方技〉，頁567。

131　弘治《八閩通志》、嘉靖《沙縣志》均記載了張若谷，考慮到鄧氏以鄧光布為始祖，張氏也會有相似的情況。

但尚未形成緊密的宗族組織。其後輩稱，該族宋代始分福、壽兩房，各自在貢溪西南岸的山坡選址，相繼創設祖祠永祀堂和景先堂，不久後均遭焚毀。南宋淳熙年間，壽房景先堂得以重建，延續數百載，毀於嘉靖朝的寇亂。這些說法不一定屬實，卻顯示出張姓的內部差異，其支派區別或許源自不同群體移居的先後。可見，張姓不只一支，並因張若谷墓的「再發現」整合起來。跟鄧姓類似，他們具備高度的流動性，帶有客家或棚民的背景，遊轉於閩粵贛山區腹地，張姓的貢川及張若谷恰如鄧姓的荊村和鄧克諧，被視作山鄉土著血緣關係想像中的祖地與祖先。較之多數「不事楮墨」的鄧姓，個別的張姓子弟發展甚好，乃至躋身士紳階層──嘉靖三十七年（1558），張雲程、張萬程兄弟於廣東鄉試考取舉人；[132]早些時候，張繼良、張繼武兄弟還參與過林騰蛟等人的百順堂結社；另外，還有張良俊「幼商江湖，謹守祖業」，從事了閩江上游的貿易活動。縱使如此，大部分的張姓還是生活貧苦的老百姓。

　　附近的大姓還有陳氏，僅在沙溪河畔及其兩岸的低山丘陵，他們就散布於貢川和長道洲、燕江（永安縣郊）、忠山、蜈蚣寨、歸化縣城東多處，橫跨沙縣、永安和歸化三縣。其中，尤以貢川北面二十五都忠山一支人丁興旺。該族號稱，其始遷祖陳成興中正統乙丑（1445）科舉人，「世居貢川家中，書聲不斷，博洽今古」，因鄧茂七之亂，逃到父親先前在忠山置辦的產業，「於忠義坊隱居不仕」。[133]百餘年後的嘉靖朝，他的玄孫陳祥準備新修本支族譜，特別邀請到貢川名宦林騰蛟撰序，專門介紹陳姓先輩們的豐功偉績，將家史上溯至「宋有世卿公者」：

---

132 萬曆《永安縣志》，卷6，〈選舉志‧鄉舉〉；（明）郭棐修纂：萬曆《廣東通志》（明萬曆三十年刊本），卷20，〈廣州府選舉〉。

133 〈成興公傳〉，光緒《陳氏宗譜》（清光緒十三年刊本），卷41，〈永邑忠山支派〉。

余自髫時，見永邑之陳氏之盛也，不勝企慕。久之及長，稽載籍，訪故老，頗悉其概。宋有世卿公者，官于蜀，禦寇全城，屹然一方保障。及討蠻洞，還侵地四百餘里，才智道德卓然名世，不亦陳譜中燕赫之一人哉！屈指不可多得，似後起者難為繼矣。迨紹聖、元符之際，奸臣假于紹述，正宣斥于竄亡，邦國既殄瘁矣。了齋公則植節義、劾奸慝，明宣仁之論以申正議者，尊堯之集以獎王室至斥死遐方毅然不悔不又聲聞千古明德維馨者，耶然而未已也。又有俌公之惠政、淵公之道學、麟公之剛毅，不沮不撓，見之于史者，可從而征也。[134]

引文提到的陳世卿、陳瓘、陳俌、陳淵、陳麟，都是延平府境內有據可考的兩宋先賢，被編入陳祥等人新修的《陳氏世譜》，一併轉變為世人眼中繁盛的「永邑之陳氏」的共同祖先。之所以選擇他們，是因為這些人曾經活動於沙溪下游，不僅與永安縣東北地區頗具淵源，還有現成的世系能夠改造和利用——宋曾鞏〈秘書少監贈吏部尚書陳公神道碑銘〉記載：陳世卿，字光遠，南劍州沙縣人，「葬于沙縣之龍山鄉崇仁里」，「太父景、大父昂、父文余」，「子五人，曰儼，尚書比部員外郎，曰侃，福州古田縣尉，曰佩，衛尉寺丞，曰偉，同學究出身，曰俌，殿中丞」；[135]陳瓘本人《先君行述》則稱：陳俌「男四人，曰瓊，汀州軍事推官，曰玨，蘇州常熟縣主簿，早卒，曰瓘，宣義郎，曰瑊，假承務郎」，「孫男九人，全郊社齋郎正俗、正沖、正平、正方、正忱、正孺、正弼」；[136]元泰定丁卯（1326），林興

---

134 （明）林騰蛟：〈陳氏世譜序〉，光緒《陳氏宗譜》，卷首，〈舊序〉。

135 （宋）曾鞏：〈秘書少監贈吏部尚書陳公神道碑銘〉，收入《元豐類稿》，卷47。

136 原載《永樂大典》，卷3141，〈陳俌〉。這則記載，顯然不是九個人而是七個人，可能是傳抄中出現了錯誤。而在隨後的改造中，這七個名字再未出現。

祖為陳瓘七世孫陳宣子整理的《年譜》撰序，又談及陳瓘對陳淵、陳麟治學理政的影響，很可能和上述資訊一起構成了坊間陳氏傳說的基礎，終因陳祥等人「稽載籍，訪故老」的努力為世所知。不難想見，正是先輩生前的籍貫、言行和名望，讓散布在沙溪中游的陳姓子孫選擇了他們，其邏輯和鄧姓與鄧光布、張姓與張若谷如出一轍。

　　沙溪流域的另一大姓羅氏情況亦如，同樣散布在溪岸邊的低山丘陵，同樣內部支派繁多且構成複雜。除了前文提到的羅仕通裔，貢川的羅姓又以元代羅禪、羅奉為始祖，將明溪縣夏陽鄉東北深山裡的紫雲臺視作祖地。根據近年宗譜記載，羅禪字為賢，元初自紫雲臺移入沙縣洪田（日後改隸永安），妻鄧氏生「六胎九子」，名小一至小九，分遷於三元列西、明溪蓋洋、清流夢溪、汀州八縣和永安的貢川、小陶、洪田、西洋等地，擴散到沙溪中上游，多數依山傍水而居；[137]羅奉字秩千，元末人，被明溪夏陽、三元岩前、沙縣富口和永安貢川、樓源等地的部分羅姓奉為共同祖先。其中，樓源北距貢川十餘里，是沙溪支流溪源溪畔的小村莊，羅奉九世孫先寧在成化庚寅年（1470）落戶於此，即日後當地子孫的開基祖。[138]值得一提的是，與鄧、張兩姓類似，明中葉的羅氏子孫嘗試把「延平四賢」之一羅從彥納入譜系，只是由於後者的時代較晚，無法充當各路支派的始祖。此外，還有元末江西南昌來的羅仁七，定居在貢川南十里的溪邊村桝榈，是土著姓氏中的外來者。[139]

　　其餘姓氏資料甚少，筆者難以確知其詳。總之，和鄧、張、羅姓類似，這些河谷兩岸低山丘陵的大多數，往往在複雜的族群關係之上

137　《閩沙羅氏族譜》（1986年新編），一集卷2，〈近祖世紀〉，頁81；《閩沙羅氏族譜》，二集卷8，〈永安小陶營村世系〉、〈永安小陶長阪世系〉、〈永安洪田水東世系〉，頁110、130、132、145、151。

138　《閩沙羅氏族譜》，二集卷10，〈貢川樓源世系〉，頁14。

139　永安市地方志編纂委員會辦公室編：《永安姓氏志》（內部資料，2004年），頁27。

擬構了共同的祖先，時常表現為對文化名流的附會，儘管也有少數個
人履歷非凡，但更多人顯然是「沉默的大多數」，以致於我們並不清
楚他們的狀況——即便這些人可能很早就來到貢川附近。

綜上所述，低山丘陵的居民多數散居，氾濫在河谷兩岸，一方面
似乎沒有錢聚集到市鎮上，另一方面從事佃農，或許因為需求，四處
遊蕩！他們的共同祖先顯然是擬構的，建立了與地方的關係，但是他
們內部並沒有強有力的組織架構，依舊處在鬆散狀態——因鄧茂七雖
然祠堂被毀，但這些人並沒有跟鄧茂七鬧事。

二　高山三村：楊家畬、熊荊山、九龍村

貢川東南峰巒疊嶂，海拔高度達千餘米，群山之中，分布著一系
列地勢平緩的山間小盆地，便宜進行農業改造。很早之前，它們就是
山民的沃土和家園，孕育出不少深居高山的村落，常被冠以「某家
畬」、「某家山」、「某荊山」的名稱，如余荊山、楊家畬、熊荊山、良
家山、李家畬、羅家山、牛畬、耐家山、鄒家山和王家山等。這些由
姓氏與「家畬」或「荊山」拼合的地名，意味著與之相關的姓氏曾經
活躍於此——之所以說「曾經」，是因為那些起初「冠名」村落的姓
氏，也會遭遇異姓外來者的競爭，失敗即不得不黯然離開故土。比
如，楊家畬、熊荊山今名洋峰、張荊，分別是李、姜兩姓為主的單姓
村。另一方面，該類地名還顯示出當地人刀耕火種的原始傳統，給我
們透露了高山先民的生計模式和族群身份。與沙溪兩岸的低山丘陵不
同，貢川東南高山處在沙溪、尤溪分水嶺西側，與之緊鄰的地區如今
尚有大量畬族村。儘管歷史上該區域的民眾鮮少以「畬族」自居，但
是類似的自然生態環境下，又難免催生相近的生產方式。除了墾闢畬
田之外，採獵經濟一度盛行，頗能體現山鄉土著強烈的空間流動性。

高山中的很多姓氏，都具備多次且頻繁的遷徙或擴散過程，故此不難解釋，今日山村地名冠名者和居住者的姓氏差異。

以貢川東南二十餘里的余荊山為例。很早之前，當地還叫李荊山，原本是李姓開發並聚居的村落，宋元以降，余氏才逐漸取代李氏的地位，徹底將李荊山轉變為余荊山，最終讓「余荊山」列入萬曆《永安縣志》，是明末二十六都東南唯一見諸典籍的地名。按照該志解釋，當地「山如三合錫帽之狀，四時青翠，有五色可愛，宋進士余授祖居，故稱余荊山云」，[140] 其上有秀峰庵，南宋建炎元年（1127）始建，至明隆慶間，由余壽等人重建；又有座崇靈宮，相傳是北宋熙寧進士余括、余授的讀書處。[141] 而《余氏族譜》以廣東韶州人北宋名臣余靖為始祖，以其八世孫應永為余荊山開基祖，據稱，元末明初，應永為避世亂，從鏞州白蓬（疑為將樂縣白蓮鎮）徙居沙縣李荊山，「築室荊山之麓，躬率家人，並力經營，墾置田畝」。不難推想，隨後的百餘年，余姓取得這個聚落的話語權，趕在王朝國家自沙溪河谷深入高山腹地前，把地名改作余荊山，而該族成功的秘密，無外乎持續地「墾置田畝」，較早進入農耕階段。也就是說，高山地帶告別刀耕火種的時代，可能發生在明前中期。

李姓在楊家畬

楊家畬今名洋峰，居民以李姓為主，是貢川東南高山內的一大村落。這裡四面環山，位置相對閉塞，西北距貢川（固發口）約二十里，西南距余荊山近十里，因山險阻絕的緣故，實際的交通往來需要繞行更遠的路線，是沙溪河谷的活動者難以抵達的山鄉。不過，獨佔一片山間小盆地的它，又是周邊區域的聚落中心，外圍還散布著諸如

---

140 萬曆《永安縣志》，卷2，〈山川〉。

141 萬曆《永安縣志》，卷8，〈寺觀〉。

陳達塅、姜坳、羅舍坑、朱舍塅、鄒舍塅等小地塊。[142]顧名思義，楊家畬的早期開發者理應是楊姓族人，而陳、姜、羅、朱、鄒以及後來發跡的李姓均一度參與過當地的山林墾殖，顯示出貢川東南高山先民姓氏來源上的多元性。同樣，該村的廟宇和神明亦是如此——舊時，村北有興隆宮，祀南朝大帝、天后娘娘、充天太保、張公法主、洪公法主、五穀真仙；村東北張公岩岬下有飛鳳洞，祀馬氏、林氏真仙，反映了楊家畬歷史上的族群多元性。[143]可是，前述各姓很少存留至今，紛紛在族際競爭中失勢，相繼被李姓子孫所取代，令楊家畬逐漸演變成李家人主導的單姓村，並被改稱「洋畬」，祛除了外姓色彩。考慮到地方誌中「楊家畬」的記載始見於雍正《永安縣志》，我們有理由猜測，清初的洋峰仍然是一個雜姓村，洋畬也不算永安人慣用的地名，[144]但若結合李氏一族整體的發展和播遷來看，則基本能夠斷定，最遲至明代中葉，李姓在楊家畬一姓獨大的局面就已形成了。

嘉靖末，李姓子孫遍及洋畬、雙峰、龍嶺、貢川（固發口）等地，廣泛散布於周邊山區的多個自然地理板塊，橫跨沙溪河谷、低山丘陵和高山的小盆谷，是永安縣二十六都人口最繁盛的姓氏之一。他們以小三公為始祖，以楊家畬為祖地，分為長、中、小三房，各自以三四郎、三八郎、四三郎為支祖，早在宋代便已進入洋畬居住，隨後不斷播遷到鄰近的村落。根據族譜記載，長房主要活動於洋畬、雙峰兩個高山大村，部分前往西北面低山丘陵的龍嶺一帶發展，還是山谷村下甘地大陂洋大帝宮的檀越主；中房更加興旺，其十一世孫行名珠三、珠六、珠七、珠八的李永經、李永勝、李永健、李永恭四人，相

---

142 李道烽：〈中國第一架飛機製造者李寶焌的故鄉——洋峰〉，參見http://www.cuncunle.com/content/1011427730013651。

143 李道烽：〈中國第一架飛機製造者李寶焌的故鄉——洋峰〉。

144 相關地方志提及洋峰，一般都說「楊家畬」，直到建國後，才稱為「洋峰」，而李氏的家族文獻多稱「洋畬」。

繼開創了上阪祖屋、阪頭祖屋、官舍祖屋和上洋祖屋，逐漸佔據了洋畲小盆谷內大半的豐腴之地，又分出白岩下、坑頭、雙峰半坑、大坪頭、楊梅坪數派，集中在洋畲、雙峰及其西南，而且，另有子孫選擇下山，紛紛匯聚到沙溪河谷的市鎮貢川；小房規模較小，除了原鄉以外，多數局促於洋畲東側諸如環坑、泉溪、龍安、張公岩這樣的深山小村，個別遠走他方，流向尤溪、沙縣、歸化、延平、浦城等地。[145]儘管存在同姓之間擬構譜系的可能，但是洋畲李氏各房族裔的空間分布，仍舊顯示出彼此相近的族群背景和「靠山吃山」的生計模式，不過，伴隨著居住環境的轉變，很多人的社會文化策略也會調適。

例如，貢川的李姓支派愈益注重家族發展和科舉取仕。十五世紀中葉，珠六公長子李貴初（1423-1504）行名珍五，「始遷貢川，擴大家業」，於水東設田莊，收租積累資財。[146]他的子孫，逐漸在沙溪河谷站穩腳跟，開始接納當地的文化風尚，認識到功名的意義，湧現了一大批秀才，獲得地方精英身份，悄然躋身貢川士林。貴初之孫李嘉謀（1492-1554）字志成，號東峰，「通經史，能詩賦」，開洋畲李氏文風之先；其子李正枝（1523-1570）字幹行，號震東，是永安縣的邑增生，「偕侄龍屏君同步芹宮，著聲藝苑，而文學日隆」。[147]除了正枝，嘉謀還有三個女兒，長女李蕙嫁給嚴景安五子嚴子昇，次女李蓮、三女李蘭都嫁給陳家，說明李家人業已融入貢川的社會網絡。值得一提的是，父親逝世不久，李正枝還專門請來貢川顯宦林騰蛟撰寫墓誌銘，又體現出李家當年的影響力。[148]此外，同一時期，另兩支李氏族人也定居貢川，一是中房十一世孫住祖公的子孫，其先由洋畲遷

---

145 參見〈長房世系〉、〈中房世系〉、〈小房世系〉，康熙《李氏家譜》（清代抄本）。

146 康熙《李氏家譜》，〈中房世系〉，頁4a。

147 （明）林騰鯉：〈震東公誌銘〉，康熙《李氏家譜》，頁9a。

148 （明）林騰蛟：〈東峰公誌銘〉，康熙《李氏家譜》，頁7a-8a。

發沖，至十四世孫李佛光再遷掛口，時間約在嘉靖初年；一是中房十七世孫佛祖公的子孫，大概十五世紀末就落戶於此，佛祖長子李壽（1454-1511）曾「請來三聖香火，刻像立檀越，安于崇智社（在貢川）」，並聲稱是中房十五世孫享富公的後裔，但與前述兩支世代上的差距太過明顯，應該是日後加入洋畬李氏譜系的旁支。[149]然而，無論是誰，李氏族人自明中葉起均不再使用行名，更多代之以字或號，標誌著山鄉土著的文化轉型。[150]另一方面，同姓間、跨村落的宗族整合，被李姓精英提上了議事日程。

李玨（1528-1598）字純甫，號龍屏，小三公十六世孫，即上文提到跟隨李正枝讀書的「龍屏君」，萬曆丙子（1576）拔貢，隨即出仕為官。此前不久，他與叔父相互合作，致力於洋畬李氏的族譜編纂，「據雙峰、洋畬二圖所載互證參補，稿粗就於隆慶庚午（1570）」，初步構建了貢川東南高山李姓遠祖的世系結構，將家族史上溯到唐初，自詡為李唐宗室後裔。[151]序言中，李玨細數李氏得姓掌故，接著說：

> 數傳，而唐祖分封二十太子元祥公入閩。又數傳，而尚昊公為皇歷始祖。又數傳，而其洪公則雙峰、洋畬之祖。實始之其祖弘繼公，唐乾符，授上柱國銀青光祿大夫，賜緋魚帶；其父仲公，茲譜傳為唐昭宗之叔。仲公生三子，長其洪，次其壽，三其德。其洪公生四子，長宏仁，次宏義，三宏禮，四宏信。本支宏義公生四子，長小三，次小四，三小十九，四小廿三。而小三公自雙峰遷洋畬，又洋畬始祖也，生三子，長三四，次三

---

149 參見〈中房世系〉，康熙《李氏家譜》。

150 以貢川的三支李氏族人為例，貴初公子孫、住祖公子孫自第十四代起，佛祖公子孫自第十八代起。

151 （明）李玨：〈跋〉，康熙《李氏家譜》。

八，又次四三。而三八公，又余之大宗也。余以小三公為始
祖，而以三四公、三八公、四三公列為三宗，分代次，系子
孫，以立譜垂後焉。[152]

　　洋畬的小三公之上，李珏特別強調了入閩始祖元祥、皇歷始祖尚
昊、雙峰始祖其洪的關鍵地位，同時，弘繼公父子也被塑造為家世顯
赫之士。這些說辭，有意照顧到了周邊山區李氏子孫的派系整合和文
化認同，既將洋畬、雙峰和皇歷的同姓者團結起來，又向外姓人宣示
了本族在本鄉的土著身份——較之宋侍郎李小三，李唐後裔李尚昊無
疑更具號召力。不過，李珏「分代次，系子孫」的實際工作，主要限
於其洪、其壽、其德三人以下，希望構建永安東部山地的同姓共同
體，並未在李元祥、李尚昊、李弘繼間訂立明確的世代關係。[153]他的
嘗試，反映了彼時李姓族人大概的空間分布範圍。按照族譜記載，其
洪、其壽、其德分遷沙縣二十六都雙峰、尤溪三十九都井後和尤溪四
十二都皇歷（永安置縣後，除井後外，劃入永安），恰好橫跨沙溪、
尤溪分水嶺兩側，以戴雲山西伸餘脈為其核心腹地，展現出與沙溪河
谷族群空間分布範圍上的巨大差異。而李尚昊，猶如荊山鄧氏的始祖
鄧克諧，很可能是當地人長久以來口耳相傳的祖先，至明中葉，逐漸
被包裝成李唐宗室之後。

姜姓在熊荊山

　　熊荊山今名張荊，居民以姜姓為主，是楊家畬北面高山間的另一
大村落。當地西距貢川（固發口）約十五里，南距洋峰六里、余荊山
十五里，與楊家畬一樣，難從河谷到達，交通十分不便，也佔據著一

152　（明）李珏：〈龍屏公序〉，康熙《李氏家譜》。

153　（明）李珏：〈龍屏公序〉。

片山間的小盆地。其地名顯示，該村曾經的開發者理應是熊姓族人，
日後被姜氏子孫所取代。實際上，熊姓至今尚存，但卻流散到了鄰近
其它地方，如今青水畬族鄉豐田洋、早安、漈頭等村，剛好處在沙、
尤分水嶺兩側。據說，其先祖熊十三郎於元泰定二年（1325）自邵武
石門遷入沙縣熊荊山，不久之後，族人又選擇豐田洋，開啟山鄉定居
生活。[154]這個過程背後，或許暗含著沙溪中游山民生產方式的轉型，
由刀耕火種向梯田改造過渡，逐漸放棄了採集狩獵的傳統，村落悄然
形成。元至正間，福興橋就已矗立在熊荊山的小溪之上，說明當地人
口數量粗具規模，除了熊姓，可能還有姜、張、陳、楊、廖姓住居，
而遊獵神，仍舊是他們敬畏的神靈，被安奉於福興橋的正中央。值得
一提的是，福興橋的信眾分布範圍極廣，哪怕熊荊山西南八百里外的
韶州仁化縣方洞村，都會祭拜這位遠方的遊獵神。每當荒（方）洞瑤
族狩獵歸來，準備分食野豬、山羊、鹿、麂等大型獵物之際，需請師
爺主持「狩獵法事」，念誦的疏文有這樣一段：

> 再來拜請永安縣二十六都洪蒙山，熊荊山福典（興）橋中王爐
> 聖火，張趙二郎，張趙三郎，三界遊獵將軍，牽墩石掛弩神將
> 軍，銅馬三郎，鐵馬五郎，麻一將軍，麻二舍人，麻三大保，
> 麻四夫人，麻熊九姑，開山地主，上山遊獵大神，玄天上帝，
> 金闕趙二元帥，唐葛週三位夫人、三位將軍，小康元帥，趙火
> 童子，押火童子，箭弓後代師傅。[155]

引文所列神明，至少是部分閩粵贛毗鄰山區遊獵者的共同信仰，

---

154 永安市地方志編纂委員會辦公室編：《永安姓氏志》，頁264。

155 李默：《韶州瑤人——粵北瑤族社會發展跟蹤調查》（廣州：中山大學出版社，2004
年），頁222。

展現了採集狩獵族群的文化傳統。洪蒙山地在何處今已不詳，福典橋則屬福興橋的誤寫，王爐聖火指的可能是「獵王」的香火，經常用以崇祀獵神，廣泛見於粵東、贛南、閩西等地。[156]張趙二郎是梅山教代表性的土俗神，在苗、瑤、土家族的民間傳說中，是巫師的啟教祖師，兼具驅瘟打邪的特殊法力；[157]同時，他還和道教閭山派相關，反映了閭山教與淮南巫術的融合，並且普遍存在於客家和畲族的宗教儀式中。[158]其它諸如銅馬三郎、鐵馬五郎、麻一將軍、麻二舍人、麻三大保、麻四夫人、麻熊九姑、唐葛周三將軍眾神明，想必與張趙二郎有著類似的宗教背景，亦見吉安府萬安縣上豐堂林羅砂祖殿，只是名號或文字上略顯差別。[159]而三界遊獵將軍、牽墩石掛弩神將軍、上山遊獵大神、箭弓後代師傅，更直接與狩獵活動有關。由此可知，相當漫長的時間內，熊荊山一帶的居民都未脫離採集狩獵經濟，以期補充刀耕火種式畲田農業的收益不足，始終保持著強烈且根深蒂固的空間流動性，形成了眾多散落山野的土著族群，憑藉民間信仰及其儀式，維續著彼此的身份認同。姜氏一族便是這樣，遊山打獵和獵神崇拜曾在其祖先的日常社會生活裡扮演過至關重要的作用。

　　按照姜氏宗譜的敘述，該族祖先宋代入閩，住在清流縣磚壇溪，因打獵到訪熊荊山，隨即選擇定居下來。據稱，姜姓始祖一郎公乃姜元昌之子，本是江西吉安府吉水縣人，北宋初，移居汀州清流歸化下

---

156 郭志超：〈客家獵神的發現與尋根〉，《民俗研究》2000年第3期。

157 張澤洪：〈梅山神張五郎與張趙二郎研究〉，《宗教學研究》2014年第4期；張澤洪：〈中國西南少數民族梅山教的神靈系統〉，《宗教學研究》2015年第3期。

158 葉明生：〈道教閭山派與閩越神仙信仰考〉，《世界宗教研究》2004年第3期；黃建興：〈福建閭山教師公廟及法師傳說探討〉，《福建師範大學學報（哲學社會科學版）》2013年第1期。

159 趙硯球：〈梅山神——過山瑤的狩獵神〉，《廣西民族學院學報（哲學社會科學版）》1994年第4期。

里磚壇溪，「隱居避世，持守謹嚴，起置有房屋山林，歷數朝而不
變」，被沙溪中游山區的姜姓族眾奉為鼻祖。[160]其孫三世祖九郎公，
「性嗜山水，及中年，遊山打獵，隨帶獵神，到沙邑廿六都荆山裡，
見其山頭龍盤虎踞，水口地設天成，遂胥宇于中央巷，名之曰『熊荆
山』，以為可卜作祖之基也，並建通雲堂于上斗，冀其永蔭後人也」，
開創了姜氏子孫的基業。[161]他的兩個兒子，分居沙溪兩岸。[162]長子十
二郎留在磚壇溪（今明溪縣胡坊鎮朱南村）守業，次子十三郎又遷往
蓬岩（今三元區莘口鎮蓬岩村）發展，各自成為了經、綸兩大房的始
祖。[163]其中，十三郎「善承父志，擴充家業，亦建瑞峰堂于蓬岩，既
舍苗米幾帳，又置山林數圻，崇祀古佛」，期求子孫繁衍昌盛。[164]數
代之後，得償所願，綸房子孫分遷到沙尤分水嶺西麓的熊荆山、張荆
山、雙峰、發龍峰、蓬坑、草岩、張田等高山村，以及河谷地帶及附
近丘陵間的貢川、坑尾、鯉湖、忠山、沙陽、徐坊、洋溪和沙縣縣
城，是永安縣東北部的重要姓氏。不過，以上事蹟多由姜氏後裔假
託，意在塑造沙溪中游山區姜姓的共同體意識，譜系上的人口外移，
或許源自於支派整合的需要，未必是符合實際的歷史過程，卻折射出
他們的山民身份和土著背景。[165]

---

160 道光《姜氏宗譜》（清道光二十五年刊本），卷81，〈遠祖小傳〉，頁1a-1b。

161 道光《姜氏宗譜》，卷81，〈遠祖小傳〉，頁1b。

162 這個地理上的劃分並不嚴格，很多綸房子孫也在沙溪的西北岸，經綸的分別更多
還是以縣為單位的。

163 〈十二郎公小傳〉、〈十三郎公小傳〉，道光《姜氏宗譜》，卷81，〈遠祖小傳〉，頁
1b-2a。

164 同上。另見弘治《八閩通志》，卷78，〈寺觀・延平府〉；萬曆《永安縣志》，卷8，
〈雜志・寺觀〉。

165 關於姜姓的共同體意識，一方面根植於長久以來的山民生活，但也受到後來宗族
塑造的影響，不知何時，姜氏子孫假託廿六郎之口，講述了這個故事，強調宋代
乾道年間，該族就在當地繁衍生息。

　　另外，關於熊荊山地名的由來，姜姓後裔另有一套說辭。他們認為三世祖姜九郎創業伊始，「思先世尚父夢兆之遺，因名之曰『熊荊山』」，[166]試圖通過周文王「飛熊入夢」求賢姜尚的典故，將地名裡的「熊」與「姜」聯繫起來，削弱「熊」的影響，強調「姜」在熊荊山發展史上的角色。這樣的解釋，無疑是姜姓佔據主導地位時形成的，反映了當地的姓氏更迭和競爭關係，然而，儘管姜氏一姓獨大，但並未掌握該聚落的冠名權，只好以額外的文化手段，建立血緣與地緣的紐帶。其實，他們之所以看重熊荊山，或許與古廟通雲堂有關。考慮到蓬岩的瑞峰堂「崇祀古佛」，通雲堂理論上也應是佛寺。宋元以前，福建內陸山區的很多佛寺，都發揮了祖先祭祀場所的潛在作用，凝聚著附近的血緣共同體，熊荊山姜氏一族亦是如此。對他們而言，九郎公是祖先，熊荊山是祖地，自己就是這片山鄉的「故家世族」。

　　不過，早在明代中葉，沙溪中游的姜姓尚未形成普遍且一致的祖先認同。隆慶四年（1570），以捐納敕贈文林郎的二十五世孫姜浩，請貢川名流林祥為父姜崇撰寫墓誌銘。林祥稱：「貢川……商賈從聚，蓋樂土也，故家世族，歷歷聯絡，而高嶺之姜，其一也」，接著，細數了姜浩曾祖姜景松以來，自己同姜家祖孫三代的交誼，又說道：「按狀：始祖夢宗公生壬三公，壬三公生榮五公，榮五公生子玉公，子玉公生道瑛公，道瑛公生仲壬公，仲壬公生盛茂公，盛茂公即景松公也。」[167]顯然，這時候貢川周邊的姜氏子孫，還沒有將一郎公或九郎公作為始祖，仍舊保留著自身的家史記憶，儘管存在同姓間的某些共識，但是終究缺乏世系上的統合。數百年後的道光朝，鬆散狀況才見改觀，姜姓精英份子苦於「原譜自前朝以來，每房各自記載，

166　道光《姜氏宗譜》，卷17，〈天水郡始祖世錄〉，頁2a。

167　（明）林祥：〈明故雲山姜公鄧氏孺人墓誌銘〉，道光《姜氏宗譜》，卷81，〈貢川雲山公墓銘〉，頁1a-2b。

從未及修通譜」且「代數支派不明」，準備新修本姓宗譜。[168]於是，夢宗被編為姜一郎公的十六世孫，隸屬綸房壽派丙二公的支系。另外，他的子孫創設了燕詒堂，「中奉三一公（第十二代，夢宗高祖，丙二玄孫）神位，蓋夢宗公為本祠始遷祖，而溯其所自出，則公固鼻祖也」，明確了本支的譜系位置。[169]類似的祠堂，同樣分布在其它姜姓聚居的村鎮裡，代表了不同的支派，多數出現於清中葉，僅貢川一地，就有燕詒堂、敦本祠、均惠堂三座，明末以前，相互之間的關係也不甚緊密。

　　同時，僅從姜崇一家來看，部分姜氏子孫已經融入地方社會，獲得了貢川士紳精英的廣泛認可。姜崇（1489-1563）字文禮，號雲山，「遇事則毅，基業豐而更振門庭，舊而維新，能盃而不亂，事叢而不迫」，晚年榮膺耆賓。[170]他本人娶鄧文畿之女觀娘為妻，生一子五女：獨子姜浩娶高文瓊之女為妻，有頤超、頤龍二子；長女嫁給庠生劉璘，其餘四女配與羅元、賴波、楊俊璧、呂璧為妻。隆慶初年，姜浩又為未成年的頤超和林騰鯉之女定親，希望進一步通過家族的婚姻網絡，結交本地的名門望族和原鄉土著，繼續在沙溪河谷的市鎮貢川發展。[171]根據族譜記載推算，姜崇五世祖姜道瑛（即姜一郎公的二十世孫）約於明初來到貢川，因其更久遠的先祖姜夢宗屬「高嶺之姜」，算是從高山遷入河谷的山民代表。事實上，這種人群居住空間「自上而下」的轉移，是沙溪中上游山區腹地屢見不鮮的現象，而且，伴隨著生存環境的變化，很多河谷山民的身份認同和文化觀念也在更新。

---

168 道光《姜氏宗譜》，卷1，〈凡例〉。

169 （清）姜榕：〈燕詒堂記〉，道光《姜氏宗譜》，卷65，〈各房支祖祠圖〉，頁3a-5a。可能是道光年間才修建的。

170 （明）林祥：〈明故雲山姜公鄧氏孺人墓誌銘〉，頁1a-2b。

171 （明）林祥：〈明故雲山姜公鄧氏孺人墓誌銘〉，頁1a-2b。

陳姓在九龍村

較之楊家畬和熊荊山，九龍村的位置更靠近深山腹裡，要向東再翻越一座山才能抵達，是沙溪另一支流薯沙溪發源地的高山村。當地居民以陳姓為主，基層行政區劃隸屬永安縣二十四都，身居群山之中，可以沿著溪流，或者穿行山嶺，從多個方向進入周邊的河谷地帶。它的東面，即沙溪和尤溪的分水嶺，地屬尤溪縣的四十二都（景泰初，劃歸永安縣），境內群山延綿，相對自成一體，因在尤溪上游，交通雖有不便，但也能夠輾轉前往尤溪縣城。它的西面，熊荊山、楊家畬、雙峰、余荊山連為一線，自北向南排布，依次坐落於和尚頂、張公岩、鳳凰岐西側的山間盆谷帶，均屬二十六都地界，與貢川市聯繫密切。兩者之間，便是由薯沙溪、後溪塑造的狹長區域，向北溯薯沙溪而下，經天盂塘、龍安、泉溪、沙陽等地，至沙縣西南的莘口市；向南通過一段山路，取道另一高山中的大村上坪，循著後溪水系前往永安縣城。歷史上，這樣既閉塞又多元的地緣環境，導致當地的族群構成異常複雜，不僅表現為諸姓氏的長期共存（如李、姜、余、楊、張、熊等），還令同一姓氏內部世次混亂且認同不一，有著各自的祖先和故事。九龍村附近的陳姓就是如此，明中葉起，廣泛分布在沙溪中游山區的他們，開始致力於域內外同姓者的宗族整合。散落四處的陳姓族人，逐漸轉變為唐御史中丞陳雍的子孫。

早在嘉靖初年，九龍村的陳氏子孫，主要以陳麟為始祖，自稱是這位宋代名宦的山鄉後代。陳麟，字夢兆，南平人，「舊居劍浦，後娶于沙，因家焉」。[172]他於北宋大觀三年（1109）考取進士，宋室南

---

172 參見弘治《八閩通志》，卷69，〈人物・延平府・良吏〉；（明）葉聯芳修纂：嘉靖《沙縣志》（明嘉靖二十四年刊本），卷8，〈人物・文苑〉。關於他的籍貫，嘉靖《沙縣志》又指出：「按陳氏譜書，麟為企之子，是為沙人，非寓也。未詳孰是，

渡前後，歷任閩縣知縣、韶州知州和湖南轉運判官，與崇安知縣翁谷、閩清知縣黃琮「皆以善治邑有聲，閩部號三循吏」，[173]明代被奉祀於延平府鄉賢祠。不知什麼時候，貢川東南高山及沙溪中游沿線的陳姓族人選擇他為始祖，建構出規模龐大且世系複雜的宗族共同體，區別並整合了散布在這片山區裡的同姓者。根據族譜資料記載，陳麟還有位名（郎名）十官，葬於九龍水尾塚亭前坪大隔，墓碑上刻「宋朝散大夫陳麟公之墓」，至今尚存。[174]生前，他娶鄧安撫之女鄧綏娘為妻，育有七子：長子鄧高，位十八，分九龍前坪墓林前，裔孫在竹峰和貢川，數量上以貢川為主；[175]次子鄧叔，位七九，分九龍新舍洋，裔孫在九龍後坪、天盂塘、發洪溪、楊梅嵐、泉溪和貢川、曹源、岩前，集中於九龍村東北及沙溪河谷；[176]三子鄧孫，後繼乏人；四子鄧榮，位四九，分九龍溪源，裔孫在九龍溪源、大垱、圳頭、梧桐洋和雙峰，集中於九龍村西南；[177]五子鄧華（1120-1188），位百三，字希文，隨父親從荊村徙居九龍石圳，又遷上坪橋頭，他的裔孫，遍及永安縣城與山村上坪之間的山谷，如赤溪、銅盤、資坑、桂溪、浮流畲、埕坵田，還向西散布到永安盆地附近的福溪、茅坪、吉山、吉峰，以及北方沙溪兩岸低山丘陵中的小坡源、曹源、烏石寨、黃竹坑、下橫坑、蓬坑頭；[178]六子鄧貴，位百四，分上坪西坑，裔孫

故而存之，以備參考。」需要補充的是，這裡陳麟的父親叫陳企，亦非陳氏宗譜中的陳正度。

173 弘治《八閩通志》，卷37，〈秩官・名宦・建寧府〉。

174 《中國文物地圖集・福建分冊》，頁518。

175 光緒《陳氏宗譜》，卷10，〈世系總圖〉，頁46b、49a。該圖稱，「萬曆間上坪邦公編」。

176 光緒《陳氏宗譜》，卷10，〈世系總圖〉，頁50b。

177 光緒《陳氏宗譜》，卷10，〈世系總圖〉，頁51b。

178 光緒《陳氏宗譜》，卷10，〈世系總圖〉，頁52a。需要補充的是，陳氏宗譜的編纂過程中，殘留了部分以往的痕跡，不經意中，暗示鄧華一支另有自己的家族史——

較少，多在西溪，與上坪僅一山之隔；[179]七子鄧宗，位百十，分上坪天盂後竹山，裔孫在上坪天盂、甲盛岌、樟阪、吳荊坪、資坑、皇歷，大多深居高山腹地，僅個別人前往沙溪沿線的劇頭和三元。[180]由此可見，以陳麟為祖先的子孫雖然以山民為主，但是也有部分支派進入河谷地帶生活。

　　需要補充的是，前述陳麟後裔的播遷狀況，未必是實際發生過的歷史，相當程度上來源於後世的擬構和附會。他們內部至少存在兩個層次。其一，九龍和上坪的陳姓或許並非一體，鄧華、鄧貴、鄧宗三支更加緊密。按照《上坪平源堂麟公祠契據》的說法，鄧宗的五世孫進十二娶鄰人曾星女為妻，岳父曾拱四因深感「太公陳麟公香火無處安奉」，便將自家上坪橋頭的房屋「並後門荒坪一所，以為曾星女頭插釵，隨奩粧所胚粉之資，即便應娉前去架成祖祠，安奉香火，永為千秋華、貴、宗祖祠。」[181]儘管該契落款時間「大觀廿三年」純屬子虛烏有，內容殊不可信，但它本身就意味著上坪陳氏與九龍的相對獨立性。其二，陳麟七子各自的支系，呈現出顯著的地域性——長房在河谷的貢川，二、四房在高山村九龍的東北、西南，五房部分與六、七房在高山裡的上坪，部分散布於永安縣城周邊和沙溪沿線——世系表露的血緣關係，具有一定的地緣基礎，更像是依從日常生活網絡聯結的宗族組織，反映了貢川東南高山各片區同姓者的整合。因此，該族「世系雖明，行次、字諱、實跡不無夏五郭公之謬」，很多支派的

　　〈世系總圖〉鄧華的附注文字稱：「鄧華，麟公五字，胡公七十四世孫，位百三，字希文，同父宗時由沙縣荊村來二十四都九龍石圳暖墟住，後遷上坪橋頭住。」顯然，其父宗時並非陳麟，很可能是合譜之前，鄧華一支（上坪陳姓）的開基祖。

179　光緒《陳氏宗譜》，卷10，〈世系總圖〉，頁52b。

180　光緒《陳氏宗譜》，卷10，〈世系總圖〉，頁52b。

181　〈上坪平源堂麟公祠契據〉，光緒《陳氏宗譜》，卷37，〈鄧宗公支下總圖〉。

代際關係難免殘留錯訛的現象。[182]

　　另一方面，隨著沙溪流域內的社會經濟發展，高山與低谷、上游與下游的族群交往愈益頻繁，同為陳姓但祖先不一的人們相互結識，需要尋找更久遠的祖先聯繫各個支派。當年，除了陳麟一脈，沙溪中游山區還有許多陳姓群體，有的選擇其他文化名流作為祖先，有的尚未建構出顯赫的家族歷史。正如前文述及的忠山陳氏之流一般，他們廣泛分布於沙溪兩岸和低山丘陵，雖不以陳麟為始祖，但卻同樣活躍於貢川周邊，儼然是永安縣東北的一大姓氏，各個支派開始嘗試編纂宗譜，將共同祖先的年代不斷上推。數年之後，陳氏譜系再度前提，以唐御史中丞陳雍為公認的始祖。嘉靖四十三年（1564），受託於九龍和上坪的陳姓後裔，永安名士李杏為新修的《陳氏大宗譜》作序，說道：「潁川麟公，吳興播越，遷家於劍浦；其子百三公自沙陽復卜宅於九龍、石圳、上坪，溯之上，則成祖也。究其源流，則實出于雍公之後，豐功茂烈著于先，時云仍大振於日。」[183]作為沙溪中游山區陳姓的入閩始祖，陳雍正式出現在子孫的祖先敘述中，稍晚時被包裝成唐高宗一朝的重臣，因遭遇武后弄權方才遠遷福建。然而，《新唐書》、《舊唐書》均未見陳雍其人，他的生存年代，很大程度上源自陳氏子孫與隔壁李氏子孫的攀比，都把自己的遷居史上溯到唐初。

小結

　　明中葉以前，貢川周邊山區開發進程中的人口流動，不僅包括橫穿省府縣界的遠距離水平遷徙，還包括縱向跨越海拔與自然帶的垂直轉移。其中，落戶河谷市鎮的人口尤以後者為主，他們是更具競爭力

182　（明）李杏：〈陳氏大宗譜序〉，光緒《陳氏宗譜》，卷首，〈舊序〉。
183　（明）李杏：〈陳氏大宗譜序〉。

的社區「新貴」，根據早年核心生計手段的差異，不妨將之分為閩江流域的商業家族、外來謀生的耕讀之家和進踞河谷的山鄉舊族三類，至明中葉，開始相互借鑑彼此的生存和發展策略；另一方面，低山丘陵和高山盆谷還分布著很多的「土著」大姓，稍早之前，其祖先剛從原始的游耕和採獵經濟過渡到定居農業的新階段，較之匯聚河谷的新興家族具有財富和文化上的劣勢，因而在明中葉極力把自己和鄰近同姓者打造為地方名人之後。鄧茂七的起義點恰好位於貢川東北的深山腹地，和貢川東南的高山盆谷類似，該地也應邁入定居農業不久，既不乏山鄉舊族中佼佼者移居河谷市鎮的案例，形成了不在地主制，又因耕作技術改良，騰挪和空閒出的大量荒地亟待外鄉佃農的墾殖，而崎嶇的山地環境無疑加劇了運輸米穀的艱辛，導致了佃農領袖要求地主「自往受粟」的鬥爭。

第二章

近代閩南普通華僑家族的跨國實踐與社會資本傳承

——以郭氏家族為例

丁　汀

　　僑批是閩南地區極具價值的民間史料，二〇一三年入選為「世界記憶遺產名錄」。僑批作為華僑與其親友的跨國家書，反映了跨國家庭成員的日常交往、社會經濟網絡等內容。學界對僑批家書的研究也形成了豐富的成果。本文通過閩南一個普通華僑的僑批家書，來解讀該家族成員在不同時代下生存動態和跨國聯繫，以及他們建立起的社會資本，是推動著僑鄉社會具體的跨國運行。

　　本文圍繞著福建泉州晉江東石地區的一個普通華僑跨國家族歷史展開。主人公郭燕趁（1909-2000）是東石郭岑村人士，其家族移民軌跡主要在馬來西亞霹靂州的太平地區。下文首先回顧東石的對外交流歷史和近代以來的下南洋風潮，接著討論郭家依託的出洋資源——蔡氏兄弟的發展歷程，以及不同時代郭家成員的流動歷程。再是聚焦郭家的早期家庭生活、經濟生計和維繫鞏固的代際成員策略。接著探討冷戰時期，郭家開啟的家庭式移民和維持兩地擺的狀態。最後關注到郭家的社會資本代際傳承問題。郭氏一門三代均介入到親友、宗親及社區的事務之中，其參照出僑鄉大多數的中小層人物，正是他們形成的網絡、信任、規範，才推動著僑鄉具體的跨國實踐。

第一節　晉江東石對外交流歷史與近代下南洋浪潮

　　郭氏所在的閩南晉江東石地區，一直有對外交流的歷史傳統，形成了活躍的商貿往來和人員流動的特點。近代以來，在閩南下南洋的浪潮下，東石人也加入到其中，並以流動到馬來亞霹靂州太平的人數規模最大，開啟近代東石人出洋的歷史。

一　晉江東石對外交流脈絡

　　東石位於福建泉州晉江的南部沿海，圍頭灣西北岸，北毗安海鎮，西與石井、水頭鎮沿江而峙，東鄰英林、永和鎮。宋屬安仁鄉仁和里，元、明、清屬十二都。一九四〇年建立東石鎮，一九四九年解放後改為東石區，一九五八年成立為東石人民公社，一九八四年改為東石鎮。[1]

　　東石港位於圍頭灣範圍內，與周圍的安海港、石井港同為泉州「三灣十二港」，安海港居圍頭灣內，東石港、石井港互為海門，是歷史上泉州港對外貿易的重要分港之一。東石港海域開闊，水深無礁，四面有山峰為屏障，不受東北季風影響，是天然的避風良港。其地理位置與安海接近，與安海商貿密不可分，安海商人貿易大多靠東石船舶運輸，故而歷史敘述習慣也將其化一體。[2]

　　晉江東石有豐富對外交流的歷史傳統，在商業貿易、人員往來等

1　陳笛主編、莊維坤副主編、晉江市地方志編纂委員會編：《福建省晉江市志上》（上海：上海三聯書店，1994年），頁27-28。

2　粘良圖：〈清代泉州東石港航運業考析——以族譜資料為中心〉，《海交史研究》2005年第2期；李天賜：〈安海華僑的特點〉，晉江市地方志纂委員會辦公室編：《晉江華僑華人研究》（北京：方志出版社，2011年），頁31-39。

方面在不同歷史時期呈現出顯著特徵。早在唐代，東石與南洋就有貿易交流往來。據清代東石人蔡永蒹的《西山雜誌》中記載：「唐開元八年，東石林知祥之子林鑾，字安車，曾祖曰林智惠，航海群蠻海路。林鑾試舟到勃泥，往來有利，沿海畲家人俱從之往，引來蕃舟。蠻人喜彩繡，武陵多女紅，故以香料易彩衣。晉海舟人競相率航海。」[3]此處的「勃泥」即婆利，在婆羅洲北部及西部，就是今日的汶萊。林鑾航海至勃泥，商貿獲利豐厚，帶動了沿海畲家人一同前往。東石人林鑾可謂是史籍記載中唐代泉州與婆羅洲、汶萊地區貿易往來最早的民間商人。另民間有傳說石獅的石湖碼頭是林鑾為通勃泥而建造的，又稱「林鑾渡」。

經過世代發展，林鑾家族已然成為實力雄厚的海商家族。正如《西山雜志》記載其九世孫林靈：「唐乾符時，林鑾九世孫林靈，字應素，航海臺灣、甘棠、真臘諸國，建造百艘大船，在黿江家資萬貫。」[4]林鑾的九世孫林靈這一代，在黿江（東石港）建造百艘大船，其商貿往來地域廣闊，從東石往東到臺灣，往北到福州，往南洋到真臘（柬埔寨）等國，可謂規模龐大。

這種貿易往來還得益於當時造船技術的進步。《西山雜志》中記載了林鑾所用海船的情況。「天寶中，王堯於勃泥運來木材，為林鑾造舟。舟之身長十八丈次，次面寬四丈二尺許，高四丈五尺餘。底寬二丈，作尖圓形。桅之高十丈有奇。銀鑲船艙十五格，可貯貨品二至四萬擔之多。舟既好，泊舟之深處後湖之淵，有百仞矣」，以及「東石之舟，唐宋時俱以王堯所造式，南宋迄于元明縮小量衡，所裝之貨隨

3　陳彬強、陳冬瓏、王萬盈主編：《泉州海上絲綢之路歷史文獻彙編初編上下》（廈門：廈門大學出版社，2020年），頁519。

4　陳彬強、陳冬瓏、王萬盈主編：《泉州海上絲綢之路歷史文獻彙編初編上下》，頁519。

之而差。」[5]王堯是唐代福建著名造船家。王堯從汶萊運來木材，為林鑾造海船。有研究者認為上文的「十五格」即表明了泉州海船採用水密隔艙技術，由此可見唐代福建水密隔艙建造技術的發達。[6]林鑾使用的這種海船規格被唐宋海商一直沿用，直至元明時期有所改變。

宋元時期泉州作為「東方第一大港」，有「漲海聲中萬國商」繁榮貿易景象，東石作為支港亦進入興盛時期。元末兵亂給泉州造成巨大傷害，泉州港陷入紛亂之中，番商再也不敢來泉州貿易，極盛時代一去不返，泉州港的官商地位自此一蹶不振。泉州港之後進入了一個私商活動和華僑出國的新時代。[7]

明初，朱元璋下令海禁政策，福建沿海經濟發展受到限制。明成祖時期，官方派遣鄭和、王景弘等下西洋，此舉與周邊國家建立了朝貢貿易聯繫。東石人在鄭和下西洋的過程中起到重要作用。由於東石長期對外航海貿易交流，造就了大量擁有豐富航海經驗的水手。作為閩南人的王景弘便調雇泉州船，招攬東石船老大導引，促成下西洋的航海壯舉。[8]

福建沿海的資源地理環境，人稠地少決定了其生計必須仰賴航運貿易。正如明中期福建巡撫徐學聚所言：「漳、泉濱海居民，鮮有可耕之地，航海、商、漁乃其生業。」[9]這一時期，東石、安海的民間

---

5 陳彬強、陳冬瓏、王萬盈主編：《泉州海上絲綢之路歷史文獻彙編初編上下》，頁520。

6 祁慶富、丁毓玲：〈水密隔艙海船歷史文化遺產研究〉，收錄於曲金良主編：《中國海洋文化研究・東北亞海上交流歷史文化遺產研究論文集第6卷》，頁219。

7 莊為璣：〈元末外族叛亂與泉州港的衰落〉，參見泉州市泉州歷史研究會、政協泉州市委會文史資料研究委員會、泉州市文物管理委員：《泉州文史第四輯》（1980年），頁19-26。

8 陳彬強、陳冬瓏、王萬盈主編：《泉州海上絲綢之路歷史文獻彙編初編上下》，第523頁。

9 徐學聚：〈報取呂宋囚商疏〉，收錄於陳子龍等輯：《明經世文編》，卷433。

私商貿易活動頻繁。與此有大量晉江人前往南洋貿易謀生甚至定居，包括了不少安海、石井、東石這一帶的鄉民。[10]明末，海禁稍馳，私商力量得到發展，出現了海上武裝集團。當中實力最為雄厚當屬鄭芝龍、鄭成功的海上帝國，其壟斷了東海至南海的海上貿易，可謂是海商的黃金時代。而石井、安海、東石港口這一帶正是鄭氏的基地，其商貿人員往來繁榮。

除了海上私商貿易繁盛的景況外，東石港在明中後期也是國內的重要貿易港口。據東石《珠澤戶蔡氏族譜》、《玉井二房長譜》的記載可知東石的蔡氏家族通過航船來往於蘇州從事棉花貿易。至明末，相傳蔡爾宣在蘇州購運棉花時，憑藉其力大無比，單手鉤掛一百斤棉花，使得在場客商無不拜服，遂共訂規則即讓福建客商率先配運，至此獲得蘇州棉花貿易的配運優先權。福建客商率先配運此規定一直延續至民國時期。由此可知，東石蔡氏執掌福建到蘇州之間棉花貿易的時間之久。[11]

明清之際，受鄭氏集團與清政府時局政策的影響，東石人開始大批量移居臺灣。鄭成功以閩南為根據地抗清，在東石寨操練水師收復臺灣後，東石遂有眾多民眾追隨，前往臺灣定居。後來閩南沿海一帶成為鄭成功與清軍之間拉鋸的戰場，清政府實施「遷界」政策。「遷界」加促了沿海一部分人口繼續向臺灣，亦有不少人選擇往南洋發展。至康熙二十二年（1683），臺灣統一於清朝版圖，百姓「復界」歸來，海禁也漸開，遷臺移民更是絡繹不絕。據東石郭岑郭氏的族譜記載，明末清初郭氏就有人出祖臺灣鳳山。康熙二十九年（1690）始，郭氏各房不斷有人移居。至乾隆三十四年（1769）修譜時，郭岑郭氏五房移居臺灣子孫就達到六十七名之多。郭氏族人大多移居到鳳

10　林金枝：〈從福建僑鄉族譜看南洋華僑史的若干問題〉，《歷史研究》1984年第4期。
11　粘良圖：〈清代泉州東石港航運業考析——以族譜資料為中心〉。

山、旗津、臺南、郭岑寮等地。現今，臺灣還有兩處以「郭岑」命名的村落。[12]

臺灣經過移民的開發，其經濟人口迅速增長反過來刺激了對岸泉州商貿發展，兩岸之間貿易人員往來更為密切繁盛。東石的航運貿易由此進入新階段，眾多主營對臺貿易的郊行應運而生。據《東石港史研究資料》不完全的統計，東石一村商號郊行有四、五十家，船隻多達二百艘。東石各姓、各房紛紛開發海港、開鑿船塢。雍正元年，東石蔡氏聯合不同支派為一族以及帶動其他姓，開鑿疏浚了一條二公里，闊六十公尺的海港，使航道從村前經過。之後東石港其他姓氏家族也接連開鑿船塢連同海港，使本行號的船可以直接入泊。東石鄉人為了經營便利對港口、船塢的控制，由此可見東石商貿的繁榮。

值得注意是，東石這些郊行雖然主營是對臺貿易，但其經營範圍並不局限臺灣，它們與國內沿岸的港口城市以及南洋各地、日本、朝鮮等地均有貿易往來。甲午戰爭後，日本侵佔臺灣，主營對臺貿易的東石航運業頗受影響。到了中日戰爭爆發，受戰爭局勢，東石木帆船運輸貿易就此結束了。[13]

總之，東石作為泉州港支港，其商貿和人員流動在不同歷史時期均呈現對外交流活躍的狀態。

二　近代東石人移居馬來亞太平的歷史

東石大規模下南洋是在鴉片戰爭後。一方面，十九世紀中期西方資本主義國家相繼完成了工業革命並積極向外擴張，開闢原料和市

---

12 莊為璣、王連茂編：《閩臺關係族譜資料選編》（福建人民出版社，1984年）；郭滄澤、郭永疊、楊天場、粘良圖：《閩臺三郭岑》，未刊稿。

13 粘良圖：〈清代泉州東石港航運業考析——以族譜資料為中心〉。

場。東南亞被各殖民國家積極全面地開發，從開闢沿海商埠到掠奪內陸的礦產、種植園，造成了對勞動力的急需。另一方面，鴉片戰爭後，清政府被迫開放通商口岸，清政府的海禁政策逐步廢除，洋人在華招工合法化，為華工出國創造了便利條件。再是，面對家鄉地少人多，資源有限以及社會動盪不安。為了尋求出路和生計，閩南人開始了空前大規模下南洋。這時期東石人主要流動到了南洋的新加坡、馬來亞，其中以馬來亞霹靂州太平的人數規模最大。

　　太平位於馬來亞霹靂州，因盛產錫礦而發展起來的城市。馬來半島有錫礦歷史可以追溯到西元九世紀，一直以來馬來人是用原始方法開採。錫礦能成為馬來亞的經濟命脈之一，且發展為大規模產業，則是到了十九世紀中葉得益於華人的經營。彼時由華人提供的大批勞工、資本改善了採礦的方式。[14]太平原稱拿律，一八四〇年被發現有豐富的錫礦資源，吸引了大批華工來此開採錫礦。史上著名的「拿律戰爭」便是華人不同幫派會黨為了爭奪拿律的錫礦資源而爆發的戰爭。當時拿律的錫礦由客家人「海山公司」開採，而另一大錫礦區甘文珍由廣府人「義興公司」開採。為了爭奪拿律的礦源，「海山公司」與「義興公司」兩派屢次爆發衝突，當地馬來人也捲入其中。在兩次大規模的爭鬥中，死傷無數，而且其敵對行為破壞了礦區開採工作，最後為了經濟利益，英國殖民政府介入下，雙方達成和解。拿律地區由此改名為「太平」，寓意沒有戰亂與糾紛，永久和平。太平是馬來亞第一個以中文命名的城鎮。到一八八二年，太平就有五萬多華工在開採錫礦，其中包括東石的蔡氏鄉人。[15]東石蔡氏鄉人結伴到太

14　林水檺、駱靜山合編：《馬來西亞華人史》（馬來西亞：馬來西亞留臺校友會聯合總會出版，1984年），頁240。

15　參見林水檺、駱靜山合編：《馬來西亞華人史》，頁242；《馬來西亞太平仁和公所慶祝成立一百周年紀念特刊》（馬來西亞：太平仁和公所，1985年），頁238-246。

平錫礦工作，由此開啟了近代東石人往馬來亞遷移的歷史。

為了尋求在地生存和抵禦外侮，一八八三年在太平做礦工的東石人成立了同鄉互助組織——「仁和公司」。其初衷是互相照應，團結自治，聯絡鄉誼。「仁和公司」被譽為晉江人在星馬同鄉團體組織的先河。當時前往太平的交通不便，需先由水路再轉陸路搭乘火車方可抵達，為了便利前來旅居的鄉親，仁和公司便集資購買一屋作為鄉親落腳休息之處。一八九五年由於大量東石人南渡，原有的會所從新港遷移至太平巴剎邊。此時巴剎邊由鄉僑經營的「東永和」雜貨店標誌著在太平的東石人由勞工轉入商界之始。一九二〇年東石鄉僑苦心籌劃籌購古打律會所一座，並更名「仁和公所」。一九四一年太平洋戰爭爆發，馬來亞淪陷，僑團活動全面停頓，會所檔案亦被俱毀。至一九四五年在蔡樹廉先生奔走下，仁和公所工作得以復辦。

由於在太平的東石人人數眾多，「太平」遂有「小東石」之稱。許多東石人會先到太平謀生，隨後輾轉至其他地方發展。在太平扎根的東石先輩們，經過數十年發展，其後代又移居到馬來亞各地。其路徑大致是從太平到江沙、怡保，再沿著鐵路延伸至吉打、吉蘭丹等北馬一帶。太平的東石人其經營範圍有種植業、運輸業、出入口、建築業等等。[16]本文主人公郭燕趁及其表親蔡氏兄弟就是在太平、江沙加地、玲瓏、安順、怡保等地輾轉發展。

三　表親蔡氏兄弟的發展歷程

前文闡述了東石出洋的風氣，以下將介紹郭家表親蔡氏兄弟的發展歷程。蔡氏一家依循東石先輩的移民路徑到太平埠謀生，從養畜養

16　參見《新加坡晉江會館紀念刊1918-1978年》（新加坡：新加坡晉江會館特刊出版委員會，1978年12月），頁549-550、568-569。

家禽到自營雜貨店再到跨地區的商業集團。蔡氏兄弟相對優渥的經濟資源亦為郭燕趁家族成員的流動提供了極大的幫助。

郭燕趁家族移民歷程同許多閩南人一樣是依託親屬網絡移民。正如顏清煌指出福建人移居新馬地區主要是兩種模式，分別是親屬移民與契約移民。其中親屬移民是以血緣和姻親關係為基礎的。[17]郭燕趁家族的移民歷程充分體現出血緣和姻親在海外移民活動作用。郭燕趁是郭家較早前往馬來亞的，他依靠的正是舅父和表兄弟的親屬網絡。郭燕趁的母親蔡氏是東石西宅人，其兄長蔡德蘇一家在較早時期依循東石先輩的移民路徑到馬來亞太平埠謀生。

蔡德蘇大約是一八七四年出生，其五個兒子亦隨其在馬來亞太平發展，五兄弟分別是蔡世托、蔡世海、蔡世丹、蔡世壁、蔡世舉。蔡德蘇最早是前往太平的馬當漁村，在河邊蓄養豬鴨起家，不料之後發生畜疫，難以營生。於是蔡世托、蔡世海等兄弟只能到江沙加地投靠親友，在雜貨店裡幫忙學習。經過幾年的學習和資金的積蓄，蔡氏兄弟便獨立租店經營土產、雜貨。至一九三〇年代，蔡氏兄弟在加地購置店鋪，創辦「新泉興」雜貨店。同時他們還購買了兩輛羅厘車（即貨車）將土產運至太平和檳榔嶼售賣，再購買糧食、日用品回來批發。蔡氏兄弟在加地合力創辦了「新泉興」雜貨店後，還前往玲瓏開設新泉興的分行，經營土煙、肥料、農藥等。[18]郭燕趁及其外甥楊仁兩、姐夫楊文務、侄兒郭奕郎等人南下馬來亞，就是依託蔡氏兄弟的親屬關係，在他們到達之後長期投靠寄宿在蔡氏兄弟的店中學習工作。

郭燕趁的表弟蔡世海是從煙葉界發家，曾被譽為「大馬煙葉

17 顏清煌：〈福建人在馬新歷史上所扮演的角色〉，載於（馬）林忠強、（馬）陳慶地、莊國土、聶寧德主編：《東南亞的福建人》（廈門：廈門大學出版社，2006年），頁2。

18 蔡尤聲：〈蔡世海老先生略傳〉，《太平仁和公所慶祝成立120周年紀念特刊1883-2003》（馬來西亞：太平仁和公所，2006年），頁311。

王」。當時全馬大多數的朱律煙廠都與其交易。蔡世海後來將生意發
展至太平，創立「新源興」，此後定居太平。在商業方面，蔡世海採
取了大規模多元化的發展策略。首先是在種植行業。他購買上百公頃
山林，創立仁益園和雙溪園，種植經營土特產品。在一九五七年馬來
亞獨立之際，蔡世海父子以獨到眼光抓住機遇，作為仲介人協助英國
人轉讓大片土地。他們將土地拆分轉賣給本地人，同時還自留部分土
地繼續發展擴大園丘事業，種植煙草、橡膠、油棕等經濟作物。另
外，蔡世海父子還經營錫礦、房地產等產業。時至今日，到了蔡世海
的第三代後裔，其在霹靂州擁有約五千多英畝的園丘。蔡氏家族企業
仍在運行，還開拓了酒店業新方向。[19]

在社團工作方面，蔡世海從一九五六年至一九八二年一直擔任太
平仁和公所產業信記員，以及名譽會長達十三年之久，為社團貢獻良
多。同時，蔡世海還擔任多個華社社團要職，諸如太平福建會館、霹
靂濟陽堂名譽族長、仁愛音樂社名譽會長、北霹靂中華總商會董事、
玲瓏福建會館董事、大馬煙商會董事、檳城晉江會館名譽主席以及太
平華聯中學董事、玲瓏仰華學校董事主席。蔡氏一家熱心公益，尤其
重視教育事業。在原鄉教育上，蔡氏兄弟及後人大力支持東石僑聲中
學的建設。僑聲中學在一九五〇年代創辦初期，旅居新加坡、馬來亞
的僑親不顧居住國政府限制，不餘遺力地在當地聯絡發動東石籍的鄉
親支持原鄉中學的教育，蔡世海就是第一批捐資貢獻突出者。之後蔡
世托及子蔡天賜捐資建設僑聲中學的禮堂。[20]在居住國教育上，一九
五四年在父親蔡德蘇的八十大壽時，蔡氏昆仲將賀儀悉數捐獻給玲瓏

---

19 〈獨家華商獎　瞄準市場穩健投資——蔡長益開創酒店新格局〉，《南洋商報》，2018
年7月22日，見https://www.enanyang.my。

20 黃賀順：〈僑聲中學之創辦與沿革〉，福建省晉江市委員文史資料委員會：《晉江文史
資料選輯第6-10輯》（晉江：福建省晉江市委員文史資料委員會，1999年），頁28-32。

仰華學校。一九六四年蔡德蘇逝世之際，蔡氏兄弟秉承父親遺訓捐資給玲瓏仰華學校、太平華聯中學。[21]一九八二年蔡世海去世，其後人秉承遺志，設立「蔡世海教育基金會」，由太平仁和公所承辦「蔡世海大專助學金」，以資助品學兼優、有意上進的學子深造，為華社子弟培育英才。至二〇二二年，蔡世海大專助學金已資助了數百名華社學子，而部分子弟在學有所成後又回饋捐款基金會以造福更多的子弟。[22]

此外，蔡氏其他兄弟均在馬來亞的商業和社團工作上取得矚目的成就。蔡世海的兄長蔡世托亦是太平德高望重的人士。著名的「太平仁愛音樂社」便是在蔡世托的主持下成立的。為了推廣南音和聯絡鄉誼，一九六三年五月，東石同鄉蔡尤河、蔡世葵、蔡世坪等人發起籌組「仁愛音樂社」，並邀請蔡世托為籌委主席，向當地政府申請註冊，一九六四年元旦成立「太平仁愛音樂社」。該社團積極參加公益義演活動，充分表現了同鄉團結精神。[23]再是蔡世舉亦是太平的商業名人。蔡世舉除了參與仁益園的土特種植經營，以及在新源興公司代理各國肥料、農藥農具外，還與同鄉郭奕爐等人合作開設太平仁和控股有限公司、仁東發展有限公司。蔡世舉亦活躍於社團工作。他從一九五五年擔任太平仁和公所總務以及連任該所副會長職務。另外，他還擔任太平福建會館董事、太平德教紫平閣董事及名譽閣長、霹靂濟陽堂名

---

21 〈玲瓏蔡世海令尊八秩榮壽慨以親友賀儀助學〉，《星洲日報》，第6版，1954年5月30日；〈玲瓏蔡世海令尊翁逝世節約五百元捐仰華學校〉，《星洲日報》，第12版，1964年1月25日。

22 參見《馬來西亞太平仁和公所慶祝成立一百周年紀念特刊1883-1983》（馬來西亞：太平仁和公所，1985年），頁95；《太平仁和公所慶祝成立120周年紀念特刊1883-2003》（馬來西亞：太平仁和公所，2006年），頁311；〈蔡世海大專助學金　即日起接受申請〉，《光華網》，2022年8月7日。

23 參見《新加坡晉江會館紀念刊1918-1978年》，頁570。

譽族長、大馬晉江社團聯合常務董事以及太平華聯中學董事。[24]

正是蔡氏兄弟早期抵達太平埠，並取得了相對優渥的經濟資源，為後來郭燕趁家族成員的流動提供了極大的幫助。再是縱觀蔡氏兄弟的發展歷程，甚是吻合勤奮幸運海外移民的成功路徑，一般來說是從雜貨店的夥計起步，發展到自己獨立經營開店，再到經營地區性及跨地區的大買賣，與之伴隨是在華社擁有較高的社會地位。[25]

第二節　郭氏的流動歷程

從宏觀時局來看，郭家的流動歷程可分為五十年代前和冷戰時期兩個時間段。在第一階段，郭氏成員的流動經歷一方面是受到表親蔡氏兄弟的幫助，另一方面也直接被外界局勢諸如抗日戰爭、太平洋戰爭影響著。到了冷戰時期，東南亞地區實施嚴苛的入境政策，直接改變了僑鄉部分人群和家庭的南下發展趨勢。從郭家的經驗可見，個體條件與時代局勢共同影響促成了流動歷程的差別。

一　五十年代前郭家的流動歷程

從郭燕趁家族僑批可知蔡氏兄弟與郭家感情交好，聯繫甚為密切。因父親蔡德蘇有嗜賭習慣，再加上祖母年老，蔡氏兄弟擔心家中無人理事，故時常會委託姑父郭章純幫忙照看蔡家老小和勸誡父親。如一九三〇年蔡世托寫信給姑父請求勸誡父親改掉賭博惡習。「刻下侄已自謀得營業，然商場甚然失敗。料亦難於發展，不過渡些利路而

---

24 參見《馬來西亞太平仁和公所慶祝成立一百周年紀念特刊1883-1983》，頁105。

25 （美）孔飛力著，李明歡譯、黃鳴奮校：《他者中的華人：中國近現代移民史》（江蘇：江蘇人民出版社，2016年），頁38。

已耳。侄每念家父常欲賭博，惟望姑丈大人在家勸改為幸。」[26]或許是擔心父親無法很好承擔照看家庭成員的重任，一九三一年蔡世托繼續請姑父郭章純幫忙照看一家老小，例如「遙想近來家中東西粗安，可賀也。並但吾弟妹幼之在堂，不就教示，望爾姑丈代為家中來往觀巡就是。」[27]再是，蔡氏兄弟還會委託姑父母幫忙代管錢財。一九三五年蔡世丹給郭章純的信寫道：「此中呈上匯票一紙，注銀壹百元，到即向領，暫為保留尊處，待另日回唐往取就是。」[28]一九三九年蔡世丹又寄回：「甥在南洋都平安，請勿掛念。茲付上國幣二百一十元正，內中抽出五元給家父做伙食，又五元給姑父母家費之用。上餘二百元正請代收。將來甥回去然後取回，作為他用。」[29]從上可知，蔡世丹寄回大額款項是托姑父母代保管，再通過姑父轉交家用給父親，而非直接給父親，可見蔡世丹對郭章純是十分信任。蔡郭兩家關係良好，彼此互相信任。

閩南家族若有人在海外立足，素有提攜家族其他成員出國的慣習。於是，一九三七年郭燕趁便在蔡氏兄弟的幫助下抵達太平，投靠在蔡世托位於加地的雜貨店工作。郭章純十分感恩蔡世托對郭燕趁的提攜之情。他在信中多次囑咐郭燕趁要銘記表哥的情誼，諸如「第一要者，托兄之情當銘刻於五內，不可忘也」「第一，汝表兄之店與汝寄宿寄食，並有枝會。此情莫大，義情當領銘心，不可忘也」。[30]

在郭燕趁實現南渡謀生後，其他家族成員緊隨其後。首先是郭燕

---

26 馬來亞蔡世托寄晉江東石郭章純的信，一九三〇年梅月初六日。以下信件藏於福建省晉江市檔案館及福建省檔案館。

27 馬來亞蔡世托寄晉江東石郭章純的信，一九三一年四月初五日。

28 馬來亞蔡世丹寄晉江東石郭章純的信，一九三五年十二月初四。

29 馬來亞蔡世丹寄晉江東石郭章純的信，一九三九年十二月初四。

30 晉江東石郭章純寄給馬來亞郭燕趁的信，七月初八（無日期）；一九三七年五月二十九日。

趁的外甥楊仁兩與姐夫楊文務。楊仁兩是郭燕趁姐姐郭娘的兒子。一九三七年楊仁兩已滿十六歲，因擔心會被招為壯丁入伍，於是決意要南下。在一九三七年底，郭章純遂告知郭燕趁，倘若楊仁兩抵達後要多提拔和教授他。至一九三八年農曆二月，楊文務、楊仁兩父子二人均寄宿在蔡世托的店裡。姐姐郭娘特意托郭燕趁向蔡世托表示，感謝他對文務、仁兩父子的關照。[31] 楊文務一開始投靠在蔡世托加地的店中謀生。不過到一九三八年農曆七月，楊文務就離開蔡世托的店，與友人到加地之外的地方合作生意。[32]

其次是郭燕趁的大哥郭燕柱。郭燕柱在一九三七年抗日戰爭爆發後即萌生南渡的想法。然而郭燕柱的身體一直抱恙，需要調理後才能南渡。拖至一九三八年三月，郭燕柱終於動身前往廈門等待船期。無奈受到戰爭局勢影響，郭燕柱一直未等到船期。到一九三八年五月，日軍登陸廈門五通後攻佔廈門，郭燕柱只得返家，其南下之路終未能啟程。[33] 此後郭燕柱也未曾南下，一直留在家鄉東石。

一九四一年受戰爭局勢影響，郭燕趁家族成員南下的計劃均受阻。郭燕趁的侄兒郭奕郎（即郭燕柱的兒子）本有南渡的打算。一九四一年元月二十二日，郭燕趁寫信告訴父母，姐夫文務與外甥仁兩打算於今年二月初回家，在家的奕郎可暫緩行程，等待他們再一同南下。二月二十七日，楊文務抵達家鄉。六月，郭燕趁又吩咐郭奕郎可

---

31 晉江東石郭章純寄給馬來亞郭燕趁的信，一九三七年十一月十二日；馬來亞郭燕趁寄給晉江東石父母大人的信，一九三八年二月二十八日；晉江東石郭章純寄給馬來亞郭燕趁的信，一九三八年七月初六。

32 馬來亞郭燕趁寄給晉江東石父母大人的信，一九三八年七月二十七日。

33 晉江東石郭章純寄給馬來亞郭燕趁的信，一九三七年九月十日；一九三七年某月二十六日；一九三七年十一月十二日；馬來亞郭燕趁寄給晉江東石父母大人的信，一九三七年十二月一日；一九三八年二月二十八日；晉江東石郭章純寄給馬來亞郭燕趁的信，一九三八年三月二十二日；一九三八年六月二日。

隨文務一同南下。七月二日，楊文務詢問郭燕趁是否要回鄉，倘若郭燕趁要回鄉，他便等其回鄉後一同南來。若燕趁不回，他則要等到冬日再南下。楊文務順便告知郭燕趁，此時新客出洋的旅費在兩千元左右。[34]至十月，郭燕趁也回到家鄉東石。郭燕趁、楊文務的打算是，定期回鄉探親以及順帶親友南渡，然而他們未曾料想太平洋戰爭就在不久後爆發。無奈受到時局的影響與交通的斷絕，郭燕趁一家最終只能留守在家鄉，直到戰爭結束後才繼續南下。

太平洋戰爭結束後，一九四七年郭燕趁、楊文務、郭奕郎終於得以南渡。郭燕趁大概在一九四七年的年中抵達太平。之後通過表弟蔡世海的協助，郭燕趁幫忙辦理了郭奕郎的手續。八月二十一日，郭燕趁告知妻子自己會盡力處理奕郎的手續，一旦收到當地政府寄來的簽證就立刻將其寄回唐山。至十一月十七日，郭奕郎已經順利抵達。郭燕趁讓妻子向大哥郭燕柱報平安：「郎侄現今與表叔以及姑丈壹概同室勿介。」同一信中，還有楊文務向岳母請安：「叩別慈顏，倏經數月，不勝念念之至。」[35]從中可知一九四七年郭燕趁、楊文務、郭奕郎南渡後依舊暫寄於蔡氏兄弟處。一九五〇年四月二十四日，郭燕趁告訴郭燕柱，郭奕郎身體已經痊癒了，但是擔心侄兒的病情反覆，所以不敢讓其工作，此時郭奕郎依舊寄宿在蔡氏兄弟處。[36]

另外，郭燕趁妻子蔡紅鞋的娘家成員同樣加入南下之路。蔡紅鞋娘家是在東石玉井。其妹夫即郭燕趁的連襟——顏貽貌也是東石人，則是前往新加坡發展。一九四一年在新加坡的顏貽貌有意投靠在加地

---

34 馬來亞郭燕趁寄給晉江東石父母大人的信，一九四一年一月二十二日；一九四一年六月十日；晉江東石楊文務寄給馬來亞郭燕趁的信，一九四一年七月二日。

35 馬來亞郭燕趁寄給晉江東石蔡紅鞋的信，一九四七年八月二十一日；一九四七年十一月十七日。

36 馬來亞郭燕趁寄給晉江東石蔡紅鞋的信，一九五〇年四月二十四日。

的郭燕趁，他詢問郭燕趁：「弟自抵叻以來，因身體多過，雖少有謀
生之處，至今尚未有一定之業，奈何奈何！近擬欲入貴處，與襟兄全
處覓食，未知可有棲身之地否？祈則示知是荷。」[37]不過彼時的郭燕
趁正寄宿於表哥的雜貨店，且不久後就準備返鄉了，所以顏貽貌未能
前往馬來亞。之後太平洋戰爭爆發，顏貽貌就一直留在新加坡。直到
郭燕趁一九四七年從家鄉南下，經過新加坡時才與襟弟顏貽貌相會見
面。顏貽貌在一九四八年八月返鄉與家人團聚，之後再次南渡新加
坡。顏貽貌的妻子，即蔡紅鞋之妹也在一九五四年南下與丈夫共同在
新加坡發展。

二 冷戰時期郭家的流動歷程

　　至冷戰時期，因意識形態等方面的衝突，東南亞地區的入境政策
愈發嚴苛，直接影響了僑鄉的人員流動。從郭家成員的流動歷程來
看，亦能見時代之力，甚至改變了部分人和家庭的發展趨勢。

　　一九四九年中國大陸政權更迭後，英國殖民政府為了防止共產主
義思想的傳播，於是一九五〇年九月頒布了《回境簽證條例》，即任
何持有居留證的外僑暫時離開馬來亞前，必須申領回境簽證，有效期
僅為三個月，而舊例限期是兩年，一旦逾期不得入境。[38]一九五一年
郭燕趁與郭奕郎回鄉後，打算再南渡的簽證手續情況便反映出上述時
局政策的變化。一九五一年七月九日，蔡世海寄給郭燕柱、郭燕趁的
信中就強調了政策的變化：「近政府已宣布回馬簽證期限須在本年九
月份以前，過期即不准申請。故現在積極進行申請中，如經請准，當

---

37 新加坡顏貽貌寄給馬來亞郭燕趁的信，一九四一年六月十九日。

38 參見暨南大學東南亞研究所、廣州華僑研究會編著：《戰後東南亞國家的華僑華人政
　　策》（廣州：暨南大學出版社，1989年），頁47。

在另告。惟須接到此間消息後方可動身，切切。並希將此情轉告諸同伴（雖有個別通知惟恐信件有誤）。順付去港幣七十元正，到可收用。」[39]

八月二十八日蔡世舉也來信告知郭燕趁：「關於兄及令侄奕郎之回馬簽證，本擬函詢，兄是否欲進行申請？惟因此間政府嚴限申請日期，恐書信往復遷延致誤，故未及函詢合意即代申請。現經獲准並付星洲悅來棧客頭攜歸交世安處轉上。如到請檢收。惟兄等是否有意南渡，則聽尊便。令侄身體是否康復？弟意在鄉調養較為妥善。」[40]從上可知，蔡世海、蔡世舉兄弟頗為關切郭燕趁、郭奕郎的回馬簽證，甚至擔心因書信往復而耽誤了簽證申請時間，於是蔡氏兄弟便直接幫郭燕趁等人代為申請，再通過客棧經濟人寄回簽證。

至九月，郭燕趁、郭奕郎收到了來自廈門客棧負責人的消息：「頃接新加坡悅來棧寄來先生之回馬簽證一紙，期間係自一九五一年八月廿二日起至今年十一月廿二日止，計共三個月為限，祈注意為要，勿因過期簽證而失效力。見啟祈在貴鄉公安局或區公所申請發給出國證明路條，前來廈門市僑務局辦理出國手續，以便起程。或是前到泉州中山南路三江旅社內與悅來聯運社負責人劉文魁接洽，查詢詳細均可」[41]客棧處提醒郭燕趁、郭奕郎要注意回馬簽證的時間限制，需要他們迅速向家鄉的政府機構申請出國證明手續。

十月二十六日，表弟蔡世海又來信督促郭燕趁簽證已快到到期，倘若過期則無法再申請，「至兄所領之入口通行證期限已迫過期，無法重簽，亦無再討之可能，祈注意是荷。至於川資若不敷者，可先向尤

---

39 馬來亞蔡世海寄晉江東石郭燕柱、郭燕趁的信，一九五一年七月九日。

40 馬來亞蔡世舉寄晉江東石郭燕趁的信，一九五一年八月二十八日。

41 廈門林聰杯寄晉江東石郭燕趁、郭奕郎的信，一九五一年九月二十三日。

淘君處先墊。因恐有誤，特此佈達並候。」[42]最終在蔡氏兄弟的幫助下，郭燕趁於一九五一年十一月再次南渡馬來亞。而侄子郭奕郎可能考慮到自己身體狀況，便留在家鄉調養，直至一九五三年在家鄉逝世。

到了一九五〇年代中期，郭燕趁開始安排核心家庭成員南下。一九五四年十一月郭燕趁為了孫兒的周歲宴返回東石，在家鄉待了三個月，至一九五五年二月旋即南下。此時妻子蔡紅鞋萌生了南渡的想法，於是一九五五年八月二十五日，郭燕趁讓妻子準備好孫兒、女兒紅春、紅緞等人的照片寄來，以便他向英殖民政府申請入口證。十一月，郭燕趁又囑咐妻子可連同小兒奕樅、女兒紅春及孫兒照片寄來申請手續。[43]據稱，最終在一九五四年郭燕趁家有五人實現了移居馬來亞，分別是妻子蔡紅鞋、小兒子郭奕樅、女兒郭紅緞、郭紅春以及孫子郭天賞。[44]

而郭燕趁的大兒子兒媳——郭奕炮夫婦亦有南渡的打算。但郭奕炮的申請過程卻相當曲折。一九五七年郭奕炮寄去照片申請前往馬來亞。當時馬來亞怡保的移民廳廳長看過郭奕炮的照片，認為確是符合十七歲模樣，准許寄出。然而到了檳城的移民廳，移民長官卻認為郭奕炮的照片與申報年齡相差太大。為此郭燕趁還拜託朋友前去說服移民廳官員，無奈官員不信，於是郭奕炮的手續不被批准。郭燕趁安撫郭奕炮不用心急，以後可再想辦法。[45]因此，可推測郭奕炮是以十七歲的年齡來申請，但實際上一九五七年其已二十六歲。鑑於照片模樣與申報年齡有明顯出入，因此郭奕炮的申請被檳城移民局駁回。陷入

---

42 馬來亞蔡世海寄給晉江郭燕趁的信，一九五一年十月二十六日。

43 馬來亞郭燕趁寄給晉江東石蔡紅鞋的信，一九五五年八月二十五日；一九五五年十一月五日。

44 郭天亮口述，二〇二二年六月二日，福建泉州。

45 馬來亞郭燕趁寄給晉江東石郭奕炮、楊紅綢的信，一九五八年二月三十日。

這種困境，應是與冷戰時期東南亞與中國日趨嚴苛的出入境條例有關。早在一九四八年馬來亞聯邦就制定限制華僑入境的法律。其中規定「申請家屬入境者」，本人應至少在馬連續居住八年（日佔時期除外），其子女年齡在十二歲以下。一九五二年馬來亞聯邦又頒布限制華僑入境法令，規定除馬來亞公民及在馬來亞出生或英國屬民外，亞洲其它國家的人進入馬聯邦均要獲得移民官員審核才可入境。[46]不過據陳志明的研究表明，直至二十世紀五〇年代末，中馬兩地的移民仍有通道。其對祖籍南安移居馬來西亞的人群調查發現，至一九五九年，南安還有最後一批人順利移民到馬來西亞。一九五七年八月馬來亞實現獨立，其移民限制並不嚴格。另一邊中國，政府要求是申請者需出具在馬來亞的出生證明，才同意移民海外。而一九五七年從南安到馬來西亞的移民大部分是在中國出生，但他們利用了親屬出生馬來亞的出示證明以獲得資格。再是中國政府只允許十八歲以下的人移民。南安就有不少人利用政策的空隙實現移民。[47]可見在雙邊日趨嚴格形勢下，移民過程仍有操作空間。由此能理解為何郭奕炮在申報年齡時要謊稱十七歲了。但在這種情況下，郭奕炮依舊並未能成功，還是因照片模樣與申報年齡差距過大而被拒絕。[48]反觀其弟弟郭奕樅申請時年齡尚小，就可輕易避免類似問題。最終郭奕炮夫婦就一直留守在家鄉，沒有南下謀生。

　　另外，這時郭燕趁的妻弟蔡清水也試圖通過郭燕趁的關係實現南

46　莊炎林、伍傑：《華僑華人僑務大辭典》（山東：山東友誼出版社，1997年），頁285。

47　（馬）陳志明著，段穎、巫達譯：《遷徙、家鄉與認同──文化比較視野下的海外華人研究》（北京：商務印書館，2012年），頁266-267。

48　陳志明的一位檳城受訪者提供了很好參照案例。這位受訪者在歲數上與郭奕炮接近，他是一九三四年出生在南安社壇，一九五八年成功移民馬來亞。其申請時是二十四歲，但中國政府只允許十八歲以下的人移民，於是這位受訪者就巧妙地弄花了自己的照片以掩飾真實的年齡，最後成功實現移民。

渡，但遇到冷戰時期嚴苛的入境政策，亦無法成行。一九五一年蔡清水請姐夫郭燕趁幫忙申請入境手續。不過面對馬來亞嚴苛的入境要求，郭燕趁向妻子坦言：「賢內弟清水所吩咐的事，抵南後亦曾去函告吉靈丹矣，但是現在要討要入口字不是容易之舉」。[49]由於入境手續難辦，直到一九五二年岳父蔡長叫在寫信給郭燕趁時還詢問是否有辦法幫清水南渡，費用多少當自籌之。[50]

從上述郭燕趁家族的流動歷程可知，其尋求依靠就是親友、姻親等資源網絡。郭燕趁及其家人一開始是依託於表親蔡氏兄弟，通過蔡氏兄弟幫忙辦理入境手續以及抵達太平，之後長時間投靠蔡氏兄弟。郭燕趁、楊文務、楊仁兩以及郭奕郎均實現了南下的意願。其次可以看出移民歷程是受個體條件與時代局勢的共同影響。如郭燕柱因身體不適拖延至日本佔領廈門的時刻，郭燕柱只能選擇回鄉了，至此沒有再南下。郭奕郎從馬來亞回鄉後，為了調養身體也留守在家中。再是冷戰時期嚴苛的入境政策，限制了僑鄉人員的流動。因此郭燕趁家雖然在一九五〇年代實現了部分核心家庭成員的南下，但其家庭也被迫兩地發展，郭奕炮南來之路受阻後就留守家鄉。從郭燕趁家族成員的流動歷程來看，無論是順利南下或是受阻的，南下謀生成為當時閩南許多人的意願。

第三節　郭氏的家庭生計與代際維繫

接下來主要討論郭家早期的家庭情況。第一部分是圍繞三十年代郭家遭遇的分家危機，以及郭燕趁出洋後對家庭的生計等費用的支持。再是戰後郭家家庭矛盾的爆發與協調處理。第二部分展現了在面

---

49 馬來亞郭燕趁寄給晉江東石蔡紅鞋的信，一九五一年五月。
50 晉江東石蔡長叫寄給馬來亞郭燕趁的信，一九五二年四月八日。

臨男丁高死亡率和「無子」的情況下，郭燕趁家是如何擴展家庭成員，又是如何維繫鞏固代際關係，以達到名分與血緣雙重繼嗣的策略。

一　三、四十年代郭家的家庭矛盾與家庭生計

　　二十世紀三四十年代郭家是一個典型的聯合家庭，家庭成員主要有郭章純夫婦、長子郭燕柱夫婦一家以及次子郭燕趁夫婦一家。在郭燕趁出洋的前兩年即一九三五年，郭家遭遇了分家危機。從一九三五年十月蔡世托給郭燕趁的信中即可略知導致分家的矛盾起源。茲引如下：

> 測聞近者，賢娌兄業經分中，愚聆信之後，莫不嘆惜。至於家分中亦屬袖裡（妯娌）應須和睦歸道，三從四德，當思芟後，脫髮二待罪，千古高風。至於椿萱尚在，當思菽水承歡。惟閔子騫衣蘆花鄉絮，孝行純全至及元。弟須貽同氣之光，無傷手足之雅。家庭教育應於明鏡，何致斗粟尺布，萬勿以煮荳燃萁，必須天生羽翼，姜家大被以同眠，宋君灼艾而分痛，田氏分財忽瘁庭前之荊樹。雖曰安寧之日不如同夥，豈不美哉！推田相讓，知延春之化行，被如自妙手足，損傷於心何忍。為人子者，切勿以河東獅吼，且娌弟（表弟）鳩拙不才，實因情有關，故不得不鬥斗膽直陳，請勿見責是荷。[51]

　　從蔡世托的引經據典勸解郭燕趁兄弟應同氣連枝不要分家，以及蔡世托叮囑為人子者，不要畏懼妻子。顯而易見，引發兄弟分家的導

---

51 馬來亞蔡世托寄給晉江東石郭燕趁的信，一九三五年十月初九。

火索之一是妯娌之間的矛盾和郭燕趁妻子的強勢，遂促成分家。從信中亦可知郭章純夫婦對分家並不贊成。興許是家庭矛盾調解無果，郭章純夫婦只能寫信傾訴於海外的蔡世托，於是便有上述蔡世托勸解郭燕趁的家書。

孔邁隆（Cohen Myron）的研究表明，家計的分裂才是分家的標誌。只要家庭生計沒有分開，無論是否同住都還是一個家。[52] 雖然郭家有上述分家的傾向，或許部分家產已進行兄弟劃分，不過通過後來郭家僑批來看，在郭燕趁南下時其寄回的家用並未顯示家計的分離，他每次寄回的錢款依舊照顧到父母、哥哥、姐姐、妻子，並且家用一直由父親郭章純掌握，直到父親去世後家用掌控權才轉移到妻子蔡氏。此外，郭燕趁十分在意妻子是否有與家人同食的問題。例如一九三八年他詢問父親：「母親大人可否與兒媳同炊，亦請詳示。」[53] 一九四〇年郭燕趁又詢問父親同食的問題，四月二十五日郭章純回覆：「但媳婦孫兒自汝外出本就同食，何分也。」[54] 可見人在海外的郭燕趁一直追蹤關心此事。日本學者滋賀秀三認為共同做飯、一起吃飯是構成家族生活的核心要素。灶是家的中心，也是家的象徵。所以他將分灶視為分家的標誌。[55] 由此，就能理解為何身在海外的郭燕趁，會很在意妻子是否與父母有同食這一問題，因為在郭燕趁內心無疑也是將同食作為家庭和睦的重要標誌。

郭燕趁自一九三七年南下，便投靠在蔡氏兄弟加地的「新泉興」雜貨店中。一開始郭燕趁是一邊在店中看顧，一邊學習馬來語。恰巧

---

52 Myron L. Cohen, *House United, House Divided: The Chinese Family in Taiwan* (New York: Columbia University Press, 1976).

53 馬來亞郭燕趁寄給晉江東石郭章純的信，一九三八年十月十三日。

54 晉江東石郭章純寄給馬來亞郭燕趁的信，一九四〇年四月二十五日。

55 （日）滋賀秀三著，張建國、李力譯：《中國家族法原理》（北京：商務印書館，2017年），頁82、95。

此時蔡氏兄弟購買了兩輛羅厘車，打算將土產運至太平、檳榔嶼售賣，再從那邊購買糧食、日用品回來批發。由於乏人幫忙，於是郭燕趁便從在店看顧工作換成了跟車尾，幫忙起卸貨物及照顧首尾。由於跟車尾的工作需要到處奔波送貨，不止是前往太平、檳榔嶼，有時甚至遠達緬甸仰光，因此在家鄉的父母和妻子都頗為擔心郭燕趁的安全。一九四〇年郭章純囑咐郭燕趁：「持車尾之職著斟酌為要，並試圖自珍為要。」[56]一九四七年蔡紅鞋還聽聞東石的歸僑說郭燕趁送貨到緬甸仰光，出於擔心丈夫的安全，她建議郭燕趁還是留在店裡幫忙比較好。[57]

　　郭家的家庭生計，除了有郭燕趁寄回的家用外，還依靠家鄉的些許田地、鹽埕。郭家的田地自郭燕趁出洋後就讓父親找人代耕。主要因為郭章純年齡大了，體力上恐怕無法勝任，郭燕趁在信中時常囑咐父親可請人代勞耕種。於是郭家請了三位親友代耕田地。[58]與此同時，郭章純還幫宗親代管產業。宗侄郭奕根人在馬來亞，其在鄉的門戶、錢糧、風水及墳墓等產業費用均由郭章純代管。一九四〇年郭章純被迫捲入郭奕根與郭奕追的產業與祭祀爭執中。緣由是郭奕追要來爭著耕種郭奕根的田地，而郭章純受郭奕根的囑託，豈有讓他人來耕種之理。況且郭奕追的祖母早已改嫁外房，更無權利來爭權。郭奕追此舉是要來爭奪郭奕根的田產，作為代理人的郭章純直接被捲入爭奪矛盾中。郭章純讓在馬來亞的郭燕趁迅速找郭奕根商議解決的辦法，是要郭奕根回鄉自顧產業或是寫信勸告郭奕追。之後，郭奕追還讓郭章純在其祖母忌日時幫忙祭祀孝敬，遭到郭章純的拒絕，又引發了雙

56　晉江東石郭章純寄給馬來亞郭燕趁的信，一九四〇年元月初九。

57　晉江東石蔡紅鞋寄給馬來亞郭燕趁的信，一九四七年五月二十日。

58　馬來亞郭燕趁寄給晉江東石郭章純的信，一九三七年一月一日；一九三七年四月八日；一九三七年無日期。

方一番爭論。最後，經過交涉和宗親眾人的指責，郭奕追不敢再來爭奪郭奕根的田地和吵鬧。[59]

另外，郭家的家庭收入還有部分來自鹽埕。東石地處沿海，東石人歷代圍墾海灘為鹽埕。鹽業是本地特色生計模式之一。當地有俗語「雨落雙溝藤，日出六坎擔」，意為雨天地瓜長成藤葉茂盛，晴天六坎鹽埕能產海鹽一擔，表明東石人晴雨天都能有收益。[60]東石有不少人家從事鹽業生意，如咸豐年間開創「玉記行」的玉井蔡氏，其先前就是經營鹽場。鹽業貿易繁榮促使鹽埕流通，如今民間還存留不少東石鹽埕的買賣契約文書。[61]民國時期福建鹽務局設立了潯美監場管轄晉江南安沿海的鹽業，地點便是設在東石。抗戰期間，晉江南安鹽務分開。東石為潯美鹽場，下設四個鹽務所，郭岑與白沙就合佔一個。[62]郭家的鹽埕狀況就反映出當時的社會環境。一九三七年三月，郭家的鹽埕被士兵佔領作為鹽堆地。經過交涉，被應允獲得賠償款項。據稱中央軍征佔他們的海埭是為了造車路，要打通石獅至東石的道路，將鹽發售至各鄉里。[63]這條路正是後來的「石東路」，連接著石獅與東石。再是，時人對東石的記載亦可提供些許參考。一九三九年，《福

---

59 晉江東石郭章純寄給馬來亞郭燕趁，一九四〇年五月二十二日；晉江東石郭奕追寄給馬來亞郭奕根，一九四〇年七月十一日；晉江東石郭章純寄給馬來亞郭燕趁，一九四〇年八月十七日。

60 蔡福藩：〈略述東石鹽業的變遷〉，載於中國人民政治協商會議、晉江市委員會文史資料會編：《晉江文史資料第22輯》（晉江市委員會文史資料會，2000年），頁230-232。

61 陳支平：〈清代泉州晉江沿海商人的鄉族特徵〉，載於陳支平：《史學的思辨與明清的時代探尋》（上海：中西書局，2020年），頁233-236。

62 蔡福藩：〈略述東石鹽業的變遷〉，頁230-232。

63 晉江東石郭章純寄給馬來亞郭燕趁的信，一九三七年三月二十日；馬來亞郭燕趁寄給晉江東石郭章純的信，一九三七年四月八日；晉江東石郭章純寄給馬來亞郭燕趁的信，一九三七年四月二十日。

建導報》記錄了抗戰時局如何影響了國防前線的東石。以往東石人民除少數依靠僑匯外，大部分是靠著曬鹽、航船、碼頭獲得生活收入。然而抗戰後交通斷絕，沿海被封鎖，南洋匯款銳減，地方工廠相繼停工，這些大部分依靠航海、碼頭、工廠的民眾失去了生活來源。同時，由於海陸交通斷絕，鹽業銷路困難產生堆積，鹽價低廉，鹽民生活恐慌，以及稅警的無理壓迫，致使許多鹽民放棄鹽埕產業。[64]由上可推斷，郭家的田地與鹽埕收入無法很好地支持家庭開銷，家庭收入來源還需依託海外僑匯支持。

　　郭燕趁寄回的款項除了貼補家人作日常家用外，還展現了當時時代特色的用途，諸如壯丁費、地方費用。一九三七年至一九四一年底郭燕趁正在南洋謀生，這階段中國爆發了抗日戰爭。因戰爭動員，各地密集地徵調壯丁。閩南各地許多人選擇出洋以躲避壯丁的徵召。甚至出現私逃出洋和大規模有組織的走私機構協助出洋的情況。東石地區壯丁私逃出洋尤為嚴重，當地的聯保主任對此意覺保政難以推行。[65]郭家也面臨著家族成員被徵召為壯丁的情境。郭燕趁的外甥楊仁兩因擔心被抓去當壯丁，決意南下。郭章純來信告知郭燕趁家鄉抓壯丁的景象：「每月三五日聯保區要鄉中壯丁數名，召往安海、泉州駐防操三、五月，或者去福州省及廣東省三年，而始可回。每日擾亂恐拈鬮而得，難免脫離無□也。嗟呼！」[66]

　　至一九三八年十一月，郭燕趁得知哥哥郭燕柱即將要被拉去入伍訓練，他趕緊匯去一百三十元，除了抽三十元作為家用及茶果費，其餘一百元是要請人代替哥哥入伍訓練，並言明如果不夠金額可以再匯去。同時，讓哥哥儘快籌備南渡的路費，倘若路費不夠可先向他人挪

---

64 〈國防前線的東石〉，《福建導報》1939年第2卷第6期。
65 〈壯丁私逃出洋，東石尤多，聯保主任向區署請示辦法〉，《泉州日報》，1937年11月。
66 晉江東石郭章純寄馬來亞郭燕趁的信，七月八日。

借，之後由郭燕趁來還。[67]時人如此害怕被拉去做壯丁，陳嘉庚關於福建省〈虐待壯丁零星分散〉的記述或許可解釋一二：「緣所征壯丁，任由下級人虐地，既征到則閉禁囚房，伙食令其自理，須待至正式點交營官，方免自膳。而訓練軍官，多他省人，言語不通，或鞭撻酷虐，凡不堪苦楚者，便思逃匿，由是管理人愈加嚴格，所以繩縛成隊，防禁益密。至於疾病醫藥等項，更不堪言。此為惡待壯丁之實在情形。」[68]上述種種慘無人道的遭遇，無怪閩人會大量逃避壯丁或是花錢請人替代。

同時，受戰爭時局導致物價上漲，以及聯保不斷地派捐攤費，致使家用浩費，郭章純對此十分苦悶：「因是咱厝景況叔父大敗，五穀失收更加各物騰貴，又一，種壯丁每月要派償款，致以不足也。」「咱厝現時日軍無來擾亂，惟有聯保每月每日來派捐款，並各物件騰貴，所入便就支出，致家用浩費耳。」「而咱每月被聯保派募捐戶口費，致以家用浩費也。」[69]

面對地方政府在戰爭時期要人要錢的需求，不僅是郭家，大多數東石民眾亦十分苦惱。一九三九年新春，「新年慰勞團」在晉江沿海進行為其一星期的慰勞工作。當他們抵達東石地區時，就察覺鄉間民眾對有官方背景的他們表現出「重重隔膜」。經解釋，當地民眾才放鬆下來，對慰勞團成員談到：「謝天謝地！你們原來是為『助國』來的，倒把我們嚇壞了，我們以為是抓壯丁的，有的人都到山上去了……我們窮苦海裡魚不能捕，鹽又不准私賣，山裡五穀無收，政府又要人，又要錢，我們一身窮骨頭，吃不能吃，當不能當，打日本

---

67 馬來亞郭燕趁寄給晉江東石郭章純的信，一九三八年十一月十日。

68 陳嘉庚：《南僑回憶錄》（上海：上海三聯書店，2014年），頁282-283。

69 晉江東石郭章純寄馬來亞郭燕趁的信，一九三八年六月三日；一九三九年八月二十日；一九三九年九月七日。

鬼，我們曉得，但⋯⋯」。[70]可想而知，在面對壯丁費、高昂的物價以及各種名義的派捐款，經濟拮据的郭家，其重擔最終還是落到了海外的郭燕趁身上。

　　一九四一年底郭燕趁回鄉，十二月太平洋戰爭就爆發，郭燕趁無法南渡，只能留守在家鄉。在此期間郭燕趁的父親郭章純逝世。直到一九四七年郭燕趁才得以南渡馬來亞。之後的一九四八年五月，郭燕趁的母親蔡氏也去世了。

　　在國共內戰時期，郭家的田地五穀收成不佳，以及面對日益高昂的物價水準，其家庭經濟生活難以持續。當時家中要操辦的一些風俗儀式、門戶天井修補工作以及母親蔡氏的葬禮，均使郭家陷入經濟窘迫的困境。一九四七年郭燕趁南渡不久，他詢問妻子家中是否打算進行墳墓風水的事宜。妻子回覆：「至於塔□風水尚未築造。據家兄云現各物高貴無力，待回國後共同打算可乎。對咱田地佃戶收分無多，米朗高貴，持家亦在艱難之中。」[71]

　　再是從母親蔡氏喪事中能一窺其家庭狀況與郭燕趁的處事之道。一九四八年農曆五月十六日母親蔡氏過世。由於家中存款不夠，大哥郭燕柱只得先向蔡氏兄弟及舅父借來款項完成喪葬儀式。最後是郭燕趁與海外的表弟寄去款項及眾人的帛金，讓郭家在處理完母親的喪事後還有餘款，親友眾人便建議郭家應該拿這些餘款用來改造門戶和天井，修繕一下住屋環境。然而修繕房屋的費用所需浩大，僅憑餘款項恐不夠，妻子告訴郭燕趁還需先將舊材料賣掉再添置才行。此時，郭燕趁則認為如若餘款足夠應付建築才可進行，否則要先解決家中債務

---

70 〈沿海行進〉，《福建導報》，1939年第1卷第12、13期。

71 馬來亞郭燕趁寄給晉江東石妻子蔡氏的信，一九四七年八月二十一日；晉江東石妻子蔡氏寄給馬來亞郭燕趁的信，七月二十七日。

問題，他建議先把欠親友的款項還掉一部分。[72]

在母親喪葬費用與門戶修理的事宜中，妻子蔡紅鞋和大哥郭燕柱發生了矛盾。郭燕趁為了緩和家庭矛盾，特意寫信給岳父，讓他轉告妻子要注意言語表達，主張家庭成員應和睦相處，不要互相猜疑。其中，引發蔡紅鞋與郭燕柱的矛盾之一是蔡紅鞋對風水的理解。原來郭燕趁的兒子郭奕從此時不幸夭折了，時間點正碰巧是郭燕柱在修整門戶時，挖掘護陵導致出水。有人就將兩件事解讀到一起，即風水被破壞了導致郭奕從的夭折。郭燕趁連忙去信告訴妻子此係一大誤會，人的生死是天註定的非人力所能強的，讓她不可責怪大哥。蔡紅鞋雖解釋自己不敢怪罪於大哥，自恨命而已，只是因外人及風水先生均說不吉利，修造天井鑿空而妨礙了風水。[73]由於對風水理解的差異，再遭逢孩子夭折這一沉痛的打擊，遂成為引爆家庭矛盾。但這個矛盾更深層次是為了避免家庭矛盾，人在海外的郭燕趁只能極力小心周旋在妻子與大哥之間，以調解家庭矛盾。

二　家庭成員的擴展與名分血緣的雙重繼嗣策略

下文將展現郭燕趁家在面臨男丁高死亡率和「無子」的情況下，

---

72 晉江東石蔡氏寄給馬來亞郭燕趁的信，一九四八年五月十九日；馬來亞郭燕趁寄給晉江東石蔡氏的信，一九四八年五月二十一日；晉江東石蔡氏、郭燕柱寄給馬來亞郭燕趁的信，一九四八年五月二十九日；晉江東石蔡世托寄給馬來亞郭燕趁的信，一九四八年六月十一日；馬來亞郭燕趁寄給晉江東石蔡氏的信，一九四八年六月二十五日；馬來亞郭燕趁寄給晉江東石蔡氏的信，一九四八年七月十五日。

73 馬來亞郭燕趁、郭奕郎寄給晉江東石蔡氏的信，一九四八年七月二十三日；馬來亞郭燕趁寄給晉江東石岳父蔡長叫，一九四八年八月十八日。晉江東石蔡氏寄給馬來亞郭燕趁的信，一九四八年八月十四日；馬來亞郭燕趁寄給晉江東石蔡氏，八月二十三日；晉江東石蔡氏寄給馬來亞郭燕趁的信，一九四八年九月七日。

是如何擴展家庭成員，又是如何在進行維繫鞏固彼此關係，達到名分
與血緣的雙重繼嗣。

　　一般來說，華僑家庭在男丁稀少或無子的情況，會選擇抱養螟蛉
子的做法。這是源自於福建民間素有盛行各種養子、義男、螟蛉子的
習俗。一方面是重視家族繼嗣的原因，另一方面是壯大家族勢力的現
實意義。再加上明清福建許多家族有海外經商的行為，收養養子便使
得養子可以代替親生子承擔這些冒險行為。螟蛉子成為家族血緣繼嗣
中的一員，已為閩南民間社會廣泛接受的做法。[74]陳達在一九三〇年
代調查閩粵僑鄉時指出華僑對子孫的觀念比較濃厚，為了香火不斷絕
與外洋事業有人繼續，尤其是經濟較為富裕的華僑都有抱養螟蛉子的
風俗。其中，受制於兒童的衛生條件及醫療和思想觀念，兒童健康難
以維持，死亡率呈現出提高趨勢，這也促使購買螟蛉子的風氣。[75]晉
江華僑家庭抱養螟蛉子的很多，具體的方式有外甥承繼母舅、同宗族
親堂的兒子過房承繼，以及在本地附近農村購買男孩。購買的男孩一
般在六歲以下，雙方協商後簽下「賣身契」，由抱養之家付給生身父
母身價銀。[76]郭燕趁家族的僑批對螟蛉子這一現象有諸多的記載。例
如郭燕趁的表兄蔡世托在一九三七年抱養了一男孩，一九四〇年蔡世
托夫婦還向姑母稟告孩子的成長狀況，即「抱養之子甚然□敏」[77]。
再是，郭燕趁的侄兒郭奕郎也抱了同宗族親郭奕卻之子為螟蛉子。[78]

　　郭燕趁家則具體詳細地展示了一般華僑家庭在面對男丁高死亡率

---

74 陳支平：《近五百年來福建的家族社會與文化》（北京：中國人民大學出版社，2011
　　年），頁112-115。

75 陳達：《南洋華僑與閩粵社會》（北京：商務印書館，2011年），頁143-145。

76 劉浩然：《晉江民俗掌故》（廈門：廈門大學出版社，2002年），頁148-149。

77 晉江東石郭章純寄給馬來亞郭燕趁的信，一九三七年九月十日；一九四〇年六月二
　　十九日。

78 晉江東石郭章純寄給馬來亞郭燕趁的信，四月七日。

「無子」情況下，他們的應對方法，如何實現家庭成員的擴展與維繫鞏固的策略。郭燕趁夫婦除了生育女兒紅綢、紅緞、紅春外，其生育的男丁均不幸逝世。在郭燕趁南下馬來亞前，他一九三四年在家鄉生育一子郭奕通，但該子在一九四二年不幸過世了。一九四一年底至一九四七年間，郭燕趁留守家鄉，在此期間分別於一九四三年、一九四七年生育了兒子郭奕領、郭奕從。無奈的是這兩個兒子也接連過世，郭奕領不知具體是何時過世，而郭奕從是在一九四八年就夭折了。面對兒子接二連三地離世，蔡氏十分痛心地哭訴：「奈因出入所見人家兒子均甚順序，獨妾命中多舛，只此一位而風雨吹折蘭芽，於心願尚屬不甘耳」[79]，足可見為人父母者的痛苦心情。

　　一九四八年郭奕從去世後，面對家中無男丁，郭燕趁夫婦不得不有所打算，於是他們採取僑鄉盛行抱養螟蛉子的做法。在得知兒子郭奕從夭折後，郭燕趁就立刻吩咐蔡紅鞋可尋三四個月大的嬰孩來。無奈所需費用卻使手頭不富裕的郭燕趁很是為難，「至云欲立孩接乳，若在四五月須要美金二百左右元，似此多金，刻下實有不敷。請緩一步，容待此去稍有鏹財之時再為設法是也。」[80]不知是受限於經濟壓力或其他原因的考慮，最後郭家沒有選擇襁褓中的嬰孩，而是領養了已有七八歲的郭奕樅。不久後，郭家又有新男丁郭奕炮的加入。

　　值得注意的是在郭奕炮的加入後，郭家採取了互換姓氏的做法。郭奕炮原是姓楊，與郭燕趁的長女紅綢同歲，均是一九三二年出生。郭奕炮是以螟蛉子身份成為郭燕趁的兒子，然而本質上是女婿。以往「招贅為子」的做法是男方從女方的姓氏，其生育的孩子也跟隨女方姓氏。馮爾康認為無子有女之人招婿承嗣，以婿為子是一種擬制血

---

79 晉江東石蔡氏寄給馬來亞郭燕趁的信，一九四八年九月七日。
80 馬來亞郭燕趁寄給晉江東石蔡氏的信，一九四八年七月二十三日。

親，是一種翁婿兼名義上的父子。[81]但郭家在民間以婿為子的基礎上進一步靈活地修改，即在奕炮與紅綢結合後，夫妻雙方互換姓氏，由奕炮改姓為郭，紅綢則改姓為楊。此後郭奕炮在名義上是郭燕趁的長子。郭家此舉最終在實踐上真正實現了名分與血緣雙重的嗣續。

　　不過在現實生活中，郭奕炮的身份為其帶來不少困擾。郭奕炮時常遭到村中某些人的歧視嘲笑，郭燕趁得知後在信中憤懣地說道：「被恥辱螟蛉一事，鄉中亦有不少螟蛉子，有何可笑乎。」[82]蔡氏回覆：「但礙於外人有欺虐奕炮吾兒，余稍有氣心，若是奕兒自能勤儉成家，無一項可歉矣。」[83]雖說不管在螟蛉子或以婿為子方面，宗族均不大贊成購買異姓之子的做法，認為異姓會亂宗而加以反對。但在僑鄉如此盛行螟蛉子風俗，某些區域更以此形成有利的營業。[84]再是郭燕趁周圍親友就有不少購買螟蛉子的行為。所以推測時人對郭奕炮的嘲笑態度可能是對以婿為子的歧視，因為一般而言是家中經濟困難的男丁才無奈會被招為女婿。

　　郭燕趁家的這種做法除了有家系延續的傳統觀念的考量外，還有勞動力的補充與未來養老的現實考量。首先是勞動力的補充。華僑出洋謀生，家中的男丁勞動力自然不足。自從郭奕炮來郭家後，他就作為郭家的主要勞動力進行勞作。由於郭奕炮為人甚是靠譜，做事勤快，於是家中長輩們對他相當地滿意。正如岳父告訴郭燕趁：「大炮自入我家後，對耕作及一切事務非常認真謹慎，而吾女亦甚歡喜」。[85]妻子蔡紅鞋也誇讚奕炮：「奕炮兒全盤田地耕種，甚然好勢，余十分

81　馮爾康：〈擬制血親與宗族〉，南開大學中國社會學史研究中心編：《新世紀南開社會史文集》（天津：天津人民出版社，2010年），頁131。

82　馬來亞郭燕趁寄給晉江東石蔡氏的信，一九五三年十月二十一日。

83　晉江東石蔡氏寄給馬來亞郭燕趁的信，一九五三年十一月七日。

84　陳達：《南洋華僑與閩粵社會》，頁144-145。

85　晉江東石蔡長叫寄給馬來亞郭燕趁，一九五二年四月八日。

喜慰」。[86]此時郭燕趁人在馬來亞謀生，家中男丁只有郭奕樅與郭奕炮，而郭奕樅只是十來歲的小兒，郭家的田地鹽埕只能依靠成年的郭奕炮來耕作主持。可以想見，自從有了郭奕炮的加入，郭家的重擔減輕了不少。

其次是郭燕趁夫婦養老依靠的指望。自從有兩個男丁加入郭家，郭燕趁夫婦便將養老指望依靠在他們身上。小兒子郭奕樅在一九五七年跟隨母親蔡紅鞋、妹妹及侄兒一同南下和郭燕趁團聚，而長子郭奕炮因為簽證問題被阻，只能與妻子楊紅綢、孩子們共同留在家鄉。然而至一九六〇年代末期，小兒子郭奕樅卻與郭燕趁夫婦產生嫌隙。矛盾起源於郭奕樅收到其生父的信，生父告訴他郭燕趁夫婦並非是親生父母，致使郭奕樅難以接受並與疏遠了郭燕趁夫婦。一九六八年郭燕趁向奕炮夫婦傾訴：「汝弟奕樅自從收到紅那寄來一信，兄弟父母皆不認，改變不少」，以及「現要告你一事，紅籃太沒理由，另一信交奕樅，告知是他生父，使奕樅和我分得很遠。吾由家鄉歸來時，也有問奕樅提起，指紅籃是他義父。叫他有時才寄此幫忙他，一片善意。想不到他竟然來信告知奕樅，使奕樅相信。吾不是他的親生父母。吾想的非常悲傷，才去信問兒女訴苦衷。」[87]從家書的可知，郭燕趁出於善意才讓郭奕樅與其生父偶爾聯繫，不曾想郭奕樅的生父竟告知此事，令郭燕趁夫婦大為懊惱。不過從領養的年齡判斷，郭奕樅被郭燕趁夫婦領養時已有七、八歲，按理說在其認知中應能清楚知曉自己並非郭燕趁的親生兒子。但為何會因此緣由鬧出嫌隙，實在令人費解。

至一九六九年初，郭奕樅就與郭燕趁夫婦分開。郭燕趁向郭奕炮夫婦傾訴：「現在余也同大樅分開，而他對余事均如外人還不及。一

---

86 晉江東石蔡氏寄給馬來亞郭燕趁，一九五三年十一月七日。

87 馬來西亞郭燕趁、蔡紅鞋寄給晉江東石郭奕炮、楊紅綢，一九六八年九月四日；十月二日。

切余自立，伙食自理。大樅對我兩□心，將來余年老也不能希望要他
負擔。」[88]甚至，郭奕樅的精神方面還出現了問題。一九六九年郭燕
趁來信：「另者，奕樅因經前日接及唐山紅籃一信，而□□思想影響
過深，而精神不佳，現在醫院治療中。將來痊癒可能給他返唐，父子
團聚為好。」[89]鑑於郭奕樅的種種行為舉止，郭燕趁夫婦感到十分痛
心，因此郭燕趁再不寄再養老希望寄託在郭奕樅。即使到一九八三
年，郭燕趁仍對郭奕炮感歎道：「汝父母本來依靠汝一人，奕樅亦無
正常。」[90]由此可知，郭奕樅的精神狀態受到長期的刺激。而郭燕趁
的養老依靠只能靠郭奕炮夫婦了。

　　從郭奕樅的事例表明了螟蛉子與養父母情感連結的脆弱一面，撫
育螟蛉子具有風險性。泉州清濛鄉張乃破家的例子更是極端。旅居菲
律賓的張乃破在泉州收養了一螟蛉子。對該子是從小撫養自大，無奈
該子為人放蕩，品行不正，使其無所依靠。張乃破痛心地感慨：「自
幼撫養，愛如親生，栽培其功書求智，望其來日養老喪終，雖料中途
變浪子，抄家散財，無惡不作，傷風敗俗，致余年近半百，前途絕
望，一生勞苦，付之流水。每念及此，實令人浩歎心酸耳。」因此，
當新來一位十八歲的男子自願到張家做螟蛉子時，張乃破要求妻子務
必要三查四覆該子的品性情況，須探得真相才可行事。[91]

　　反觀郭家對郭奕炮的做法實為明智之舉。首先，郭奕炮的人品實
屬靠譜，又十分勤快肯幹。再是，郭燕趁名義上是將郭奕炮收為螟蛉
子，實質上是以婿為子，同時讓夫婦二人易姓。這種靈活的策略調

88 馬來西亞郭燕趁、蔡紅鞋寄給晉江東石郭奕炮、楊紅綢，一九六九年一月九日。

89 馬來西亞郭燕趁、蔡紅鞋寄給晉江東石郭奕炮、楊紅綢，一九六九年四月二十日。

90 馬來西亞郭燕趁、蔡紅鞋寄給晉江東石郭奕炮、楊紅綢，一九八三年七月二十六日。

91 泉州華僑歷史博物館編：《泉州華僑歷史博物館館藏僑批精萃》（福建：福建人民出
　　版社，2019年），頁78-79。

整，無疑是更增強他們之間的情感連結和鞏固家庭的穩定性，最終達到了父系繼嗣、血緣延續和兼顧到了現實生活的目標。

第四節　冷戰時期郭家的兩地擺狀態

　　郭燕趁在太平洋戰爭期間留守家鄉，至一九四七年南渡馬來亞謀生，一九五一年五月又返回家鄉。這期間郭燕趁家面臨了家庭成員的逝世和擴充等事。與此同時，家鄉發生了翻天覆地的變化，歷經國共內戰和政權變更。當一九五一年郭燕趁回鄉時，中國政權鼎革，已是共產黨在執政。國內政治局勢和國際環境均發生了巨大轉變。馬來亞施行嚴格的華僑往來政策對郭燕趁一家產生了最直接的影響，最終郭燕趁家在一九五○年代中期開啟了家庭式移民與兩地擺的狀態。接下來通過郭家的僑批可以看到冷戰時期他們是如何維繫跨國家庭，包括了對國內家庭生計、重要事務的討論和物資的支持。再是可以清晰看到郭燕趁家是如何在馬來亞實現在地化地發展。以及郭家通過照片為載體進行的雙向情感交流，郭家實現了穩定持續地連結。

一　時局變更與五十年代跨國家庭事務的安排

　　一九五○年的朝鮮戰爭爆發，美國為了制裁中國出兵朝鮮就採取對華經濟封鎖，一九五一年美國海外資產管制局禁止對華匯款，其盟友東南亞各國殖民政府也緊隨其後對華進行匯款限制。[92]由此促使國內外批局以及華僑為了對付限制產生了隱蔽手段收寄批信。有的華僑

92　（英）班國瑞、劉宏著、賈俊英譯、張慧梅審校：《親愛的中國》（北京：東方出版社，2022年），頁184。

會以寄煙紙、寄片、寄門牌、寄列字、寄餅乾、寄地瓜、寄斤、寄碼等暗語來表明寄款項多少。[93]而國內的僑匯業也積極開展反制行動，指導僑眷使用暗語回文。例如廈門合昌信局就具體介紹了回文使用暗語的重要性及方法，茲引如示：「近來印尼、菲律賓、馬來亞的帝國主義反動政府管制我們僑胞匯回贍家的匯款日益加嚴，已由檢查匯款進而檢查回文或回信了，假使我們在回文或回信上寫明收到人民幣若干萬元或港匯若干元而被反動政府查出以後，不特海外匯款的僑胞要受到危害或損失，即你們的家用也恐要因此中斷。我們本著為僑胞服務的方針，為了使你們家用能繼續匯來起見，特將寫回文或回信的暗語方法介紹於後：一、今日由 XX 叔處借到了白米若干百斤；二、今日已得到政府發下救濟糧若干百斤；三、向 XX 伯借到穀子若干百斤。以上幾種暗語任何一種寫在回文上被當地反動政府查到，亦無所藉口，海外僑胞亦可避免危害和損失了。惟須保守秘密，不得將該項暗語洩露或外傳，無希僑眷們切切注意！」[94]郭燕趁家的回批中就多次體現了暗語回文的時代特徵。諸如一九五三年、一九五四年蔡紅鞋回覆郭燕趁的信中分別提及「內寄白米二百斤，經已查收」、「並內上莊車仔線壹佰粒已收明」、「外付白米貳佰貳拾斤已照查收，內抽貳拾斤交永姑收入，世壁表弟所寄者已照交」。[95]

　　一九五〇年代家庭生計依舊是郭家僑批中的主要話題。郭燕趁家在新政權下被劃分為「中農」成份。從一九五二年記載郭家的土地房產證上可知，彼時登記的戶主是郭燕柱，家中共有九口人，人均耕地

93　曾旭波：〈略談暗批的產生及操作方法〉，王煒中主編：《首屆僑批文化研討會論文集》（廣東：潮汕歷史文化研究中心，2004年），頁219-231。

94　洪卜仁、陳亞元：《按章索局》（廈門：廈門大學出版社，2020年），頁94-95。

95　晉江東石蔡紅鞋寄給馬來亞郭燕趁的信，一九五三年十一月七日；一九五三年十一月十四日；一九五四年二月一日。

約為一點二畝。[96]由此可知郭家的田產並不豐厚，而且從僑批中可知其田地收成一直不好，甚至還因田地界限與人產生糾紛。蔡紅鞋向丈夫的傾訴：「賤內在家所有田地佃人跟中，收成欠佳。而自耕亦是不佳，兼之田地與人有界址，多被挖掘。因此田地漸漸縮小，賤內亦未敢與人爭論計較也。」[97]田產收成不佳，再是田地被人挖掘逐漸縮小，於是蔡紅鞋很希望郭燕趁可以回來解決。除了田地外，郭家還有鹽埕作業。因為郭奕炮身體虛弱，所以郭燕趁特別囑咐郭奕炮對於鹽埕方面不要太過操勞，寬心耕作就好。[98]

因家中田產收成一直不甚理想，家用總在依靠海外的支持，蔡紅鞋與兒子郭奕炮為想減輕郭燕趁的經濟負擔，所以他們便結合東石地方經濟特色，提出了與人合股購置帆船的副業打算。妻子告訴郭燕趁：「奕炮兒心愛與同村人合股購置帆船一隻，每股應額四五百萬，即港銀壹仟外元。以為運貨之用，而為謀生副業之需。炮兒已數度與余研究，以咱田園奕炮耕作，每年收成亦甚少數，只供家用而已，無可出□。諸費全靠外地供給，不如找一副業利路，以減輕外地負擔。可將田地出租一部分，否則炮兒無全膽力勞動。而五穀時價亦甚便宜。但未知外地有力量，或有否贊成。諸股東均在候咱消息，見字希立刻覆信為要。」[99]郭燕趁則認為郭奕炮對船業不熟悉，倘若是行船必定放棄田地，他認為這種做法不妥。再是郭燕趁自己對船業也無興趣，所以並不贊同，不過表示如有其他副業可以等他回鄉後一同參詳。[100]彼時郭燕趁每個月匯回大約是一兩百港元，而買船合股所需的

96　參見郭燕柱土地房產證所有證存根，晉江檔案館藏。

97　晉江東石蔡紅鞋寄給馬來亞郭燕趁的信，一九五〇年十月二十六日。

98　馬來亞郭燕趁寄給晉江東石蔡紅鞋，一九五一年五月。

99　晉江東石蔡紅鞋寄給馬來亞郭燕趁的信，一九五四年三月七日。

100　馬來亞郭燕趁寄給晉江東石蔡紅鞋的信，一九五四年三月二十四日。

一千元港元，幾乎相當於郭燕趁寄回半年至一年家用。考慮到家人對船業的不熟悉且可能荒廢田地，郭燕趁便不贊成此副業。

　　一九五四年底至一九五五年初，郭燕趁回鄉待了大約三個月後繼續南渡馬來亞。郭燕趁此次回鄉主要是參與孫兒的周歲宴與處理其他事務。首先是家人希望郭燕趁趕回來參加孫兒郭天賞的周歲儀式。晉江地區向來十分重視小孩的周歲，要做「度晬」儀式。有的人家要請「夫人媽」來奉敬，還要請曲藝班子來娛神，另外還要做「四腳龜」的糯米粿分送親友和宴請親友吃酒席。親友也要回贈金器布匹等物品以示祝賀。[101]其中對男孩的儀式又格外看重。一九五三年郭天賞剛出生時，蔡氏即刻去信詢問郭燕趁要如何操辦：「孫兒生成聰明粗大，令人可愛。厝邊嬸姆皆為喜歡，個個皆準備為咱慶賀。以賤內未敢接受其敬意，因為咱家未曾積蓄銀項，恐不足力量耳。以前得女孫就個個要來賀喜，均以言語推卻，候得男孫就接受其賀。今已如願喜得男孫，恐言語推詞而不雅，尤恐不能知住其雅意。今特修書奉告夫君知情，未識在外有否能力寄來應用，如何應付？希請從速覆信，以便準備應付答言是荷。」[102]從中可知迫於家庭經濟壓力，剛得孫女尚有藉口可以推辭親友的慶賀，不必特別操辦慶祝儀式，但此時已得男孫便再無藉口可推脫。可蔡紅鞋又擔心郭燕趁的經濟狀況是否能負擔，便寫信詢問丈夫的想法。郭燕趁認為可以等孫兒周歲時再一同慶賀更為合適。[103]所以一九五四年底郭天賞的周歲儀式，郭家成員十分看重，特別希望郭燕趁能趕回來參加長孫的重要時刻。其次，家中的田地一直與鄉人有糾紛問題，田地不斷被人侵佔。然而郭奕炮不敢與人直面相爭，所以他希望父親郭燕趁能趁此機會回鄉一同解決糾紛。[104]

---

101 劉浩然：《晉江民俗掌故》，頁146-147。

102 晉江東石蔡紅鞋寄給馬來亞郭燕趁的信，一九五三年十月十九日。

103 馬來亞郭燕趁寄給晉江東石蔡紅鞋的信，一九五三年十一月一日。

104 晉江東石蔡紅鞋、郭奕炮寄給馬來亞郭燕趁的信，一九五四年六月十九日。

　　在決意回鄉後，郭燕趁還會熱心腸幫鄉親順帶物品返鄉。當郭燕趁順利抵達家鄉後，在馬來亞的鄉親們寫信問安並詢問郭燕趁幫忙順帶的物品有無打稅，如有打稅則要將款項奉還給郭燕趁。列舉如下：「弟所寄諸物品未審過若干關稅，請即來知。弟自當付還，有費清神，容當面謝。今順付去港幣三十元，至即查收，可作茶菓之敬，區區之數，以表微意而已。」[105]「至於勞帶之物未悉代為納稅若干，祈為知之，便奉還為盼」[106]「前托攜帶各物未悉有無過樓，苟有希將過樓銀額□曉，俾便寄還，有勞請神曷勝感達，茲由信局寄呈港幣三十元以供令孫購買糖果之需」[107]「荷勞攜帶回里物件，徒增旅途拖累，殊深感激，但未悉有否過□若干艮，祈示知或寄回南來時奉返，耗瀆清神，容當面謝」[108]。眾人紛紛來信表示感謝郭燕趁，除了詢問打稅款還付上銀項聊表感謝之意。

　　一九五〇年代郭家的另一件重要的事情就是興建屋宅。早在一九五三年九月，郭宅的直頭就被風雨吹倒了，此時蔡紅鞋就採買了一些修理材料和請人來修理。[109]直到一九五四年底郭燕趁返鄉三個月，其在家實地勘察並細細計算房屋修建的程度。郭燕趁抵達馬來亞後，就先將借來的南渡路費及時歸還家鄉友人，並逐月寄去貼補家用。

　　半年後一九五五年，郭燕趁投靠到表弟蔡世海的冷甲協成芳煙莊工作。此時他已略有積蓄，手頭經濟寬裕，於是郭燕趁便將修建房屋的事情提上日程了。「建屋之事未知現下厝料行情是否？來云八九月間興工，請向土司計算來知，而且進行者照愚在家打算進行。今日余

---

105 馬來亞許諾汀寄給晉江東石郭燕趁的信，一九五四年十一月十三日。

106 馬來亞榮源寄給晉江東石郭燕趁的信，一九五四年十一月二十日。

107 馬來亞周留教寄給晉江東石郭燕趁的信，一九五四年十一月二十四日。

108 馬來亞蔡人參、蔡崇乞寄給晉江東石郭燕趁的信，一九五四年十一月三十日。

109 晉江東石蔡紅鞋寄給馬來亞郭燕趁的信，一九五三年九月十四日。

預備先付二千，先採買紅料之項，此後興工者缺多少之項來函，後日再付，免介。」[110]郭燕趁打算先付去港幣兩千元讓家人購買建屋所需的紅料，紅料即閩南紅磚與紅瓦的統稱。而港幣兩千元相當於郭燕趁一次性寄回一兩年的家用款。隨後郭燕趁詢問採購紅料款項是否有缺，如有將再寄去。郭燕趁還拒絕了外人建議擴充修屋規模建議，讓妻子按照他已計算好原計劃進行。[111]至十月，建屋的事項有條不紊地進行著。「來云建屋之事，未知購買紅料及樓員一部份未知開費多少？來知……咱港內蚵石收返建屋充足，而蚵石先做厝內，下層樓頂尚伸做土割。前愚在家時同謹水計算深井一支通，做好採購紅毛灰鐵枝來建，平穩矣。」[112]郭燕趁除了向妻子詢問買材料花銷外，還指示了接下來要修建房屋其他部分和水井。其中郭燕趁提到了當地富有特色的蚵石材料。蚵石是從海裡撈來的，一般用來做房屋牆體。靠海的東石擁有豐富的蚵石材料，當地人能因地制宜將其作房屋材料。

從修屋一事可見，郭燕趁對自己經濟生活的有序安排和做事考慮周全。建大厝是華僑的人生大事之一，華僑有了積蓄往往會匯款回家建築或購買新屋。很多僑鄉有以房屋誇耀於鄉里的民風習俗。[113]郭燕趁雖然早有修厝的打算，一九五五年初在家實地勘測了並做精細的計算，但是真正修建是在自身經濟狀況穩定後才動工的。他一抵達馬來亞就先將欠友人的路費還清，並逐月增加家用接濟家人生活。直至他到表弟的煙店工作後，經濟上略寬鬆才開始匯款遠端指導家人修建房屋。同時，他根據自己家庭實際情況不盲目擴建規模。由此可見郭燕趁做事思慮周全，在自己能力範圍內將經濟款項方面安排妥當。

---

110 馬來亞郭燕趁寄給晉江東石蔡紅鞋的信，一九五五年。

111 馬來亞郭燕趁寄給晉江東石蔡氏的信，一九五五年八月二十五日。

112 馬來亞郭燕趁寄給晉江東石蔡氏的信，一九五五年十月十日。

113 陳達：《南洋華僑與閩粵社會》，頁121-124。

二　郭家兩地擺狀態與國內家庭代際支持

　　一九五〇年代郭燕趁告別了以往自己單身式的往返，實現了核心家庭成員的家庭式移民，郭家形成兩地擺的狀態，即家庭成員一部分在晉江東石繼續生活發展，另一部分成員在馬來西亞實現了在地化發展。郭燕趁的妻子蔡紅鞋早在一九五三年主動提出了攜子南渡的想法。直到一九五五年下半年，郭燕趁讓妻子準備好子女及孫兒的照片以向殖民政府申請入口證。一九五七年郭燕趁家最終實現了家庭式移民，妻子蔡紅鞋、小兒子郭奕樅、女兒郭紅緞、郭紅春以及孫子郭天賞五人南下，實現了家庭團聚。[114]而受到冷戰時期馬來亞對華僑出入境嚴苛的政策影響，郭奕炮始終未能獲得南渡的機會，因此郭奕炮夫婦就一直留守在家鄉，繁衍子嗣安居樂業。

　　自從實現家庭式移民後，郭燕趁就要同時分擔兩地的家庭費用了。一方面，郭燕趁依舊對國內家庭承擔家用和物資的支持。據郭天亮回憶，小時候家裡時常會收到爺爺寄來的錢和東西。他印象中要前往安海東大街的中國銀行領取款項，再是會收到諸如餅乾、糖果之類的食物。[115]從郭家僑批亦可見郭燕趁對國內家庭支援。譬如，一九六〇年郭燕趁寄來：「肝膏六矸，抽出二矸送璧谷村黃奇雞。又抽出一矸送郭燕低，尚伸三矸家中收。日曆錶二個，男錶送文埔，一個女錶自用。洋參一兩、高麗參二條分配多小給岳母食。捕汝母舊時過洋時，受玉井諸阿舅溫慰，給多小物品他用……肝膏若要打針，每矸打重六針，輕打八九針為妥。註嬸現今收什行李，不日到唐，汝母有寄多小布品，照明字分給回信示知」，再是一九六一年的「前寄人從返

---

114 馬來亞郭燕趁寄晉江東石蔡紅鞋的信，一九五五年八月二十五日；一九五五年十一月五日；郭天亮口述，二〇二二年六月二日，福建泉州。

115 郭天亮口述，二〇二二年六月二日，福建泉州。

唐夾在姑丈行李內牛奶六矸、元子□仔十二塊、元子湯匙十二枝、味素粉二矸。現今寄白沙水筆嬸小小物件，答依人前有情。與咱以後若有寄多少食物，回信講了只明是否？付去港幣五十元，到祈查收。」[116]此時正值國內三年困難時期（1959-1961），可看出郭燕趁從海外寄回物資當中有藥品、補品，又有日常性的食物和用品，以及僑鄉喜好的飾品，可謂是涵蓋了生活中各種層次的需求。而且接濟範圍不限於核心家庭成員，還包括了至親好友，諸如郭燕趁囑咐將藥品肝膏分給黃奇雞、郭燕低，補品高麗參要多分給岳母食用。平時定期的匯款家用，郭燕趁一般是支持到郭奕炮夫婦的核心家庭和岳母大人。當郭燕趁經濟有餘力時，他也會兼顧到其他親友。例如「今順郵便付上港幣二百元正，到即查收，內抽交衫叔三十元，衫嬸二十元，又交燕柱兒五十元，希即照辦」[117]。

　　其中，在六七十年代，郭燕趁對國內家庭在藥品方面支持是十分頻繁。這階段正是中國大陸的「文化大革命」時期，之前三年困難時期盛行的食品包裹不再被允許郵寄，而藥品包裹仍可繼續郵寄。[118]從郭家的書信中，這階段的藥品郵寄數量令人印象深刻。這一方面是國內物資的匱乏，另一方面是家人身體虛弱對藥物需求大。例如一九六八年郭燕趁回覆郭奕炮夫婦：「今接及來信，一切知情。關於所需藥材另日當即付上。」[119]由於楊紅綢身體一直較為孱弱，加上一九七一年產子，其身體狀況總令郭燕趁夫婦十分關注和擔心。一九七二年底郭燕趁寄回的家書：「由海嫂處得知你的情形，很是掛念，茲付人民

116 馬來亞郭燕趁寄給晉江東石郭奕炮、楊紅綢的信，一九六〇年四月二十三日；一九六一年二月五日。

117 馬來西亞郭燕趁寄給晉江東石郭奕炮、楊紅綢的信，一九六八年一月四日。

118 （美）傅高義著，淩可豐、丁安華譯：《先行一步：改革中的廣東》（廣東：廣東人民出版社，2008年），頁284。

119 馬來西亞郭燕趁寄給晉江東石郭奕炮、楊紅綢的信，一九六八年一月四日。

幣壹百元以作醫藥費，作速延醫治療。而吾等會在年底回梓一行，有否什麼藥物需求，速來信告知，此囑。」[120]至一九七三年八月，蔡紅鞋在太平詢問返馬親友有關家鄉的事情，又聽聞紅綢身體不適，遂立刻寫信探問紅綢病況，並告知若需要西藥及針劑可寄回。[121]

自妻子蔡紅鞋南渡後，郭奕炮夫婦就成為郭燕趁在家鄉的代理人了。首先在郭氏修譜之事，郭燕趁就讓郭奕炮夫婦進行代理操作。一九五九年十月，郭燕趁寄回了郭家全員名單，包括早逝的孩子。名單中注明了各人的性別、歲數、生辰時日、承繼何人的具體情況。[122]此舉是為了郭氏族譜的修譜之用。郭燕趁特意交代郭奕炮夫婦，因為自己要承「魁姑之父」，若是在接枝方面不清楚，讓他們可去詢問宗親叔伯等人。另外，信中除了郭燕趁一家，還有其他海外宗親的名單資訊。郭燕趁一定程度上也成為聯繫海內外宗親的仲介人。

在郭燕趁與郭奕炮夫婦討論的各類家庭事務中，房屋建築依舊是郭家很重要的話題。一九六四年郭燕柱想要交換地界進行建宅，郭奕炮寫信告知郭燕趁。郭燕趁認為還是按照原來各自的情況，不必調換。至一九六八年因為太平煙廠收工，郭燕趁失業。或許是因為經濟狀況緊張，郭燕趁便交代郭奕炮家鄉建築屋宅可暫時停下，待他返鄉後再實行。[123]到了一九八〇年代中期，郭家繼續進行修屋的事宜。郭燕趁仍是匯款指導郭奕炮夫婦。譬如「建屋之事，罩杉為一粗平直，水流外。內裡慢慢修建。你父母身邊款項有限，不要開消過額。現今不要再付，後待七月西宅懇□同壁嬪二人返裡，愚父打算多少款項帶

---

120 馬來西亞郭燕趁寄給晉江東石楊紅綢的信，一九七二年十一月十七日。

121 馬來西亞郭燕趁寄給晉江東石郭奕炮、楊紅綢的信，一九七三年八月十八日。

122 馬來亞郭燕趁寄給晉江東石郭奕炮、楊紅綢的信，一九五九年十月二十二日。

123 馬來西亞郭燕趁寄給晉江東石郭奕炮、楊紅綢的信，一九六四年三月二十九日；一九六八年九月四日。

去。」「至於舊曆大門年尾要修建，希即簡單就可。外地近來入息有限，希盡力節省就是。」[124]

此外，面對家庭矛盾糾紛時，郭燕趁雖人在海外，可依舊充當支持者與協調者的角色。一九六四年關於交換地界建宅的事件中，郭奕炮夫婦可能受到了伯父郭燕柱言語上的欺侮。郭燕趁在信中寬慰郭奕炮夫婦，並決定不對伯父盡其要求，請郭奕炮夫婦放心。[125]一九六八年郭燕趁得知郭奕郎的兒子郭清期與楊紅綢打架一事，十分生氣。於是郭燕趁便寫信給大哥郭燕柱傾訴手足之情，認為大家彼此應互相照料，而不應發生此事端。[126]

三　郭家在馬來實現在地化發展

另一方面，自郭燕趁的妻子及女兒、孫子實現家庭式移民後，受到冷戰環境、中馬兩國歷史進程的影響，以及家庭成員生命週期的發展，郭家最終在馬來亞在地化發展。

冷戰時期，中馬兩地都實行了嚴厲的移民政策。馬來亞聯邦在一九四八年、一九五二年分別頒布了限制華僑入境的法令。在「左」的思想影響下，新中國部分歷史時期尤其是一九六〇年代華僑僑眷正常往來的合法權益也受到侵犯。對於歸僑僑眷出境探親定居方面有諸多限制。至一九七一年國務院制定了《關於華僑、僑眷出入境審批工作的規定》，適當放寬條件，照顧歸僑僑眷。直到一九七八年確定了改革開放政策，國家為適應新形勢才調整了出入境政策要求，進一步放

---

124 馬來西亞郭燕趁寄給晉江東石郭奕炮、楊紅綢的信，一九八五年七月九日；一九八八年八月十七日。

125 馬來西亞郭燕趁寄給晉江東石郭奕炮、楊紅綢的信，一九六四年三月二十九日。

126 馬來西亞郭燕趁寄給晉江東石郭奕炮、楊紅綢的信，一九六八年一月四日。

寬和改進了歸僑僑眷的出境審批意見。[127]總之受大環境政策的限制，郭家成員往來頻率大幅度減少。根據郭家僑批可知，一九五七年郭奕炮申請前往馬來亞而被移民官拒絕。而郭燕趁夫婦在六、七十年代回鄉過兩次，分別是一九六七年蔡紅鞋返鄉和一九七二年郭燕趁返鄉。郭燕趁的女兒女婿們更是數十年未能返鄉，直到一九八○年代才得以實現返鄉。一九八五年郭燕趁告訴郭奕炮夫婦：「現今長恩及紅緞、紅春、國成四人想返唐山，□□當地政府須要唐信三張，每半個月寄一張，以作申請出國准證。內說明妹夫及妹離別數十年，現今須要返唐見面。每二人及三張唐信，小影二片。」[128]此處需要郭奕炮提供一定數量的家信作為郭紅緞、郭紅春兩對夫婦向馬來西亞政府申請出國的憑證。

其次不可忽視的是馬來亞的建國歷程和國家意識不斷加強的大時代環境。郭家五人實現家庭移民的一九五七年，正好是馬來亞地區標誌性的一年。一九五七年八月馬來亞聯邦實現獨立，擺脫英國殖民地統治。同年十一月，當地最大華人政黨馬華公會發起了申請公民權運動。在一年之內，約有一百萬華人成為馬來亞聯邦公民。[129]一九六三年馬來亞聯邦與新加坡、砂勞越、沙巴聯合成立為馬來西亞。雖然一九六○年代的華人社會與之前沒有顯著的差異，但是「馬來亞本位」的國家意識卻是彌漫在社會大環境之中。一九六九年的「五一三」事件對馬來西亞影響深遠，促進了華人社會對多元種族的認識，間接加強華人對馬來西亞的國家意識和觀念。一九七四年隨著馬來西亞與中

---

127 毛起雄、林曉東：《中國僑務政策概述》（北京：中國華僑出版社，1993年），頁233-234。

128 馬來西亞郭燕趁寄給晉江東石郭奕炮、楊紅綱的信，一九八五年一月二十一日。

129 林水檺、何國忠、何啟良、賴觀福合編：《馬來西亞華人史新編第一冊》（馬來西亞：馬來西亞中華大會堂總會，1998年），頁174。

國的建交，公報宣稱的兩國政府不承認雙重國籍的原則，更加促使馬來西亞華人自動放棄保留中國國籍做法，正式投入馬來西亞。[130]可想而知，郭燕趁及其兒孫輩在馬來西亞長期地生活學習工作必然會受到社會環境的影響，加速在地化。

　　再是郭燕趁的女兒、孫兒的生命週期決定了他們會在馬來亞實現家庭擴展和在地化。一九五三年郭奕炮夫婦就開始為女兒郭紅緞的婚事準備。彼時郭燕趁人在馬來，只能通過家書與妻子溝通。郭燕趁人在遠方所以未能詳盡參謀，但強調了女兒的婚事要同女兒一起商量，在挑選人選時要注重男方的人品、德行方面，並囑咐妻子萬萬不能強迫女兒，要女兒中意才可。[131]後來郭紅緞隨著母親等人一同南下。其後，適齡的郭紅緞與郭紅春兩姐妹均是在馬來結婚成家的。郭紅緞嫁於東石西宅籍的蔡長恩，郭紅春是嫁給同安籍的林國成。由此郭燕趁的女兒們均在馬來西亞在地發展了。郭燕趁的長孫郭天賞在年幼時跟隨祖母一同南下，之後在馬來西亞上學、工作和結婚生子，實現了在地化。

　　在地化發展的郭家成員彼此相互照應。一九六七年郭紅春與林國成搬到霹靂州的首府怡保（怡保一九三七年就取代太平成為霹靂州首府）謀生發展。郭天賞放假就時常到怡保的紅春姑姑家裡玩耍。一九六九年郭天賞由於考試成績不合格，無法順利就讀公立學校。其姑父母均答應幫忙辦理申請私立學校，最後郭天賞就讀於怡保工藝學院。[132]而一九六八年太平的煙廠收工，郭燕趁夫婦便失業在家休養，

---

130 林水檺、何國忠、何啟良、賴觀福合編：《馬來西亞華人史新編第一冊》，頁178-179、195。

131 馬來亞郭燕趁寄給晉江東石蔡紅鞋的信，一九五三年五月十五日。

132 馬來西亞郭燕趁寄給晉江東石蔡紅鞋的信，一九六七年四月十日；馬來西亞郭燕趁寄給晉江東石郭奕炮、楊紅綢的信，一九六九年一月四日、一九六九年四月二十日。

至一九六九年郭燕趁也從太平搬到了怡保。後來郭天賞畢業後也接手了爺爺郭燕趁的生意。自從一九五○年代中期家人南移後，郭燕趁就告別了單人式地往返流動，郭家實現了在地化發展。除了上述女兒和孫子在地化學習、工作、成家外，另一顯著標誌是郭燕趁在此購置了車輛、店面等產業。

在地化發展的郭紅春、郭紅緞依舊保持與家鄉郭奕炮夫婦及眾親友的聯繫。當她們成家立業後，有經濟能力時，也開始對家鄉親友匯款和物資的支持。譬如，一九六五年一月郭燕趁寄回港幣二百元作為家用，其中就有紅春附寄的二十元。[133]再如，一九八二年紅春、紅緞與父親合寄家用分與眾親友。「今順郵便由銀行匯上人民幣五百二十元正，到祈查收，內中抽交亞姑、算治、迎治、孫媳婦每人各三十元，是餘同紅緞、紅春付給的。另撥交亞富□、四姨、五姨、惜亞姨每人各二十元，是余付給的。另紅緞要交亞涯堂姐夫二十元，剩下三百元是餘同紅緞、紅春付給你收的。」[134]一九八八年郭紅春同婆婆前往香港與友人見面，郭紅春特意購買了高麗參委託友人帶回家鄉分給郭奕炮和其他親友。[135]

由於家庭成員在馬來西亞在地化發展，郭燕趁夫婦晚年沒有直接選擇落葉歸根的做法，而是考慮各種現實因素選擇像候鳥式往返馬來西亞和泉州。當泉州家鄉有重要的事情，郭燕趁便會回來。據郭天亮回憶，一九八七年他結婚的時候，爺爺郭燕趁就回來參加婚禮。但作為第一代移民的郭燕趁夫婦，其在文化和身份認同方面仍十分根深蒂固，對於族譜的承繼、修繕以及宗祠翻修等事項相當重視。甚至在臨近生命末期，他們會選擇回到東石家鄉度過自己最後的時刻。

---

133 馬來西亞郭燕趁寄給晉江東石郭奕炮、楊紅綢的信，一九六五年一月十五日。
134 馬來西亞郭燕趁寄給晉江東石郭奕炮、楊紅綢的信，一九八二年十二月二十日。
135 馬來西亞郭燕趁寄給晉江東石郭奕炮、楊紅綢的信，一九八八年九月十五日。

四　郭家以照片為載體的情感交流

　　值得一提的是，照片是郭家親友之間在跨國交流的重要媒介，是其情感交流的重要載體。除了作為申請入口字證明材料用途外，照片在郭家親友間的日常交流中佔據著不可低估的份量。早在二十世紀三〇年代，人在馬來亞的蔡世托夫婦與家鄉姑母蔡氏就用照片交流。例如，「至於前日所借侄孫三小影，姑視之十分欣幸。看此兒亦聰秀之才也，姑每每希望兩家侄媳洽力和心為要，免愚姑介之也。」[136]這是一九三七年蔡世托寄兒子的照片給姑母觀看，姑母看到侄孫照片後表示十分欣慰。蔡世托的妻子黃烏粿也請姑母從家鄉寄來照片以解海外遊子的相思之情。諸如一九三八年的「有便之時，祈大人闔家撮攝一影夾來，俾得瞻諸玉容耳」，以及一九三九年的「世壁弟若南來之便，祈大人闔家撮攝一影寄來，以慰渴念。」[137]

　　再是當郭燕柱在一九三八年打算出洋時，郭燕趁對大哥燕柱的南下囑託之物中，惟有囑咐其攜帶闔家老幼小影二件。[138]可見遠在異域的郭燕趁對家中老幼的思念與關切之情，唯有借助照片得以暫紓。

　　到了一九五五年，此時郭燕趁已榮升為爺爺的身份，一家是三代同堂，人在馬來亞的他亦是通過照片來觀看家鄉子孫們的近況。諸如，「內夾小女及孫兒小影公十張經已收到，勿介。」[139]在收到了十張家人的照片，可以想像郭燕趁是多麼欣慰。

　　即使到了一九八〇年代，郭燕趁對國內家人的狀況和思念依然是

---

136 晉江東石蔡氏寄給馬來亞蔡世托夫婦的信，一九三七年十二月二十六日。

137 馬來亞黃烏粿寄給晉江東石蔡氏的信，一九三八年二月二十八日；一九三九年十一月二十日。

138 晉江東石郭章純寄給馬來亞郭燕趁的信，一九三八年三月二十日。

139 馬來亞郭燕趁寄給晉江東石蔡紅鞋的信，一九五五年十月十日。

通過照片這一媒介。一九八二年郭燕趁收到了郭奕炮夫婦的照片就回
覆：「前付來二次小影，均如數查收，希請免介，余見了全家喜
歡。」[140]一九八五年，人在馬來西亞的郭燕趁在信中催郭奕炮夫婦的
合影：「奕炮、紅綢二人合影寄來是盼。」[141]

　　照片成為郭氏跨國家庭之間雙向交流的重要媒介，是其成員情感
交流的載體。照片起到了視覺憑證作用，彌補了文字所不能表達的視
覺效果。而郭家成員之間的情感連結更是其家庭維繫的動力之一。

第五節　郭家社會資本的代際傳承與僑鄉跨國實踐

　　縱觀郭燕趁家族歷史發展，郭家如同大多數的普通跨國家庭。郭
家並不像表親蔡氏兄弟家族發展出規模宏大的家族產業和擁有受人矚
目的社會經濟地位。但從換一個角度來看，郭家一門三代郭章純——
郭燕趁——郭奕炮卻承襲著相當的社會資本，在維繫親友、海內外宗
親及社區公共事務中發揮著不可小覷的力量。

　　因概念界定和分析視角不同，「社會資本」成為爭議最多的概念
之一。有研究者釐清學界眾多關於「社會資本」概念後，指出一部分
學者是聚焦在個體層面，探究個人運用社會資本來獲取社會網絡中的
資源以獲得收益，而另一部分學者則是關注群體層面上的社會資本，
即某些群體如何發展與維持作為集體資產的社會資本，探究集體性社
會資本的創造維持的要素。[142]無論是從個體抑或群體層面來分析社會
資本，郭家的代際傳承和僑鄉跨國實踐都兼具這兩個視角。

　　一般來說，在僑鄉被選作為親友、宗親或地方公共事務的代理人

---

140 馬來西亞郭燕趁寄給晉江東石郭奕炮、楊紅綢的信，一九八二年十二月二十日。
141 馬來西亞郭燕趁寄給晉江東石郭奕炮、楊紅綢的信，一九八五年一月二十一日。
142 張文宏：〈社會資本：理論爭辯與經驗研究〉，《社會學研究》2003年第4期。

是很常見的，被選中的人選大多是人品和能力上備受他人的認可信任。難得的是，郭家是一門三代都在不同程度參與到親友、宗親及社區公共事務中。歸結起來大致是郭家人的為人處世備受親友、宗親的信任，以及郭家人聲譽的代際傳承。美國政治學家羅伯特·普特南認為社會資本是社會關係網及與此網絡相伴而生的互惠和信任的交往規範。社會資本即所謂公共精神的等價物，被定為「信任、規範和網絡」，可以動員起來做成某事的非正式社會關聯。[143] 正是僑鄉中海內外親友、宗親之間的網絡與彼此的信任，以及習以成俗的規範，最終促成了僑鄉事務的跨國實踐。

從郭章純起，其深受親友、宗親的信任參與到了家族和地方的公共事務中。從前文可知，郭章純作為蔡世托等人的姑父，其人品深受蔡氏兄弟信任。蔡氏兄弟會委託他幫忙照看蔡家，同時還會將大額款項匯交至郭章純處代管。與此同時，郭燕趁憑藉蔡氏兄弟的關係網絡，才得以實現南下謀生與之後的連鎖式移民。郭章純對蔡氏兄弟的提攜之情是十分感恩的，他不斷囑咐兒子郭燕趁要銘記表兄弟的情義。以及從後來郭家成員的流動歷程和在海外發展情況來看，無論是在入境手續、生計營生、日常生活交流等方面，郭燕趁一家與蔡氏兄弟都是密切聯繫，足見兩個家族之間的情義與信任。其次，郭章純還作為宗親郭奕根在鄉產業的代理人，代管了郭奕根的門戶、錢糧、風水及墳墓等產業費用。當其他宗親與郭奕根在產業和祭祀方面有爭執時，郭章純亦能代表郭奕根據理力爭，維護其利益。從此也反映了郭章純的人品可靠和備受信任，因此才會被宗親選為代理人。再是，一九四〇年郭氏祖厝要進行修補，海外宗親紛紛捐款匯回家鄉。宗侄郭

143　（美）羅伯特·派特南著，孫競超譯：〈社會資本研究50年〉，《探索與爭鳴》2019年第3期；（英）彼得·伯克著，李康譯：《歷史學與社會理論》（上海：上海人民出版社，2019年），頁116。

燕鏗、郭燕越寄信告知郭章純，款項是匯集到郭燕聲處，不日即可到唐。[144]由此可推測，郭章純在某種程度上是參與到郭氏祖厝修繕的公共事務中。

到了第二代郭燕趁，其參加華社社團和公共事業的證據更加明顯。一九三九年郭燕趁曾向馬來亞霹靂華僑籌振祖國難民委員會捐資，支持中國抗日。[145]一九五三年三月郭燕趁搬遷到馬來亞霹靂的玲瓏鎮。彼時表弟蔡世海正在玲瓏發展產業，還擔任玲瓏福建公會的財政一職。於是郭燕趁也參與玲瓏福建公會的社團活動。據現存的一張「特別捐收條」可知，郭燕趁曾向玲瓏福建公會捐資。再是，據《太平仁和公所百年會刊》的記載，郭燕趁亦是太平仁和公所的會員之一。[146]由此可見郭燕趁人在海外謀生時，與當地華社社團和社群網絡聯繫密切。

對家鄉郭岑村的公益事業，郭燕趁作為海外中間人更是不遺餘力推動。據郭天亮介紹，郭岑村要鋪設引進水電，翻修郭氏祖厝及郭岑小學，郭燕趁是不辭辛苦在海外各地奔走向宗親募捐。[147]這從郭燕趁家書中可佐證郭天亮的說法。一九八五年郭燕趁給郭奕炮夫婦的信中提到：「通知楊榮興校長前來信學校籌款之事，愚出去檳榔、太平各地。見本村人言談：有人自己寄，有人返里帶去。」[148]可以推斷，彼時學校需要向海外鄉親籌款，負責人楊校長就直接聯繫在郭燕趁這個中間人。此時定居在怡保的郭燕趁為了家鄉學校籌建奔走到檳榔嶼、太平等地向鄉親募捐錢款。

---

144 馬來亞郭燕鏗、郭燕越寄給晉江東石郭章純的信，一九四〇年。

145 一九三九年郭燕趁捐資「馬來亞霹靂華僑籌振祖國難民委員會」收條，泉州華僑博物館藏。

146 《馬來西亞太平仁和公所慶祝成立一百周年紀念特刊1883-1983》，頁127。

147 郭天亮口述，二〇二二年六月二日，福建泉州。

148 馬來西亞郭燕趁給晉江東石郭奕炮、楊紅綢的信，一九八五年一月二十八日。

　　到了第三代郭奕炮，他如同祖輩郭章純、父輩郭燕趁一樣參與到了社區的公共事務中。這一方面是得益於郭奕炮個人穩妥靠譜的品質，另一方面則是承繼了郭家的社會資本。以下以一九八〇年代郭氏一族極為重視的宗祠重修與族譜編修的大事為例，來看郭燕趁、郭奕炮父子共同在其中扮演的角色。

　　眾所周知，宗祠與族譜有族群認同和身份認同的意義。誠如柯群英關於中國改革開放後新加坡安溪蓬萊籍的柯氏重建僑鄉認同的研究指出，宗祠是柯氏宗族的重要象徵，重修祖厝可以凝聚離散在各處的柯氏宗親。祖厝對其而言是柯氏宗親的存在，代表了他們的過去與未來。重修族譜，從某種程度上是海外華人在面臨種族多元、整合、趨同及社會現代化、自由化各種挑戰時，他們以此來追根溯源確立自我身份和樹立文化認同的主要方式。[149]由於歷史原因和改革開放政策實行，僑鄉的諸多祠堂和族譜到八九十年代才得以修繕和續編。郭岑村的郭氏宗祠和族譜亦面臨如此境況。

　　歷經兩百多年歷史的郭氏宗祠備受風雨侵蝕，在一九八〇年郭氏宗親便有修繕宗祠之意。彼時有海外宗親郭奕坐、郭奕爐、郭奕定等人慷慨捐款，由在郭岑村的宗親進行重修。郭家第三代郭奕炮就是負責人之一。從召集人郭奕坐寄給家鄉負責人郭奕炮、郭奕曲的信可知具體操作流程。在太平的郭奕坐匯集海外宗親的捐款，然後將這筆錢通過銀行匯回國內。這筆錢分為兩部分，一半由郭奕炮保管，另一半由郭奕曲保管。由於海外宗親特別看重宗祠重修之事，於是郭奕坐在信中特別囑咐，祖祠所用材料需要粗勇牢固的。[150]

　　到了一九八四、一九八五年時郭氏祠堂需要大規模地翻修和族譜

---

149 柯群英：《重建祖鄉：新加坡華人在中國》（香港：香港大學出版社，2013年），頁119-120、175。

150 馬來西亞郭奕坐寄給晉江東石郭奕炮、郭奕曲的信，一九八〇年三月二十一日。

的續編工作。由於郭燕趁父子兩人深受郭氏宗親的信任，父子倆共同作為郭氏宗族在海外和國內事務的代理人，因此在父子倆的家書中見到他們多次提及郭氏公共事務。一九八四年七月郭燕趁給郭奕炮的信：「通知籌委會重修譜事，海外人丁戶口現今付上。另通知以後若付匯款銀收到馬（馬）勝（上）入民（銀）行，無論何人不得移動，持此告知。」[151]由於國內籌委會未能及時向海外宗親匯報祠堂、修譜的進程，導致在外的鄉親意見不滿，於是郭燕趁讓郭奕炮代為查問告知進度。[152]不僅如此，父子倆還對經手的款項十分瞭然於心。一九八五年七月，郭燕趁給郭奕炮的信：「另者，前日匯去人民幣一條二千奕康手寄，一條三千趁手寄，又二千奕座手寄。總共三條七千元。艮（銀）不日收到，回信告知。以前籌委會來函告知海外宗親修譜及謝土總開支人民幣一萬六千元，尚剩下今日付上。」[153]從中可知，無論是匯款人、款項金額及開銷用途，郭燕趁與郭奕炮都會在信中清晰地溝通。而海外宗親會要聯繫郭氏籌委會宗親瞭解情況及進度，也是直接將信件寄給郭奕炮，再由其轉達。[154]一九八六年郭岑村郭氏重修宗祠碑記落成，該碑記述了郭氏宗祠的沿革與重修歷程。此次重修皆因仰賴海外宗親的慷慨解囊與竭力輸誠，最終促使郭氏宗祠的落成。在海外宗親捐資芳名名單中，就有本文主人公郭燕趁捐款一千一百五十元人民幣的記錄。

　　郭氏父子深受宗親的信任，除了體現在上述公共事務上代理人外，另有一事可佐證。據稱，郭岑村有六戶郭氏宗親在馬來西亞，是常年不易回鄉，即使建設屋宅這類大事他們也無法親身回來操持。因此他們指定郭奕炮為代理人，從海外寄錢回來交給郭奕炮，讓他代為

---

151 馬來西亞郭燕趁寄給晉江東石郭奕炮、楊紅綢的信，一九八四年七月二日。

152 馬來西亞郭燕趁寄給晉江東石郭奕炮的信，一九八五年三月二十日。

153 馬來西亞郭燕趁寄給晉江東石郭奕炮的信，一九八五年七月九日。

154 馬來西亞南洋諸宗親寄給晉江東石建委會宗親，一九八五年八月十九日。

建設。郭奕炮手上就幫忙海外宗親建過兩座房子。[155]此事再度證明郭奕炮的人品與能力深受海外宗親的信任。除卻郭奕炮靠譜的為人處世，從另一層面來看，相信亦受到來自父親郭燕趁在海外宗親中積攢良好的信用和聲譽的代際傳承。

綜上，郭家作為典型的普通跨國家庭，一門三代因人格信用和良好的聲譽實現了社會資本的代際傳承，因此三代人均在不同程度上介入到了親友、宗親及社區的事務之中。尤其是在社區公共事務中，郭家雖非是在經濟層面貢獻最巨者，但在具體實踐過程中，大多是靠郭家父子這類中間代理人在具體推動事務的進程。正如羅伯特・普特南指出，信任為社會生活增添了潤滑劑，一個信任互惠的社會更有效率。[156]本文以郭家三代人為例，參照出僑鄉絕大多數的中小層人物，正是他們與親友、宗親之間彼此的網絡、信任、規範，才推動了僑鄉的跨國實踐。

小結

本文以晉江東石郭燕趁的跨國家族歷史展開。以下將從移民文化生態的制度性建構、跨國家庭成員流動經歷和家庭發展走勢，以及不同層級家族彰顯出的意義三個方面來討論。

首先是郭燕趁家族歷史展現出移民文化的制度性建構特徵。正如孔飛力提出在中國的現代史中，東南沿海及嶺南地區形成了以「通道—小生境」為標誌的移民文化，其制度性建構特徵有以下四點。[157]

---

155 郭天亮口述，二〇二二年六月二日，福建泉州。

156 張文宏：〈社會資本：理論爭辯與經驗研究〉，《社會學研究》2003年第4期。

157 （美）孔飛力著，李明歡譯、黃鳴奮校：《他者中的華人：中國近現代移民史》，頁446-447。

第一是遷移成為一種生活方式，當地人為了尋求更高的回報會實現空間流動。這點從郭燕趁家族流動歷程來看十分明顯。不僅是先行者表親蔡氏兄弟，郭燕趁及其大哥、侄兒、姐夫、外甥、連襟、內弟、妻兒等人均有強烈的南下意願，他們的動機無疑是為了尋求更好的收入和生活。第二是移民社群之間的人員、金錢、資訊、文化在通道走廊循環往復，以移民文化為標誌的利益共同體已形成。這從郭燕趁家族成員的不同時期的入境手續、家計支援、日常資訊交流等方面均可見證。第三是移民社群深受商業薰陶，經商意識超越社會階級傳播，成為謀生技能。在郭燕趁家族中，經商的確是謀生重要手段。表親蔡氏兄弟在商業領域大展拳腳，逐步發展為行業、地區的社會聞人。郭燕趁除了早期依靠蔡氏兄弟謀生，後期也逐步自己嘗試一些小生意營生。第四是移民建構的文化因素，諸如在異地建立鄉緣會館、方言社團、業緣行會以及廟宇、宗祠等。由於蔡氏兄弟的商業和社會地位，因此能借助蔡氏兄弟參與的社團知曉太平、霹靂州當地不同性質的社團。例如不同地域不同層級的鄉緣會館，有玲瓏福建會館、太平仁和公所、太平福建會館、檳城晉江會館。其次是宗親蔡氏的太平霹靂濟陽堂。再是南音文化的仁愛音樂社和商業社團的北霹靂中華總商會、行業的大馬煙商會。

其次，受到時代政策環境與個人主觀條件共同影響，郭燕趁家族成員呈現出不同的流動經歷和跨國家庭發展走勢。雖然閩南地區早已形成了移民文化生態，但並非人人都能順利實現南下謀生定居。郭燕趁早期依靠表親蔡氏兄弟實現了南下謀生。到了一九五〇年代，郭燕趁告別了單身式地往返流動，其核心家庭成員實現了移民，最終在馬來西亞實現在地化發展。而郭燕趁的兒子郭奕炮，其想南下的時機正值冷戰時期，受馬來亞日趨嚴苛的入境政策與自身條件限制，郭奕炮夫婦南下之路受阻，就此留守家鄉。正如劉海銘（Haiming Liu）指出

家庭是可以分開、遷移的，但「家」是完整的，因為它代表了一種相互義務和文化價值觀。深植於中國家庭成員之間彼此的情感聯繫、倫理信仰、終生的義務，許多跨國家庭有能力適應物理空間上的分離，跨界進行經濟活動的擴展和適應社會。[158]郭燕趁從早期單人式往返到後來一家人的兩地維繫狀態，其家庭成員雖然在物理空間上分開，但一直緊密聯繫，「家」始終維繫在一起。

　　反觀郭燕柱一家卻未能實現跨國流動。郭燕柱原本在一九三七年就打算南下，但因為身體緣由拖延至一九三八年才行動，無奈在廈門等待船期時又遭遇了日軍攻佔廈門，最後只能打道回府，自此郭燕柱再未有南下。其子郭奕郎在一九五一年從馬來亞返回家鄉，因身體不適就在家調養，未能同叔叔郭燕趁再次南渡，不久後的一九五三年就在鄉過世。於是郭燕柱一脈就一直留守家鄉發展。由此可見，跨國家庭成員的流動經歷是受到時代環境、個人條件等多方面因素影響，從而改變了整個家庭的發展趨勢。

　　再是，不同層級家族彰顯各自的典範意義。表親蔡氏兄弟家族的發展，是典型成功移民的模式。他們從雜貨店打工到獨立經營雜貨店，再深耕某行業奠定事業根基，後來發展到了多元化產業跨區域的經營，隨之而來是社會地位的提升，蔡氏兄弟成為當地華社的領導層人物。蔡氏兄弟成為太平、霹靂州甚至是北馬地區的行業領軍人物和社會聞人，是東石海外移民的成功典範。

　　相比之下，郭燕趁家代表典型大多數普通跨國家庭。從郭燕趁的跨國流動歷程及生計收入、海外社團活動來看，無疑是受到了表親蔡氏兄弟的幫助和庇護。其社群連結並不如蔡氏兄弟那樣廣闊和多層

158 Haiming Liu, *The Transnational History of a Chinese Family: Immigrant Letters, Family Business, and Reverse Migration* (New Jersey: Rutgers University Press, 2005), p. 1.

次。其參與事務的地域大多是僅限在郭岑村和附近東石地區。但郭燕趁一家一門三代因人格信用和良好的聲譽實現了社會資本的代際傳承，三代人均介入到了親友、宗親及社區的事務之中。其實在僑鄉事務的跨國實踐中，大多是依靠郭家父子這類中間代理人具體推動著事務進程。郭家參照出的了僑鄉大多數的中小層人物，是他們推動著僑鄉具體的跨國實踐。

第三章
從《東方戰友》看抗戰時期在桂朝鮮革命者的越南認知及其變化

謝智敏

　　一九一〇年，日本通過日朝合併將朝鮮半島納入版圖，朝鮮半島名義上成為日本領土的一部分，眾多的朝鮮[1]志士流亡海外，在朝鮮本土、日本、中國、俄羅斯沿海洲、北美等地不斷地開展反日復國的朝鮮獨立運動（或稱韓國獨立運動）。一九一九年「三一」運動爆發，朝鮮人民掀起了一場聲勢浩大的民族解放運動以抗議日本帝國主義的殖民統治，但這一場席捲整個朝鮮半島的運動遭到日本殖民當局的血腥鎮壓，運動以失敗告終。「三一」運動雖然沒有實現民族獨立的願景，但刺激了更多不甘於亡國的朝鮮志士忍痛背井離鄉繼續為復國獨立而奮鬥。由於國土毗鄰、歷史文化相通，且同樣遭受日本野蠻侵略等原因，中國成為朝鮮人民海外反日獨立運動的主戰場，特別是「三一」運動之後，更是有大批的朝鮮反日人士到中國活動。

　　抗戰時期，以朝鮮民族革命黨為首的左派（亦稱為「民線」）和

1　朝鮮民主主義人民共和國（簡稱朝鮮）和大韓民國（簡稱韓國）在一九四八年先後建國之前，兩國的民族傳統及歷史文化具有統一性，國際上亦用「KOREA」指代南北分裂前的朝鮮半島，中國學界歷來也存在「韓國獨立運動」和「朝鮮獨立運動」混用的情況，為避免理解上的混亂和敘述統一，除特殊說明之外，文中的「朝鮮」指的是南北分裂前地理範疇的朝鮮半島，並統一敘述為「朝鮮獨立運動」。

以大韓民國臨時政府為首的右派（亦稱為「光線」）是當時關內[2]韓人獨立運動陣營中的兩支主要力量。「七七」事變爆發後，中國的抗戰局勢進一步緊張，再加上一九三二年上海「虹口公園爆炸案」的影響，為了逃避日軍的追捕、保存革命力量，當時駐紮在上海的韓國臨時政府以及在京滬一帶的朝鮮各革命團體撤離京滬而內遷。在武漢、廣州相繼失陷後，華東、華南一帶的各朝鮮獨立復國鬥爭勢力，隨中國各機關組織及民眾進一步輾轉內遷，「民線」和「光線」兩股韓人主要的革命勢力先後抵達廣西，即以金元鳳為中心的朝鮮義勇隊與以金九為中心的韓國臨時政府主體，兩股韓人革命力量同時在廣西繼續參與中國抗戰以及開展反日獨立運動。雖然寓桂時間最長的反日獨立運動勢力——朝鮮義勇隊於一九四○年年中將隊本部由桂林遷至重慶，但直至抗戰勝利之前，仍有韓人勢力不斷地活躍於八桂大地，繼續為中國抗戰和朝鮮獨立而奮戰著。

韓人在桂期間的活動狀態較此前有了較大的變化。兩股韓人革命勢力抵桂之時，國共已實現第二次合作，再加上內遷至大後方廣西的韓人得以從遷移的輾轉流離轉入稍事安穩，從而使得韓人的活動由此前半公開甚至秘密的狀態轉為公開的狀態。韓人在桂期間，正值中國進入抗日戰爭戰略相持階段、日本殖民政策進一步加壓以及新桂系蓄力建設發展廣西時期，受國民黨、中國共產黨、桂系多元政治力量的影響和制約，在此複雜局面下，韓人反日獨立運動的形式與內容出現了應時和應地的變化，呈現出較此前異常活躍的文化動向。在後方濃郁的抗戰文化氛圍中，特別是在被稱為「抗戰文化城」的桂林的加持下，在桂韓人通過創辦期刊雜誌、創作各類文學作品、排演戲劇、對敵宣傳等方式，積極開展各項文化活動，融入抗戰文化洪流中。此種

2　以山海關為界，山海關以南稱為關內地區，山海關以北稱為東北地區。

注重文化領域的活動，相較於此前只關注政治、軍事領域的舉措而言，使得在桂韓人在參與中國抗戰以及推進獨立運動中呈現出新的態勢，韓人在桂的文化活動亦成為了探析其獨立復國訴求和革命認知的特殊且重要的視窗。

　　《東方戰友》是朝鮮革命者在桂期間創辦及發行的重要刊物。是在桂韓人開展文化活動的重要平臺。中韓學界對《東方戰友》已有若干總括性的研究成果[3]，如中國大陸孫科志、徐一暢的〈中國境內韓國獨立運動的重要史料《東方戰友》〉、黃巧燕的〈《東方戰友》與在桂的韓國獨立運動者〉、金美蘭的〈李斗山在華創辦《東方戰友》及其宣傳活動考察〉等，主要圍繞《東方戰友》的情況、史料價值及其與李斗山的關係進行研究。復旦大學的孫科志教授將《東方戰友》一共三十一期（遺失第九期）的資料捐贈給檀國大學的韓詩俊教授後，該資料才被介紹到韓國國內，並收錄到《海外獨立運動史資料・三一》出版，隨之韓國學界有崔起榮的〈李斗山在中國的獨立運動〉、趙銀景的〈從《東方戰友》看李斗山的國際聯盟認識和活動〉等專門研究。《東方戰友》主要以報導中國抗戰局勢以及朝鮮、越南、印度、菲律賓、泰國等亞洲被壓迫民族及其解放運動為主，亦刊登了許多抗日文藝作品，由於其中關於朝鮮的內容占了相當部分，因此以往主要作為研究在華朝鮮獨立運動的史料而加以利用，當中大量介紹亞洲各民族及其解放運動的文章卻鮮少被關注，其對於瞭解亞洲各國民

3　詳細參見孫科志、徐一暢：〈中國境內韓國獨立運動的重要史料《東方戰友》〉，《韓國研究論叢》第21輯（2009年11月）；黃巧燕：〈《東方戰友》與在桂的韓國獨立運動者〉，《當代韓國》2010年春季號；金美蘭：〈李斗山在華創辦《東方戰友》及其宣傳活動考察〉，《延邊大學學報（社會科學版）》2016年第1期；（韓）崔起榮：〈李斗山在中國的獨立運動〉，《韓國近現代史研究（한국근현대사연구）》第42輯（2007年9月）；（韓）趙銀景：〈從《東方戰友》看李斗山的國際聯盟認識和活動〉，《韓國獨立運動史研究（한국독립운동사연구）》第37輯（2010年12月）等。

族解放運動狀況及相互關係亦具有研究價值。與此同時，中韓學者利用《東方戰友》中越南的相關報導，在釐清朝鮮義勇隊與越南的聯合關係及行動方面已有少數先驅性研究[4]，主要有廉仁鎬的〈朝鮮義勇軍（朝鮮獨立同盟）和越南獨立同盟〉和韓尚道的〈日帝侵略期韓國人的越南認知及現代意識：以殖民地狀況認知和反日意識為中心〉，但這些研究在對越南及其民族解放運動的認知方面尚有許多未盡之處。從這些「他者性」文本中，不僅可以從其對越南敘事的變化，窺視朝鮮革命者對越南獨立運動認知的發展過程，亦可探討越南及其民族解放運動在中國抗戰局勢變化下是如何被理解和宣傳的。

第一節　朝鮮革命者在廣西的際遇

在華開展獨立復國運動的韓人深受中國抗戰局勢、政治格局、經濟因素等影響。在一九三七年七月全面抗戰爆發後，面對敵強我弱、節節失利的情況，蔣介石於一九三七年十月在南京作了《國府遷渝與抗戰前途》的講話，對退守西南作出了全局部署[5]，十一月二十日，國民政府發布了《國民政府移駐重慶宣言》，通告中外決定即日起移駐重慶。國民政府的移駐，給當時的各類組織機構及廣大民眾引導了內遷的大方向。在華的關內韓人亦在中國整體部署的引導下，以及在自身革命活動進程的影響下逐步向中國腹地遷移。關內韓人於一九三八年秋內遷入桂受多種因素的影響，此中既有不得已而為之的客觀「被動」因素，亦有自我選擇的主觀「主動」因素。

4　詳細參見廉仁鎬：〈朝鮮義勇軍（朝鮮獨立同盟）和越南獨立同盟〉，《韓國近現代史研究（한국근현대사연구）》第42輯（2007年9月）；韓尚道：〈日帝侵略期韓國人的越南認知及現代意識：以殖民地狀況認知和反日意識為中心〉，《歷史學報》第201輯（2009年）。

5　重慶地方志總編室：《重慶大事記》（重慶：重慶出版社，1989年），頁157。

一　朝鮮革命者入桂的「被動」

日軍戰略的轉變以及廣西進入暫時穩定平和期的戰爭局勢，是朝鮮革命者入桂的主要客觀因素。「七七」事變後，日軍對中國開啟大規模的全面戰爭，至一九三八年十月相繼佔領廣州、武漢後，東北、華北、華東及西南沿海地區已基本為日軍所襲佔。此後，由於受中、日內部及外部諸多因素的影響，如中國的頑強抵抗、國共關係的變化以及日本反戰氛圍的高漲、戰線延長造成的經濟資源和兵源的枯竭等，且日軍主力在中國自北向南、自東向西的進攻後，則要逐漸脫離對日軍有利的平原和沿海地區而進入山巒起伏、易守難攻的內陸腹地，因此日本被迫對侵華方針和軍事戰略作出重大調整，開始施行「以華制華」和「以戰養戰」策略，拋出「善鄰友好、共同防共、經濟提攜」的對華三原則[6]，新的侵華方針和軍事策略意味著「速戰速決」的破產，抗日戰爭進入了戰略相持階段。基於此，日本對中國急促的軍事侵略腳步暫時放緩。

從當時廣西周邊的戰爭形勢來看，雖直面日軍在廣東、海南、甚至直抵桂南的威脅，卻也暫時形成一個具有柔性「邊界」的、相對安穩的後方區域。日軍於一九三八年十月佔領武漢、廣州後停滯在粵漢線上桂北方向的湖南岳州一帶，在桂東方向的廣州日軍亦處於暫時靜止的狀態。在桂南方向，一九三九年二月海南淪陷後，日軍曾一度威脅至北海，但只是企圖讓法國停止將軍火由越南運至中國的一種威脅手段，從而配合德國以牽制英法對德義的外交，因而日軍對潿洲島只是佯攻和試探。除了佯攻北海之外，日軍為切斷桂南國際補給線，於

6　一九三八年底，近衛文麿發表第二次聲明，提出對華三原則，亦稱近衛三原則，提出建立東亞新秩序，表示在該原則的基礎上，中日兩國可恢復和平，日軍撤出除華北以外的其他地區，華北名義上仍屬於中國。

一九三九年年末入侵了桂南並佔領了南寧及其外圍的戰略要地崑崙關，為入侵越南及切斷中國軍隊的對外通道，於一九四○年六月佔領龍州並在中越邊境侵擾，十一月從鎮南關撤至越南諒山。日軍雖盤踞桂南一年之久，但由於中國軍民的殊死搏鬥，戰火沒有向北蔓延。桂西、西北方向則為陪都重慶的屏障雲貴川。因而廣西處於面臨著前線的後方區域，直至一九四四年九月日本為打通大陸交通線而發動桂柳會戰並於十一月相繼佔領柳州、桂林、南寧後，這一相對穩定的「邊界」才被打破。

　　廣西這將近六年的相對穩定期，與驕狂的日軍在桂北、東、南側的「剎車」有關，這與日本內部兵力、糧食、資源等這些支撐戰爭機器運轉的動力面臨崩潰密切相關。首先，日軍兵力不敷分配是廣西得以暫時安穩的原因之一。廣州失陷後，日本已向中國戰場投入了近百萬的軍隊，並付出了近四十五萬人傷亡的代價，兵力已十分緊張，在一九三九年二月佔領海南後，日軍佔據了從朝鮮半島、中國東北地區至華東、華中、西南沿海及臺灣、海南一線地區，遼闊的作戰空間以及戰爭耗損使日本感到兵力嚴重不足，兵力的不敷分配是日軍在廣州、岳州一帶暫時停滯的重要原因。兵源緊張的狀況從日本在朝鮮本土施行兵力動員的視角可窺之一二。「九一八」事變爆發後的第二年，駐朝鮮日軍內部即開始討論朝鮮兵力的動員問題，一九三七年六月，日本陸軍省向駐朝鮮日軍提出了動員朝鮮兵力的意見，一九三八年二月二十二日頒布了《陸軍特別志願兵令》並從四月三日開始實行志願兵制度，在「皇民化」民族扼殺政策的灌輸下，日本鼓吹「內鮮一體」，以日本和朝鮮是同一民族為根據，要求朝鮮人「在大和民族遭到空前危期，『半島人』[7]也應該不分彼此為著日本之命運而共同負

7　「半島人」本身就是一種以地理性代替民族性的稱謂。

義務」[8]，從而鼓動朝鮮人參加戰爭，使朝鮮人成為日本戰爭的消耗品。在朝鮮連續出臺並強制施行的一系列兵力動員政策，顯示了日本急需補充兵源的心態，從志願兵令到徵兵制的施行和逐年驟增的兵員數量，亦反映出日本為鞏固海外佔領區和妄圖繼續擴大侵略戰爭而捉襟見肘的兵力狀況。

　　其次，日本日趨嚴重的經濟問題也是其狂妄的軍事計劃被粉碎的原因之一，日本深陷於中國戰場中，不斷被猶如無底深淵的中國戰場吞噬著國力。由於戰爭消耗的劇增，日軍作戰物資的生產和補給難以為繼，日本自一九三七年十月起發動「中國事變第一次軍需動員」，半年後又追加實施第二次軍需動員計劃，但依然填補不了前線消耗和後方生產之間持續擴大的缺口。此時，侵華日軍的步槍和炮彈都已不敷使用，只能將學校軍訓用的槍支也悉數回收裝備軍隊。除了軍需用品之外，糧食供給亦出現重大危機，尤其是一九三九年朝鮮大旱災的發生使危機更甚，朝鮮米穀產量的銳減在日本糧食告急中扮演著關鍵性的角色。朝鮮農業產物的大宗是稻米，「日韓合併」之後成為日本糧米的主要來源地，被視為日本「本部」的「糧倉」。日本為了穩定朝鮮大米的供應，在經歷了一九一八年大規模的大米騷亂之後，於一九二〇年開始在朝鮮實施產糧增殖計劃[9]，一九三七年全面侵華之前，日本已在朝鮮開展了兩次增糧計劃，雖通過土地改良、品種改良等措施使得朝鮮大米產量增加，但由於戰爭消耗、資金不足、世界經濟大蕭條等原因仍然產生了農業恐慌，隨著米價暴跌、日本國內地主

8　韓志成：〈朝鮮「志願兵」問題〉，《朝鮮義勇隊》第34期（1940年5月15日），頁9。

9　產米增殖計劃是日本帝國主義以「在殖民地朝鮮增產大米，解決日本國內糧食問題」為目的而實施的政策。自二十世紀二〇年代以來共實施了三次，第一次計劃是一九二〇至一九二五年實施的「產米增殖計劃」，第二次計劃是一九二六至一九三四年實施的「產米增殖更新計劃」，第三次計劃是一九四〇至一九四五年實施的「朝鮮增米計劃」。總括起來一般稱為「產米增殖計劃」。

排斥朝鮮大米運動的開展，第二次產糧增殖計劃於一九三四年被迫中斷，此後日本國內的米供給尚可維持，直至全面侵華戰爭進入相持階段之後，米糧供給這一較為穩定的局面被打破。[10]特別是一九三九年朝鮮大旱災之後，在欠收的情況下為完成輸出量，更多的朝鮮人飽受饑餓之苦。日本一些機構甚至以物資匱乏、糧食缺乏為由，提議施行「朝食禁止令」，禁止一般民眾吃早餐。[11]對朝鮮民眾變本加厲的壓榨，可看出日本糧食危機的存在以及在對華戰爭進入相持階段後糧食供給的短缺加劇。糧食供給危機使得日本在中國「以戰養戰」的戰略難以為繼，對「束縛」日本對中國腹地進一步的侵略步伐有著重要影響。

再者，日本戰略方向的轉移及其對華政策的轉變，亦能使廣西維持一段時間內的相對平和。自廣州、武漢淪陷後，日本在中國大陸戰場無法像此前一樣快速的進擊。日軍除了一九三九年先後佔領海南、南昌、汕頭以及一九四一年四月佔領寧波之外，直至一九四四年日本為了打通大陸交通線而啟動「大陸一號」作戰計劃發起豫湘桂戰役，此期間其並沒有再向中國腹地開拓新的佔領區。在中國戰場上進入相持階段時，日本戰略方向轉向了東南亞和太平洋戰場。一九四一年十二月，日本分兵幾路入侵香港、馬來西亞、菲律賓、印尼、泰國和緬

---

10 日本一九三四年米穀生產量七萬零八百二十九千石，消費七萬六千七百五十四千石；一九三五年生產五萬一千八百四十千石，消費七萬零五百三十八千石；一九三六年生產五萬七千四百五十七千石，消費七萬三千零四十千石。見李力庸：〈日本帝國殖民地的戰時糧食統制體制：臺灣與朝鮮的比較研究（1937-1945）〉，《臺灣史研究》第16卷2期（2009年6月），頁67。一九三八年時日本本土的米穀自給率是百分之九九點六，朝鮮、臺灣皆超過百分之百，越南百分之一百二十，滿洲國為百分之八十九，東亞共榮圈內米穀的自給率為百分之一百零六。因而全面侵華戰爭初期，日本對米穀調節仍具信心（頁66）。朝鮮年均輸入日本的米穀量為一萬千石上下，基本能保障日本的米穀調劑。

11 〈資料室〉，《東方戰友》第20期（1940年8月15日），頁4。

甸等地，在入侵東南亞的同時偷襲美國駐夏威夷珍珠港的太平洋艦隊，引發太平洋戰爭，次年五月新加坡棄守，日本接著先後侵佔新幾內亞、所羅門群島等戰略要地，最終用半年的時間快速地征服了東南亞和西南太平洋地區。這一系列的軍事行動，表明日本此時的經略重點在於「南進」。相較於「南進」推進的速度，日本在中國戰場上則陷入了戰爭的泥沼中。一九三八年十一月，日本發表了「第二次近衛聲明」，對國民黨以「合作」、「提攜」、「互助」等名義展開政治誘降。次月，日本陸軍省、參謀本部確定了《一九三八年秋季以後對華處理方策》，日本的對華政策由「速戰速決」轉變為「以華制華」和「以戰養戰」。在新的侵華方針和軍事戰略的指導下，侵華日軍開始重新部署，其將主要兵力用於對付共產黨領導的敵後抗日根據地。[12]

　　此戰略方向及對華政策的轉變與中國內部武裝力量的發展變化密切相關。一九三八年秋，在日本自東北、華北、華中至廣東的戰線側翼和後方，中國共產黨領導的抗日根據地和游擊區遍布各地，並廣泛開展抗日游擊戰爭。至一九三八年底，八路軍、新四軍已發展到近二十萬人，根據地和游擊區的總人口達到五千多萬人，形成了廣闊的敵後戰場。敵後戰場的發展，使得日軍在遼闊的作戰空間中不得不同時面對前後兩個戰場夾擊，此種態勢嚴重地制約了日軍，迫使其在中國戰場上顧此失彼、疲於奔命，不得不把有限的兵力放在城市和主要交通線的狹小地區以鞏固佔領區，從而騰出更多的兵力用於敵後戰場。日軍此番在中國戰場上的「蓄力」直至一九四四年啟動「大陸一號」作戰計劃、發動豫湘桂戰役，才再次大規模地向中國內陸地區推進，

---

12 侵華日軍在一九三九年底完成了新的部署：在總兵力二十四個師團、二十個旅團和一個騎兵集團中，用於正面戰場的有十一個師團、四個旅團；用於敵後戰場的有十三個師團、十六個旅團和一個騎兵集團，其中，僅在敵後抗日游擊戰爭最活躍的華北地區，日軍就部署了一個方面軍所屬的十個師團、十一個旅團和一個騎兵集團。

廣西成為抗日戰爭當中最後失守的省份，結束了其將近六年的相對穩定平和期。當然，相對穩定平和並不意味著完全無戰事，柳州、桂林等重要城市時常遭到日軍的空襲侵擾，桂南地區在此期間亦遭日軍一段時間的軍事佔領，所謂的穩定平和只是相對於前線和淪陷區的戰亂動盪而言。因而，廣西在當時暫時形成一個具有柔性「邊界」的抗戰大後方區域，在一段時間內得以維持相對的穩定平和，這是中國民眾以及在華韓人內遷入桂、寓桂的時勢原因。

二　朝鮮革命者入桂的「主動」

如果說戰爭局勢和日軍戰略的轉變及廣西周邊的時勢是韓人入桂的推力，那麼廣西在上個世紀三十年代良好的發展態勢和建設成就，就是在華韓人選擇入桂、寓桂的拉力。抗戰時期，廣西一度繁榮形成了對人口移動的引力，此時廣西的社會經濟建設發展體現在諸多方面，以下主要闡述與韓人入桂、寓桂相關聯的因素。

一是政治開明。廣西在上個世紀三、四十年代一直處在新桂系的主政之下而相對獨立，因而，這一時期廣西具有柔性「邊界」，不僅是指戰爭局勢方面與周邊地區相較之下的穩定平和，同時還含有政治相對獨立的意義。一九三一年七月，黃旭初就任廣西省政府主席，廣西自此開始了由李宗仁、白崇禧、黃旭初為領導核心的新桂系集團的長期主政時期。新桂系權力中心長期穩定且極力維持廣西半獨立的狀態，因而在廣西形成了新桂系、國民黨、共產黨等政治力量多元共生、互相牽制的頗具廣西「風格」的政治格局，使廣西在政治上維持著長期穩定且相對獨立，並有著較為開放民主的政治氛圍，為各方勢力的活動提供了空間。

二是經濟保障。在全面抗戰開始前，新桂系已著力建設並發展廣

西。一九三一年新桂系政權穩定後，提出了「建設廣西、復興中國」的口號，從一九三一年秋即開始著手整頓廣西的政治、經濟、軍事、文教等各項事務，並在廣西推行「三自（自衛、自治、自給）三寓（寓兵於團、寓將於學、寓征於募）」政策。一九三二年公布廣西建設總方案，施政方針及計劃的要旨在於「統一政令，澄清政風，整頓行政系統，安定社會秩序，恢復社會生產，重振廣西教育，藉以排除障礙，奠定建設基礎」[13]，一九三五年正式頒布實施《廣西建設綱領》，其規定了廣西各項建設的具體方針，李宗仁評價「這一綱領當時便成為廣西『根本大法』」[14]。經一九三一至一九三六年這段時間的發展，全面抗戰爆發前廣西的各項發展與舊桂系時代相比是有所進步的。因此不斷的有社會名流、學者等受邀到廣西參觀訪問，國際聯盟組織亦慕名前來參觀，這些人士看到廣西所呈現出來的面貌確與其他各省有所不同，於是頗為讚賞並把廣西譽為「模範省」。[15]

　　三是群體聚集。抗戰進入戰略相持階段後，在國民政府退守西南移駐重慶的政策導向下，作為抗戰大後方的西南諸省成為大量民眾為保生計而遷移的重要目的地。廣州淪陷後，廣西主要承接了廣東方向遷移而來的民眾和機構，這些群體進入桂南、桂東南等地區後或寓柳或經柳州北上而至桂林。同時，桂林有湘桂線、黔桂線以及桂越國際公路的通過，是當時內遷入川渝最主要的中轉站，因而，桂林成為當時聯結華東、華南、西南的重要交通樞紐。比起深處西南腹地的重

---

13 廣西省政府十年建設編纂委員會編印：《桂政紀實‧上》（南寧：廣西省政府十年建設編纂委員會，1940年），頁19。

14 李宗仁口述，唐德剛撰寫：《李宗仁回憶錄（上）》（南寧：廣西人民出版社，1998年），頁450。

15 周克邦：〈廣西「模範省」之稱的由來〉，中國人民政治協商會議、南寧市委員會文史資料研究委員會：《南寧文史資料1987年第3輯》（南寧：政協廣西壯族自治區南寧市委員會文史資料研究委員會，1987年），頁49。

慶，交通便利且進退頗有迴旋餘地的桂林是眾多來自淪陷區民眾的選擇，他們出於自身安危和經濟能力的考慮，不願遠赴重慶而選擇駐足桂林。[16]桂林是廣西當時外來人口聚居最為集中的地區，且桂林的外來人口數佔到了桂林總人口數的三分之二。[17]桂林抗戰「文化城」的形成，正是由於人口聚集所帶來的群體文化效應。桂林外來人口規模龐大、成分複雜，其中各類文化名人數以千計，有作家、戲劇工作者、音樂家、畫家、科學家及學者教授等等，當中聞名全國的有近兩百名，文學、藝術方面的知名人士數量最多，諸如郭沫若、茅盾、巴金、艾青、歐陽予倩、曹禺、端木蕻良、豐子愷等等，這些文化名人構成了桂林文化發展繁榮的中堅力量。這些文化名人在桂林開展各種形式的文化活動，如舉辦座談會、朗誦會、講習班等，舉行演唱會、演奏會、街頭畫展以及展演戲劇，著書立說，針砭時弊，為國民建言獻策，營造出濃厚且活躍的文化氛圍。除了這些文化名人之外，當時還有大專院校、報刊雜誌社、新聞通訊社等各種文化團體、機構紛紛奔赴桂林或在桂林成立分屬機構，這些文化團體、機構與匯聚的各路文化名人一道，共同形成了桂林在國統區內一時無兩的文化效應，發達的文化事業使得桂林在一九三八年冬至一九四四年九月湘桂大撤退期間被譽為抗戰「文化城」，成為抗戰大後方的文化中心。

在華韓人內遷入桂的緣由雖然以客觀因素為主導，但同時也是在華韓人基於獨立復國運動進程的考量而作出的主觀抉擇。隨著中國部署退守西南，在南京、上海一帶的韓人各革命團體亦隨著中國的難民群體向內地逐步轉移。由於金九一派相較於金若山一派而言對於國民

16 黃家城、陳雄章主編：《交通與歷史橫向發展變遷》（北京：人民交通出版社，2000年），頁520。

17 常雲平、黎程：〈抗戰時期廣西人口變遷及其對社會的影響〉，《重慶師範大學學報（哲學社會科學版）》2007年第1期，頁42。

黨中央有著更密切的依存關係[18]，因而內遷途中受國民黨安排和照拂。在張治中的接應下，臨時政府要員及其家屬於一九三七年十一月遷移至長沙，後因戰事蔓延，在吳鐵城的安排下於一九三八年十月遷移至廣州，短暫停留後又因廣州局勢緊迫，金九與曹成煥、羅泰燮一道經長沙、貴陽至重慶商談臨時政府遷渝之事，臨時政府其餘人員在吳鐵城的幫助下由廣州經佛山、梧州等地，最終於十月底抵達柳州。

在臨時政府及「光線」西遷長沙之時，左派團體則西上往湖北方向。部分朝鮮左翼人士由南京轉抵武漢，「朝鮮義勇隊」於一九三八年十月十日在武漢正式成立。此時，武漢已戰事告急，他們亟需決定接下來的容身之處。早在湖北江陵時，金若山即與朝鮮民族革命黨中央幹部在一九三八年五月的第三次全黨代表大會上通過了「進軍東北」的路線。東北是韓僑的集中地，因靠近朝鮮本土，素來是朝鮮革命者在海外的運動中心之一，從朝鮮民族戰線聯盟的綱領中亦可體現這一取向，其「鬥爭綱領」明確了要「在東北參加抗日反滿鬥爭」[19]。但到了武漢之後，朝鮮民族革命黨的領導層對「進軍東北」這一決定產生了動搖。崔鳳春先生認為金若山不贊成執行「進軍東北」最重要的原因是擔心財政無法得到支援，因為主力部隊一旦進入東北，則脫離了國民政府的管轄範圍，儘管可以獨立活動，但財政支援無法得到保證。[20]對於依賴中國政府財政援助的韓人革命團體來說，這一從財政角度的分析不無道理。倘若艱難組建起來的武裝力量與國民政府相背而行，二者分處中國大陸的東北和西南兩端，對於主要依賴中國政

---

18 胡春惠：《韓國獨立運動在中國》（臺北：中華民國史料研究中心，1976年），頁85。

19 《朝鮮民族戰線聯盟綱領》，金奎光：《朝鮮民族統一戰線問題》（重慶：新朝鮮社，1940年），頁53-55。

20 崔鳳春：〈朝鮮義勇隊的創建和活動補遺〉，《韓國獨立運動史研究（한국독립운동사연구）》2005年第25輯，頁229。

府援助且極度需要物力與財力支援的韓人武裝部隊來說，這會是十分冒險的抉擇。因此，在朝鮮義勇隊甫一成立就面臨武漢告急的情勢下，不貿然進軍東北而選擇南下以保存主幹力量實為權宜之計。正如義勇隊隊員嬌漢治在回憶朝鮮義勇隊成立一周年以來的歷程時所言，朝鮮義勇隊隊本部之所以選擇南下撤退至後方，是「以策義勇隊中樞組織的安全」。[21]最終，朝鮮義勇隊於一九三八年秋陸續遷移至桂林。

三　入桂朝鮮革命者的概況

　　朝鮮革命者進入廣西後，由於抗日戰爭局勢的變化以及廣西尤其是桂林政治、經濟、文化等方面的影響，入桂朝鮮革命者由此前輾轉奔波轉為平和安穩的境況。韓人群體寓桂時間主要集中在一九三八年秋後到廣西淪陷之前，入桂的群體是當時韓人革命組織的兩大主要勢力，一是以金九為首的韓國臨時政府要員及其家屬，約一百二十餘人，分兩撥先後從廣州到達柳州，另一是以金若山為首的朝鮮義勇隊，其在武漢淪陷前夕分批陸續抵達桂林。韓國臨時政府駐柳時期是其「遷移時期」的最後階段[22]，是由避難轉為公開活動的開始，其後便遷往綦江而進入「重慶時期」的穩定狀態。抵柳後不久，臨時政府在中國方面的幫助下，在廖磊公館設立辦事處對外開展工作，在李東

21　嬌漢治：〈紀念雙十節與朝鮮義勇隊誕生〉，《朝鮮義勇隊通訊》第25、26、27期合刊（1939年10月10日），頁5。

22　大陸學界一般將韓國臨時政府由上海遷出至綦江這段歷程稱為臨時政府的「遷移時期」，由綦江到重慶稱為「重慶時期」。臺灣學者胡春惠將「虹口公園爆炸事件」後韓國臨時政府由上海遷出至重慶的過程分為三個階段，由上海到南京是第一階段，由南京到廣州是第二階段，由廣州到重慶是第三階段。見胡春惠：《韓國獨立運動在中國》，頁82。無論是哪一種分期，韓國臨時政府駐柳期間，均是「遷移」向「穩定」過渡的最後階段。

寧、李始榮、趙琬九、車利錫、宋秉祚、池青天等人的運作下很快步
入了正軌，既與遠在重慶的金九保持聯繫，又與當時在桂林的韓國獨
立運動另一重要力量——朝鮮義勇隊取得聯絡。臨時政府的其他人員
為了能有組織地參加抗日宣傳活動，於一九三九年二月中旬成立了韓
國光復陣線青年工作隊，工作隊一共有六十八名成員，隊員絕大部分
為臨時政府要員之親屬。該工作隊是在柳州及桂南一帶進行文化宣傳
活動的主體，在當地與各機構團體一道組織開展了一系列活動，特別
是在抗戰文化和宣傳活動方面，效果顯著。因而，韓國臨時政府駐柳
時期是其遷移時期中唯一的穩定、公開並與當地民眾共同開展抗日救
亡活動的時期。

　　朝鮮義勇隊寓桂期間，是其自成立後第一次長時段、廣範圍地進
行活動的階段。其一九三八年十月在武漢成立後不久即內遷，在長
沙、衡陽短暫停留，抵達桂林後才得以穩定並開展活動，此時正值桂
林「文化城」時期，各項文化事業蓬勃發展，朝鮮義勇隊亦投身於各
式文化活動中。朝鮮義勇隊分隊本部和支隊部兩部分，隊本部常駐桂
林，各支隊利用桂林的居住及交通條件以桂林為訓練地和流轉地而往
來於各戰區之間，且不斷有新隊員補充進各支隊，因此支隊部的流動
性和隊員的頻繁變化，在戰時環境下使得義勇隊人數缺乏精確的統
計，只能從個別資料中看到大概情況，其成立之初為九十人，經過一
兩年的發展，隊員發展為一百二十至一百四十名左右，一九四○年
初，僅部署到一線地區活動的支隊部隊員數就至少在二百名以上[23]。

　　與此同時，韓國獨立運動革命家李斗山在一九三八年十月末由廣
州撤離至梧州，並在梧州創辦了期刊《東方戰友》，其後，李斗山與

23　參見金榮範：〈朝鮮義勇隊研究〉，《韓國獨立運動史研究（한국독립운동사연구）》第
　　2輯（1988年11月），頁19。

在桂林的朝鮮義勇隊取得聯繫並加入該隊，直至一九四二年仍在桂林堅持發行《東方戰友》，該刊成為當時在廣西存續時間最長的韓人期刊，同時也成為了在桂韓人開展文化活動的重要平臺。

四　朝鮮革命者在桂的文化活動

韓人在桂時期是其由持續轉移向基本穩定的過渡時期，相對安定平和的戰時環境為韓人開展文化活動提供了保障，大後方濃郁的抗戰文化氛圍和各式高漲的文化活動亦刺激著韓人在桂文化活動的開展，並為此提供了條件。相較於中國東北、中朝俄邊境一帶、朝鮮半島、日本、美洲等其他地區的反日復國運動的情況，在桂韓人革命活動整體呈現出以文化活動為主的區域性特點。

韓國臨時政府駐柳時期是其由避難轉為公開活動的開始，也是其遷移時期中唯一的穩定、公開並與當地民眾共同開展抗日救亡活動的時期，特別是韓國光復陣線青年工作隊的成立和活動，可以說是臨時政府在中國融入並踐行全民抗戰的開始。這些以抗戰宣傳和革命運動為專職的韓人，除了一些專職黨務、政務工作的人員之外，大多數成員在桂期間最主要的事務就是開展文化或文藝活動，因此日常多數時間以製作宣傳材料、街頭宣傳、文藝排練等為主。據當時柳州的民眾回憶，位於柳州市河北中心城區的柳侯公園是當時各抗戰團體經常舉行聚會和排練演出節目的地方，韓國臨時政府的青年們大多居住在柳侯公園附近，因此常常到公園裡的柳侯祠、柑香亭、羅池邊或思柳軒等地聚會和舉行活動並觀看其他團體的排練。[24]在當時柳州高漲的抗

---

24 中共廣西柳州市委員會宣傳部、廣西壯族自治區柳州市文化局編：《大韓民國臨時政府在柳州》（南寧：廣西人民出版社，2005年），頁45-47。

戰文化氛圍影響下，決心組建韓國光復陣線青年工作隊這一支抗戰隊
伍。工作隊平時經常排練，據隊員池復榮的回憶，當時柳州救亡歌詠
團團長、著名的音樂指揮家廖行健經常來工作隊指揮並教唱中國抗戰
歌曲，「平時工作隊的人員都分散住在各個地方，有事了，只要通
知，大家又集中起來」[25]。隊員申順浩也憶起當年的排練生活：「每次
集中練歌，都有人到家來叫，都到公園的空地去練習」，「那時很忙，
練習合唱、演出。本來演三天的，後來地方要求再演幾天，就演出了
一個禮拜」。[26]朝鮮義勇隊寓桂期間，是其自成立後第一次長時段、廣
範圍地進行活動的階段，由於此時正值桂林文化事業興起並繁盛的時
期，因此在這種氛圍和條件的浸染和保障下，朝鮮義勇隊在桂林期間
的活動以文化活動為主，尤其是文藝、文學等方面的活動，如民族戲
劇的創作及排演，小說、散文、詩歌等文學作品的創作和發表，民族
歌曲的演唱與宣傳，中國各類抗戰文化活動的參與等等，其規模和效
應更甚寓柳的臨時政府革命團體，同時亦為其此後遷移至重慶、延安
等地開展活動奠定了基礎。

　　在此當中，在桂朝鮮革命者在文學領域的成就頗為亮眼。在朝鮮
民族光復祖國的鬥爭中，文學成為反日救亡的有力工具。在抗日復國
的時代背景下，在華韓人特別是關內韓人，因應革命宣傳之需，各式
革命文學文本成為朝鮮民族表達和宣傳民族意識的特殊場域。對於在
華韓人而言，國家滅亡的哀痛、民族被壓迫的憤怒和流亡生活的壓抑
在現實中無法釋放，文學場域為這些情緒的釋放提供了一個相對自由
的空間，這裡成為韓人的精神棲居地，韓人在這個空間中發揮再造現

25　中共廣西柳州市委員會宣傳部、廣西壯族自治區柳州市文化局編：《大韓民國臨時
　　政府在柳州》，頁49-50。

26　中共廣西柳州市委員會宣傳部、廣西壯族自治區柳州市文化局編：《大韓民國臨時
　　政府在柳州》，頁50。

實的想像力，文學空間蘊含著他們獨特的社會訴求和國家想像，從而使他人有了在這一空間中窺探其民族情感和民族意識的可能。

　　入桂的韓人浸潤在大後方抗日救亡文化浪潮中，特別是桂林抗戰「文化城」的氛圍為在桂朝鮮革命者的文化活動打入「強心劑」。文學活動的興盛即是「桂林文化城」的顯著特徵之一。一九三七年七月之後，北平、上海相繼淪陷，內地作家紛紛南遷，尤其是一九三八年十月武漢、廣州淪陷後，桂林、香港短時間內由中國文壇的「沙漠」遽變為「綠洲」。外來作家群的湧入、文學社團的活躍、各類文學刊物書籍的競生，使得桂林成為抗戰後方「現象級」的文學堡壘，形成了抗日戰爭時期盛極一時的文學奇觀。興盛一時的桂林文學活動是桂林文化城時期的重要表徵之一，桂林所營造的文學氛圍以及相對優越的出版發行條件，為韓人在文學領域的「發聲」及其傳播搭建了平臺，在「現實主義」觀照下的文學語境以及桂林曇花一現的文化城的歷史語境中，在桂韓人構建起了一個屬於自己的文學場域並在其中進行朝鮮書寫，讓受眾置於其中聽到「朝鮮聲音」，韓人期刊就成為了在桂朝鮮革命者發出「朝鮮聲音」的重要平臺。

第二節　李斗山及其創辦的《東方戰友》

　　李斗山為在桂開展反日獨立運動的朝鮮革命者之一。時任朝鮮民族革命黨中央委員、其後加入了朝鮮義勇隊的李斗山在廣西創辦了《東方戰友》，《東方戰友》與朝鮮義勇隊機關刊物《朝鮮義勇隊通訊》（後改名為《義勇隊通訊》）是當時在廣西發行的主要的兩部韓人期刊。此外，韓人在桂期間還創辦有《戰鼓》、《東方文壇》等副刊，但這些刊物無論是在規模和存續時間上，還是在影響力上，都遠不及前兩部主要的刊物。《東方戰友》刊登有大量的文學、文藝作品，文

體多元，相較於機關刊物，其風格更偏文藝向，從內容上看，該期刊除了主要報導中國抗戰局勢之外，還刊登了大量關於朝鮮、越南、印度、菲律賓、泰國等亞洲被壓迫民族及其解放運動的文章，內容豐富，且該期刊發行時間貫穿整個韓人寓桂時期，因此，《東方戰友》是考察韓人在桂期間文化活動的代表性刊物。基於此，下文對於朝鮮革命者在桂期間的文化活動以及通過這些文化活動所展現出來的對其他民族革命認知的討論，將圍繞著李斗山在廣西創辦的韓人期刊《東方戰友》展開。

一　李斗山在文化領域內的革命經歷

李斗山是在韓人文化活動中頗為活躍的代表性人物，這與他的成長軌跡及其革命經歷密切相關。李斗山於一八九六年六月生於朝鮮慶尚北道的大邱，本名為李賢壽，一九三〇年前後開始以「李斗山」為名，一九四〇年後同時用著「李斗山」和「李顯洙」兩個名字，為了隱匿身份以便於開展革命活動，李斗山還有著諸多異名，如李三光、李一淨、李宇峰、莊一峰、金恒、黃信國等[27]，被中國所熟知的主要是「李斗山」一名。李斗山從一九一〇年直至朝鮮光復一直致力於獨立運動，其一九一七年九月進入中國，此後往返於中朝各地之間開展活動。李斗山在革命活動期間常身居要職，具有豐富的革命鬥爭經驗。其在華期間輾轉各地，先後在上海、香港、廈門、廣東、南京、廣西、重慶等地開展反日復國運動，相繼在大韓民國臨時政府、韓國獨立黨、民族革命黨、朝鮮義勇隊、韓國光復軍等組織機構中活動，歷任大韓民國臨時政府法務次長、內務次長、光復軍政訓處長等職，

27　（韓）崔起榮：〈李斗山在中國的獨立運動〉，頁124。

朝鮮光復後任朝鮮大眾黨黨首及東方文化協進社社長。此外，李斗山還具有較為紮實的文字功底和辦刊經驗。其早年就讀於上海士官學校、廈門大學英文科等，李斗山熟悉中文，並用中文著書多部，同時熟知日文、英文等多種語言，其擅長文筆，留下了不少文學作品。從二十世紀三十年代後期開始，李斗山就參加了左派的活動，而且比起武裝活動和組織活動，李斗山在文筆和宣傳活動中更展露鋒芒。其入桂前在廣東期間就主持過《韓聲》，該刊是韓國獨立黨廣東支部的機關刊物，在目前已知的四期當中，李斗山在此刊上發表過九篇文章，積極為反日獨立運動做宣傳。《韓聲》休刊之後，李斗山在此後創辦的《東方戰友》中發表了數量更多的文章，現存三十二期的署名文章中有六十餘篇為李斗山所作。由於李斗山以自己主持的刊物為平臺積極發聲，被認為是「二十世紀三〇年代以後獨立運動界的代表性評論員」[28]。

為繼續開展宣傳工作，李斗山在《韓聲》之後積極籌辦《東方戰友》。在廣州陷落之前，李斗山已為創辦《東方戰友》做好了文稿準備工作，因廣州失陷而使得出版發行計劃被迫延後。[29]此時，關內各朝鮮獨立復國鬥爭勢力因武漢、廣州相繼失陷而輾轉內遷，李斗山亦於一九三八年十月末從廣州撤至廣西梧州，並在撤出時攜帶著大量文稿，為創刊奠定了堅實基礎。經一段時間的籌備後，最終於一九三九年一月在廣西梧州創辦了《東方戰友》，李斗山任主編，陳情任編輯，由東方戰友社出版發行。不久後編輯社由梧州遷至桂林繼續出版，至一九四二年四月停刊共發行了三十二期，其中，第九期目前缺失，個別期缺數頁或部分無法判讀，第三十二期僅存二頁。該刊每一

---

28 （韓）崔起榮：〈李斗山在中國的獨立運動〉，頁123。

29 李斗山：〈憶（十一）參加中國抗戰（續完）〉，《東方戰友》第13期（1940年1月15日），頁13。

期大部分都贈送給前線官兵，餘下的部分則交給桂林各書店代售。從目前僅存的資料看，《東方戰友》第十期時編輯部移至桂林杉湖北側的榕城路三十一號，為躲避空襲，第十一期時東方戰友社又搬遷至城外一江之隔的施家園，直至第三十一期出版發行均在此地。李斗山將社址遷至桂林，是因為朝鮮義勇隊總隊長金若山的建議[30]，與此同時，桂林自由的政治文化氣氛也是重要的影響因素之一。

二　《東方戰友》的創刊契機

　　《東方戰友》臨創刊之時，聯合抗日的鼓動和宣傳非常緊迫。李斗山從一九一〇年直至朝鮮光復，一直致力於獨立運動。二十年代時，李斗山在上海和朝鮮堅持以義烈鬥爭的方式開展支援韓國臨時政府的活動。一九二八年，李斗山攜長子李正浩遷至福建廈門，寄宿在廈門大學學生金仁洙的宿舍，並且在廈門大學進行短暫學習，在朝鮮有其廈門大學英語系畢業的記載[31]。有學者認為，李斗山從上海移居廈門不是單純以修學為目的，更多的可能是他想通過經營人參來解決經濟問題，因為他不止在廈門、廣東、香港等地經營大量人參生意，還往泰國等地販賣人參。[32]朝鮮在華獨立運動一直面臨著經費短缺的危機，經營人參生意既為獨立運動的開展籌集資金，亦可結交廣泛的人脈關係。同時，李斗山一直從事並重視宣傳工作。一九三二年十一月，李斗山在廣東創辦了韓國獨立黨廣東支部的機關刊物《韓聲》，雖然在半年的時間裡一共只發行了四期，但在此時李斗山已對宣傳工作的地位和作用有了清晰的認知，他在《韓聲》的發刊詞中寫道：

30　〈信箱〉，《東方戰友》第6期（1939年4月1日），頁13。

31　朝鮮通信社：《朝鮮年鑑・1948年版》（首爾：驪江出版社，1983年），頁463。

32　（韓）崔起榮：〈李斗山在中國的獨立運動〉，頁129。

「我們在這最後鬥爭的戰線，鼓吹革命意識，喚起熱血民眾，聯合弱小友邦，使萬夫齊奮，共赴殺敵，期達最後勝利，就是我們當面的重大工作和義務。這樣的工作，須先把宣傳的力量，來要激起民眾而實現的；質言之，這宣傳的工作是革命線上最要緊的急務。」[33]這一創刊主旨與《東方戰友》是一脈相承的。

聯合抗日的鼓動和宣傳之所以十分緊迫，一方面是要緩和中朝之間的情感對立，尋求團結鬥爭。二十世紀三十年代初時，以「萬寶山」事件和朝鮮各地排華、仇華僑事件已使中韓之間的民族感情大受傷害。一九三六年年末，日本在朝鮮公布所謂的「思想犯保護觀察法」，利用一批「轉向」的民族叛賊，組織所謂「時中會」、「大同民友會」等韓奸團體，將朝鮮國內主要的革命幹部幾乎一網打盡。[34]此舉既使朝鮮國內的民族解放運動蒙受空前破壞，又使得韓人革命形象遭到嚴重破壞。隨著侵華戰爭的進一步擴大，再加上統治朝鮮、臺灣和鎮守東北以防禦蘇聯之需，日本兵力嚴重不敷，因此於一九三八年開始在朝鮮實施「志願兵制」，徵朝鮮青壯年入伍參與日本對外戰爭，在此前為防止朝鮮本土的革命運動，朝鮮人參軍是長期被嚴格禁止的。「志願兵制」雖然在剛開始時選徵和考核非常嚴格，此後日本逐步增強和擴大徵發力度和規模，並且徵用大量朝鮮勞工赴海外戰場服役。跟隨日軍入華的韓人大部分是面向日本人的服務業從業者，例如從事以日本軍人、軍屬為對象的料理店、咖啡廳、旅館等接待行業，以及日軍隨軍翻譯、司機、御用商人等等，在與帶著大量資金進來的日本人競爭的過程中，失敗的朝鮮從業者大部分淪為毒品走私等非法經營者。據統計，一九三八年時在華韓人中有八成人口沒有固定

---

33 李斗山：〈創刊詞〉，《韓聲》創刊號（1932年11月），頁1-2。

34 潘石英主編：《深厚的友誼：朝鮮抗日獨立運動論文及史料》（北京：世界知識出版社，1993年），頁152-153。

工作。[35]隨著經濟、社會環境的惡化，來華韓人中的無業者或販毒者日益增多。為此，面對日益增多的朝鮮籍士兵以及眾多從事不良或非法行業的朝鮮人，中國民眾會有「韓國人來到中國是代替日本帝國主義與中國人作戰」[36]的觀感則不足為奇。在這種情況下，有必要儘快加強抗日宣傳活動，緩解中韓兩個民族的感情對立並尋求團結鬥爭。這一切都促使李斗山急於聯合抗日宣傳，迫切發出在華韓人的聲音。這是李斗山急於出版《東方戰友》的原因，也是其對朝鮮義勇隊「特別關心」的重要因素。

　　另一方面是要驅散中國國內的「和平妥協」氛圍，堅持抗戰。《東方戰友》一九三九年初創刊時，正值日相近衛文麿發表「第二次近衛聲明」後，國民政府內部主和派人數日漸增多之時。佔據廣州、武漢之後，日本政府由於軍事上的新勝利而發表聲明宣稱「帝國之冀求，在於確保東亞永久安定的新秩序之建設，此次征伐之終極目的亦在於此」，並對中國在「東亞新秩序」中提出如下構想：「此種新秩序的建設，應以日滿華三國合作，在政治、經濟、文化等各方面建立連環互助的關係為根本，希望在東亞確立國際正義，實現共同防共，創造新文化，實現經濟的結合。這就是有助於東亞之安定和促進世界進步的方法。帝國所希望於中國的，就是分擔這種建設東亞新秩序的責任。」[37]這一聲明絕不在於所謂的「中日合作」和「經濟提攜」，實為引誘國民政府談判，並以逼蔣下野、誘汪上臺而挑撥瓦解國民政府。由於前線戰事的不斷失利以及日本政府逼蔣下野後權力真空的誘惑，

35　（韓）孫延洪（손영흥）：〈20世紀30-40年代中國華北地區韓人社會與歸還：以河北、內蒙古、山西地區為中心（1930-40년대 중국화북지역 한인사회와 귀환）〉，《韓國獨立運動史研究（한국독립운동사연구）》第40輯（2011年12月），頁323。

36　（韓）趙銀景：〈從《東方戰友》看李斗山的國際聯盟認識和活動〉，頁312。

37　《日本政府聲明》（1938年11月3日），魏宏運：《中國現代史資料選編4·抗日戰爭時期》（哈爾濱：黑龍江人民出版社，1981年），頁592-593。

民國政府內部以汪精衛「低調俱樂部」為首的主和派人數日漸增多，汪精衛更是在一九三八年十二月二十九日發表支持對日妥協政策的「豔電」，幻想若能「以合於正義之和平而結束戰事，則國家之生存獨立可保，即抗戰之目的已達」，提出國民政府應立即「與日本政府交換誠意，以期恢復和平」[38]。日本「建設東亞新秩序」的誘降，與國內對日議和的主張以及「抗戰必敗」、「抗戰必亡」的消極悲觀論調，正是《東方戰友》旨在打破的日本的「和平空氣」和「錯謬宣傳」。

三　《東方戰友》的內容與運作

《東方戰友》以報導國防動態和刊登抗日文藝作品為主，每一期大部分都贈送給前線官兵，餘下的部分則交給桂林各書店代售。期刊作者不單有朝鮮人，還有中國人、日本人、越南人等，其除了登載國際國內戰況之外，還設置固定欄目介紹朝鮮義勇隊的活動情況。有學者認為，李斗山對朝鮮義勇隊的這種「特別的關心」，源於其兩名兒子李正浩（이정호）和李東浩（이동호）均在朝鮮義勇隊中。[39]這應該是一個重要的情感因素，但也還有其他的因素存在。其二子在朝鮮義勇隊創立時就參與其中，而李斗山大體是從廣州逃出至梧州以後才參加的朝鮮義勇隊，《東方戰友》在其到達梧州後不久即發刊，一九三九年六月，李斗山在桂林正式代表朝鮮義勇隊發表演講，則李斗山是一九三九年上半年就已加入了朝鮮義勇隊，那麼其作為成員而特別開設朝鮮義勇隊的專欄亦為情理之中。更為關鍵的因素，應該是李斗山報導局勢和宣傳抗戰的目的，正如金若山給李斗山的來信中提到，由

38　《汪精衛投敵「豔電」》（1938年12月29日），梁余主編：《中國革命史參考資料精選（下）》（重慶：重慶大學出版社，1988年），頁85-87。

39　（韓）崔起榮：〈李斗山在中國的獨立運動〉，頁140。

於剛輾轉到桂還無法有效開展對敵對內宣傳工作，看到李斗山的《東方戰友》後極其興奮，提議「今後，我們把第一區隊之活動情形，要詳細報告的，藉貴刊廣為宣傳」[40]。雖然以報導局勢和宣傳抗戰為目的，但《東方戰友》不只是政治雜誌，同時徵集並刊登散文、小說、詩歌、文藝批評等。儘管文藝作品大體上與抗戰有直接關係，但從其刊登的內容和文藝作品的數量來看，其文藝傾向較為明顯。此種文藝傾向與編輯李斗山有莫大的關係，不論是從他在期刊上刊登的文章數量，還是從期刊選刊的文章內容來看，李斗山對《東方戰友》起到了很大的作用。可以說，李斗山主導了《東方戰友》的出版，他的抗日宣傳活動及其認識是通過《東方戰友》得到表達和實踐的。[41]

　　關於《東方戰友》的資金來源，韓國學者崔起榮認為，從東方戰友社的通訊位址「廣西省梧州黨部駐梧辦事處轉東方戰友社」來看，應該是得到了中國國民黨的支持。[42]李斗山也提到，自己從廣州倉促逃到梧州時已囊空如洗，在國民黨廣西省黨部駐梧州辦事處領取了補助費才得以繼續開展工作。[43]此外，該期刊登載了相當數量的國民黨軍政界高層的文章或題字，此亦能反映其獲得了國民黨一定程度的支持。從國民黨在此之前或明或暗的在資金、軍事人才培養等方面積極支持在華朝鮮志士來看，國民黨在資金、運營方面支援《東方戰友》是有一定合理性的，但支持的力度如何，由於資料的原因，目前尚無法知曉。《東方戰友》主要是向中韓民眾揭露日本侵略的罪行，以打破日本「不時放出和平空氣或者在國際作錯謬的宣傳」，並號召「被日本壓迫之下的各弱小民族的同志，不要讓中國孤軍作戰，應該趁這

40　〈信箱〉，《東方戰友》第6期（1939年4月1日），頁9-10。

41　（韓）趙銀景：〈從《東方戰友》看李斗山的國際聯盟認識和活動〉，頁309。

42　（韓）崔起榮：〈李斗山在中國的獨立運動〉，頁140。

43　李斗山：〈離開了陷落的廣州〉，《東方戰友》第1期（1939年1月15日），頁16。

時期加入抗敵的洪流」，因此，李斗山在發刊辭中寫道：「本刊是被壓迫民族怒吼的播音機，它的使命不但是宣布敵人罪狀，替被壓迫者作不平的響喊，還要給世界人士明瞭我們正義的立場，不至為敵人造謠底宣傳所欺騙。」[44]

　　基於此，李斗山急需借助《東方戰友》開展抗日宣傳活動，並欲通過《東方戰友》加深和維繫「東方各弱小民族」之間的認知和聯繫，在此過程中，越南逐漸成為了《東方戰友》著重關注的對象之一。

第三節　《東方戰友》中的越南元素

一　越南文稿的登載概況

　　《東方戰友》創刊之初，就將自身定位為「被壓迫民族怒吼的播音機，它的使命不但是宣布敵人罪狀，替被壓迫者作不平的響喊，還要給世界人士明瞭我們正義的立場，不至為敵人造謠底宣傳所欺騙」，並號召「被日本壓迫之下的各弱小民族的同志，不要讓中國孤軍作戰，應該趁這時期加入抗敵的洪流」。[45]因此，《東方戰友》在關注自身獨立鬥爭的同時，亦把眼光放至亞洲各國，後期更以「研究弱小民族問題唯一刊物」[46]自處。因此，《東方戰友》的歷史與現實關懷頗為廣泛，該刊除了報導中國抗戰局勢及朝鮮反日獨立革命形勢之外，甚至遠至歐洲及美洲地區的局勢亦頗為關心，如發表文章專門探討引起義法糾紛的法國都尼斯問題、捷克被侵略和吞併的問題、德捷合併後波蘭的危機問題、比薩拉比亞前途命運的問題、美國遠東政策

---

44 李斗山：〈發刊辭〉，《東方戰友》第1期（1939年1月15日），頁2。

45 李斗山：〈發刊辭〉，《東方戰友》第1期（1939年1月15日），頁2。

46 封面宣傳語，《東方戰友》第24、25期（1941年1月15日），頁1。

制定和實施的問題、美國對日的禁運問題等等，但遠眺的目光主要還是關注亞洲各弱小民族及其解放運動進程，如越南、印度、菲律賓、泰國、馬來西亞、琉球、臺灣地區等，均是在《東方戰友》中常見的討論的對象，而在此當中，越南在《東方戰友》中所獲取的關注度實屬名列前茅。

從數量上看，《東方戰友》自一九三九年一月至一九四二年四月停刊共發行了三十二期，在現存的三十一期文本中登載了近二十篇以越南為主題的文稿（見表一），包括社論、雜文、詩文、宣言、公函等等，這些以越南為主題的文稿在期刊介紹亞洲各弱小民族的文章中，是除了朝鮮之外數量最多的，可見相較於亞洲其他弱小民族而言，朝鮮革命者給予了越南更多的關注。

表一　《東方戰友》中以越南為主題的文章概況

主題	題目	作者	期數
越南革命開展狀況及戰爭局勢	越南的戰友們起來吧	月　朋	第8期
	法國屈服後日寇對越南的窺伺	劉丹青	第19期
	論越南事件與中國抗戰	黃藥眠	第22期
	法國統治下的越南	羅有著	第22期
	雙重高壓下的越南革命運動	唐　海	第24、25期
	越南革命問題提要	李斗山	第27期
	新越南在生長中	楊承芳	第30期
	在中國的越南人	梅公毅	第31期
越南文化、歷史	閒話南洋	鐵　髯	第4期 第18期
	越南雜話	林植楺	第26期
	越南的文化	赫　文	第28、29期

主題	題目	作者	期數
	越南被法吞併史話	曾　黎	第27期 第28、29期 第30期 第32期
其他	越南民族解放委員會成立宣言草案	／	第24、25期
	越南民族解放同盟會之一封公函	／	第30期
	越南革命家（詩抄）	／	第31期

　　從文章的主題來看，這些以越南為主題的文稿中，以越南革命運動的相關議題為主並呈現出多面向的內容。期刊共登載了十篇關於越南革命開展狀況及戰爭局勢的文章，如〈法國屈服後日寇對越南的窺伺〉分析了越南在國際戰場上的重要性以及日本佔領越南的布局，〈論越南事件與中國抗戰〉討論了美國參戰後的局勢，〈雙重高壓下的越南革命運動〉則是介紹了越南當下的革命進程以及存在的問題等，此類文稿佔以越南為主題的文稿數量的一半。這些革命主題的文章既切合期刊創辦的主旨，亦因應瞭解和宣傳越南反法西斯戰爭之需。除此之外，還有介紹越南文化及歷史的系列文章，如〈越南的文化〉著重闡述了受中國文化和法國文化雙重影響的越南文學狀況，以及曾黎分四期連載刊登的〈越南被法吞併史話〉，詳細梳理了越南從十六世紀開始至一八九三年與法國簽訂條約期間，越南被法國入侵吞併的史實等，諸如此類文化、歷史方面的文稿，其內容選取均與越南革命鬥爭密切相關，是為讀者更深入地瞭解越南革命而登載，意欲使讀者理解並支持越南革命，以促成亞洲被壓迫各民族的聯合。此外，以越南民眾為對象創作的木刻畫作品亦有登載。第二十一期以一副名為「安南的民眾起來！」的木刻畫作為期刊封面，畫面中頑強堅毅的越南民眾直面日本軍隊的刺刀，毫無懼色，滿含抗戰到底的氣勢。該

刊封面一般以目錄或簡約畫為封面，只有五期是以主題木刻畫為封面，這幅「安南的民眾起來！」是當中唯一一幅有明確意象而非泛化指代的畫作。

從內容的分布上看，以越南為主題的文稿愈到後期所佔的篇幅愈多。第四期中，署名為鐵髯所寫的〈閒話南洋〉一文，是期刊內最早出現的一篇以越南為主題的文章。該文以見聞錄的形式介紹了越南的風土人情及生活習慣，筆調樸實，對越南人喜食檳榔的描寫頗具畫面感。其後，第八、十八、十九期各刊登了一篇相關文稿，後期的第二十一期至三十二期，幾乎每期登載一至兩篇相關文稿，後期呈現出數量猛增的趨勢，與討論其他國家和地區的文章相比，其數量亦是佔絕對優勢的（見表二）。

表二　《東方戰友》主題文稿的數量統計

期數	冊數	國家和地區（單位：篇）					
		亞洲	美國	西歐	日本	蘇聯	越南
1-20期	17冊（含2冊合刊）	6	3	8	16	1	4
21-32期	10冊（含2冊合刊）	12	2	4	15	1	15

注：1. 統計對象為除了中國、朝鮮主題以及綜合性文稿之外，探討對象是較為單一的國家（地區）的文稿。
　　2. 關於菲律賓、馬來西亞、泰國、琉球、印度、臺灣地區的文稿數量均統計至亞洲這一項中。

從文章的作者而言，由於特殊的時代和歷史使命，期刊當中諸多作者的個人資訊無從知曉。為躲避無孔不入的特務、間諜，當時流亡在華開展獨立解放運動的革命者絕大多數有一個甚至多個中國化名，

且化名的使用並不固定，以便於在中國開展活動。再加上在文學、文藝領域，筆名的使用和匿名的情況時常發生，有意隱匿真實作者的舉措，更是阻礙了對作者的追蹤。化名、筆名的利用與匿名的應用既有規避政治風險的考慮，在文學的世界裡，也能暫時擺脫身份的束縛而自由抒發家國情感。福柯曾在其〈何為作者〉一文中提出，作者對於作品而言其功能性是有限的，福柯從檢視主體與語言之間關係的角度，甚至認為作者的存在都是沒有必要的。此番對於文學主體的討論，並不意味著作品的生成與作者無關，而是提示著文本的主體並非唯一。雖然作者在某些特定話語中發揮著獨特的功能，但作者絕非文本的意義和價值的最終來源和決定性因素，這無疑提醒了文本並不單純指向作者這一個主體，而是包含了語言、讀者等在內的多主體。在這場文本與作者關係的討論中，提示著文本本身的重要性，以及作者並非文本被詮釋和被理解的依據。因而，依託文本多主體的理論框架，在《東方戰友》公開發表的文稿中，除了一部分署名文稿是作者是用本名或目前已知的化名、字號一類的署名來發表之外，雖然其餘署名文稿的作者很多無從考證其真實身份，但這並不妨礙從雜誌選刊的角度、從文本語言的層面去考量文稿的寓意。

總觀《東方戰友》中關於越南文稿的登載情況，相較於亞洲其他各弱小民族而言，越南是受關注最多的對象，這些文稿呈現出以革命敘事為主、以文化敘事為輔的多面向內容，成為窺探在桂韓人這一「他者」對越南認知的有益「窗口」。

二　朝鮮革命者關注越南的原因

朝鮮革命者之所以對越南產生關注並非心血來潮。朝越之間在近代相似的歷史境遇及獨立革命經歷，是在桂朝鮮革命者關注越南的歷

史性動因。在十九、二十世紀之交，兩國先後遭遇外敵入侵並被迫成為保護國，最終淪為殖民地。一八八三年，法軍國迫使阮朝簽訂《順化條約》使得越南成為法國保護國，翌年，法國吞併了整個越南，並將其歸入法國在中南半島的殖民地之內。此後，在文化方面法國對越南施行高壓殖民統治，以一套拉丁字母拼音文字代替此前使用的漢字，並通過編寫教材、發行報刊書籍、控制高等教育等方式全面滲透越南文化，當時的越南學者道：「如今越南的文化，是鋼筆毛筆結婚的時代。」[47]二戰期間，日本積極南進，取得對越南的支配地位，在越南大肆搜刮糧食及軍需資源，成為蒙在越南人民頭上新的陰影。在雙重壓迫下的越南苦不堪言。朝鮮在這一時期同樣遭受殖民主義荼毒。日本於一九○五年迫使強迫大韓帝國簽訂《乙巳保護條約》，至一九一○年則通過武力脅迫與政治訛詐強制進行日韓合併，朝鮮半島自此徹底淪為日本殖民地。日本在所謂「日鮮一體」的口號下在朝鮮半島推行同化政策，要求朝鮮人改日本式的姓名，廢除朝鮮語課程及不能公開使用朝鮮語，停刊朝鮮語報紙和雜誌。一九三七年「七七」事變後，隨著日本侵華戰爭的進一步擴張，朝鮮半島作為日本侵華人力、物資等資源的供給地而陷入了更窘迫的境況。自十九世紀末至二戰期間，朝鮮與越南均面臨著民族滅亡的危機，也都因被迫供給戰爭而使國內承受著嚴重的資源耗損，在高壓殖民主義統治下一直渴望推翻殖民統治以謀求國家和民族的獨立和解放。另外，朝越的獨立革命路徑亦頗為相似。朝越在謀求國家獨立的革命進程中，均經歷了由「尋求承認」到「自我爭取」的轉向。威爾遜「十四點和平原則」所標榜的「民族自決」，對世界各地處於殖民統治中的弱小民族有非常大的感召力。越南獨立黨人曾試圖參加巴黎和會並要求給予越南獨

47　赫文：〈越南的文化〉，《東方戰友》第28、29期合刊（1941年5月15日），頁8。

立，但被法國阻撓而無法參加。朝鮮最初同樣也把國家獨立的希望寄於巴黎和會，最終也未能如願。當時身處美國的李承晚曾試圖參加巴黎和會，呼籲給予朝鮮獨立，但卻遭到美國政府的阻撓，在中國成立的新韓青年黨亦計劃派遣金奎植出席會議，金奎植作為大韓民國臨時政府代表向巴黎和會提交請願書，要求承認韓國臨時政府，但朝鮮民族要求獨立這一正當訴求最終沒有得到實現。此後，朝、越革命者均意識到國家的獨立僅僅靠「要求」是無法實現的，從而開啟了此起彼伏的革命行動，甚至流亡國外也從未間斷。由於地緣、文化、政治等原因，中國成為兩國革命者流亡海外繼續開展獨立運動的主要地區，兩國革命者也逐漸融入中國抗擊日本侵略者的戰爭中，將中國抗戰的勝利視為本民族獲得自由解放的前提，中國也從建立國際反法西斯統一戰線出發，對兩國的獨立運動給予經濟、政治等方面的援助。中、朝、越國家獨立、民族解放的命運從此緊密相聯。

　　二戰局勢的發展以及越南國內革命運動的興起是朝鮮革命者向西南觀望的時局性因素。一九四一年十二月日本襲擊珍珠港，並大肆進攻香港、馬來西亞、菲律賓、印尼和緬甸，挑起太平洋戰爭，隨即侵入東南亞地區施行殖民統治。日本此番積極的「南進」早在全面侵華前已有預謀，其為保證計劃的順利實施，一直在東亞地區進行一些虛實相間的行動來美化和掩蓋其真實目的，同時逐步推進其對東南亞地區的戰略布局，包括一九三八年九月對北海潿洲島的佔領、一九三九年對海南島以及桂南的進攻、一九四〇年攻佔龍州及越北諒山等軍事行動。在戰火逐漸燃至中國南部、逼近越南的過程中，身處廣西的朝鮮革命者對戰爭局勢的思考以及對日本武力「南進」的焦慮，使得其越來越關注僅山水相隔的越南。再加上越南境內反法反日民族解放運動的興起以及革命組織力量分散、黨派紛爭等革命問題的出現，自然會引起面臨相似革命境況的朝鮮人的關注。

　　共同在廣西開展獨立運動的際遇，是在桂朝鮮革命者關注越南的地緣性原因。隨著中國抗戰局勢的發展，尤其是武漢、廣州淪陷後，華東、華南一帶朝鮮革命者隨中國各機關組織及民眾一道內遷，當時韓人在關內開展獨立運動最主要的兩股勢力——金元鳳派的朝鮮義勇隊和金九派的韓國臨時政府主體於一九三八年十月先後抵桂，在後方濃郁的抗戰文化氛圍中，通過排演戲劇、創辦刊物、街頭宣傳等方式繼續開展獨立運動，至一九四一年陸續離桂遷渝。越南獨立運動主要在中越邊境的桂、雲、黔三省活動，一九三八年秋，胡志明從莫斯科到延安，不久後隨葉劍英南下至桂林，在八路軍桂林辦事處化名胡光開展革命活動，此後不斷有越南革命者來桂活動，一九四〇年九月日軍攻佔越南後，在胡志明的影響下，在中越邊境從事反日反帝的越南愛國民主人士轉入桂林，之後時常往來於越桂之間活動，直至一九四五年越南「八月起義」後建立越南民主共和國。分處中國大陸東北端和西南端的兩個民族匯聚在西南一隅的廣西，在東方被壓迫弱小民族的聯盟下為著相同的理想而並肩戰鬥，兩國革命者之間現實的革命實踐取代了以往的異域想像，為朝鮮革命者的越南書寫打下現實基礎。

第四節　《東方戰友》中越南革命敘事的變化及其原因

　　越南獨立革命的進程自然是朝鮮革命者最為關注的主題。由於朝鮮革命者的立場，在其越南革命敘事中，對日本帝國主義態度是一以貫之的抗爭態度，這是韓人創辦《東方戰友》的主旨之一，其主要就是向中韓民眾揭露日本侵略的罪行，以打破日本「不時放出和平空氣或者在國際作錯謬的宣傳」，並號召「被日本壓迫之下的各弱小民族的同志，不要讓中國孤軍作戰，應該趁這時期加入抗敵的洪流」，因此，

李斗山在發刊辭中寫道：「本刊是被壓迫民族怒吼的播音機，它的使命不但是宣布敵人罪狀，替被壓迫者作不平的響喊，還要給世界人士明瞭我們正義的立場，不至為敵人造謠底宣傳所欺騙。」[48]但是對於法帝國主義的態度，卻在期刊的越南革命敘事中前後有較大的轉變。

一　「聯法」的曖昧態度

二戰爆發時，法國已在越南殖民統治了半個多世紀，對越南的政治、經濟特別是文化等各方面已刻下深深烙印，要想徹底推翻法人的殖民統治絕非易事。由於日人向越南提供軍火並居中挑撥，使得越南掀起反法運動，給予了法國一重大打擊，但面對來勢洶洶的日本，也出現了聯法抗日的聲音，因而越南在與法人的鬥爭中，呈現出在「抗法」和「聯法」之間搖擺的狀態。在《東方戰友》早期發表的越南主題文章中，亦可看出外界對法帝國主義的曖昧態度。在〈越南的戰友們起來吧〉一文中，對越南孱弱的處境曾直白地指出：

> 越南民眾爭取獨立自由的運動是應該進行的，這是什麼人都不能摧折他們的精神。但是，時代是時代，弱者究竟是弱者，目下越南民眾處在二重威脅之下，一是法國壓迫，另一方面是東方的敵——日本法西斯之侵奪勢力，在這情形之下，弱小如越南民族，能夠把那二大強敵同時打得倒麼？這是一個要考慮的問題。[49]

作者在指出越南的困境後，借越南革命黨中某位「有力份子」者

48 李斗山：〈發刊辭〉，《東方戰友》第1期（1939年1月15日），頁2。

49 月朋：〈越南的戰友們起來吧〉，《東方戰友》第8期（1939年5月1日），頁6-7。

之口談及「聯法」的可能性，其提到「革命工作不限於□□和武力奪取政權，……如果法帝國主義者確能忠誠於我平民陣線，我們認賊作父的偷生忍辱當可和它合作和法西斯周旋，爭取我們平民陣線的第一步成功。」此是否真為越南革命者之言不得而知，但作者借其越南身份提出「聯法」的可能性，無疑是想提升其觀點的支持度，為其接下來的「聯法」呼籲作有力鋪墊：

> 現在的法蘭西是同英，美，俄，共主和平陣線，和日本帝國主義絕不相容，大有冰炭之勢。如果越南民眾在那革命黨人領導之下，給與法國一個重大的打擊，那麼，遠東狡猾的日本帝國主義者，就會用離間政策，滑頭地向越南民眾作賄賂，同時，給與越南民眾多量的軍火，使其一致向法國攻擊，則日本更可利用越南反法的機會了。這樣的方法，並不是安全的得到安南獨立的策略，就像前門拒虎，後門進狼一樣，安南民眾仍是被在前更險毒的帝國主義者所榨取。那麼，那（哪）一條路是你們應走的呢？我想，越南的戰友們一致起來，暫停進攻那站在和平陣線的法當局，而認清東方的共敵是日本法西斯，和東方各戰友們提攜，首先肅清這萬惡的日寇，是目前的急務吧！[50]

其對於法、日帝國主義同為「虎狼」之流的認知是清醒的，卻沒有一以貫之，對法國殖民者在越南的統治亦存在「濾鏡」，正如在〈法國屈服後日寇對越南的窺伺〉一文中，對在法帝國主義經略下越南的發展狀況描述道：

> 越南是經過資本主義「整理」過的地方，交通便利，生產集

---

50 月朋：〈越南的戰友們起來吧〉，頁7。

中，有已經開產過的煤礦，培植好的樹膠園（在南部有十萬英畝，二千株以上的膠樹），大量出產的米穀（每年出口額一二十萬頓），豐富的水產（年達二百八十萬法郎），佔領這樣的地方，顯然是比較佔領沒有「整理」過的，生產落後的窮鄉僻壤更為有利。[51]

此番對越南經濟發展狀況的評價，雖是對日本選擇侵佔越南的原因的分析，言語間卻透露著對法帝國主義殖民統治的肯定，面對來勢洶洶的日本，對越南發展有「貢獻」的法國自然成為相較之下的理想選擇，因此感慨「安南人處在長期被榨取的奴隸生活當中，當然渴望著解放，不過卻不是希望日本人來代替法國人」[52]。「聯法」之舉表面上雖看似應對日本入侵東南亞的權宜之計，卻也暴露出對法殖民統治者的認知是不徹底的，天真的將法當局當作可以聯合抗日、取得民族獨立的盟友。

此番對越南民眾「聯法抗日」的呼籲，一方面，是應和了朝鮮提出的聯合抗日、建立被壓迫民族反侵略統一戰線的主張。一九三五年七月，韓國民族革命黨在其創立宣言中首次提出與中國聯合共抗日寇的主張[53]，其強調中國抗戰與朝鮮革命的緊密聯結性，至一九三九年三月「三一」運動二十周年紀念時，朝鮮革命者提出了聯合抗日、建立被壓迫民族反侵略統一戰線[54]，這一戰線在此時已不僅僅是中韓之

---

51 劉丹青：〈法國屈服後日寇對越南的窺伺〉，《東方戰友》第19期（1940年7月15日），頁7。

52 劉丹青：〈法國屈服後日寇對越南的窺伺〉，頁7。

53 楊昭全，何彤梅：《中國─朝鮮・韓國關係史（下冊）》（天津：天津人民出版社，2001年），頁887-888。

54 〈社論：建立被壓迫民族反侵略統一戰線〉，《新華日報（漢口重慶）》，第1版，1939年3月1日。

間的聯合，而且是世界被壓迫民族的聯合。韓人獨立革命者在總結
「三一」運動的教訓時，意識到「朝鮮革命群眾如果不與國際的革命
群眾保持堅固的聯盟關係，就不能充分發揮朝鮮革命群眾的革命力
量」，「朝鮮革命問題是世界革命問題的一部分」，並進一步提出「朝
鮮革命群眾要脫離日本帝國主義的統治而獲得獨立與自由，必須要得
到中國，蘇聯與日本國內的革命群眾的同情和援助，同時利用帝國主
義間的對立關係」。[55]因而，暫時的「聯法」是利用了法、日之間的矛
盾，是當時被壓迫民族反侵略統一戰線的題中之義。朝鮮迫切希望促
成這一戰線的建立，因為朝鮮革命者清楚的意識到，從獨立運動的客
觀條件來看，僅靠韓民族的獨立力量使日本帝國主義滅亡幾乎是不可
能的，最好的戰略是作為聯合戰線的一員參與對日抗戰，以此獲得日
後聯合國家中的一員的地位。[56]另一方面，是集中反日以抗擊日本積
極「南進」的侵略步伐，緩解朝鮮本土殖民統治壓迫的現實需要。日
本推進全面侵華戰爭以及入侵東南亞，是依靠朝鮮、臺灣、偽滿洲等
殖民地的供給實現的。一九三七年以後，隨著日本對中國及其他地區
的進一步入侵和擴張，其對朝鮮殖民地的統治政策從「分化、同化」
到「帝國化」，即動員朝鮮民眾支持戰時日本帝國。在這種「內鮮一
體」殖民「合作」的鼓吹下，朝鮮在人員、資源等方面被迫承受沉重
的剝削。戰時總動員的體制、民族抹殺政策的推進，使得朝鮮本土處
於嚴重的鎮壓和控制之下。聯合東方各弱小民族，共同把主要矛頭對
準日本帝國主義，才能加速其滅亡而使朝鮮跳出殖民統治深淵取得民
族解放。

55　李嬰如：〈三一運動的教訓〉，《朝鮮義勇隊通訊》第5期「三一」運動第廿周年紀念
　　專號（1939年3月），頁6。

56　（韓）韓詩俊：《1940年代前半期獨立運動的特徵（1940년대 전반기 독립운동의
　　특성）》，《韓國獨立運動史研究（한국독립운동사연구）》第8輯（1994年12月），頁
　　465。

二 「抗法」主張的提出

　　二戰爆發後，日本強勢入侵東南亞，法帝國主義為了更有力地控制越南，施行了高壓殖民統治政策，血腥鎮壓越南人民的解放運動，越南境內的進步報刊被迫停刊，法當局批捕了大批被認為是有嫌疑的革命者，一九三九年十月當月就批捕了三千一百五十人，「恐怖籠罩了整個越南，一個不留心說錯一句話，立刻就有生命危險」[57]。由於法國對越南革命勢力的重壓，朝鮮革命者自然關切越南革命接下來的發展路徑，開始著重揭露法當局對越南的侵略行徑和殖民統治。羅有著在〈法國統治下的越南〉一文中，介紹了越南各部的情況並回顧了越南的革命歷程，揭露了法國對越南尋求國際援助的阻撓，並指出越南在一戰結束時已早有了革命的萌芽，即越南獨立黨曾派人出席參加巴黎和會，並要求給予越南獨立，但遭到了法國政府的阻撓不允許參加，此後，越南革命黨人在東京起義，起義雖然沒有獲得成功，卻顯示出越南革命之種子早已萌芽。文章進一步指出，儘管越南的革命黨為了自身的獨立而起來奮鬥，但在法人的高壓統治之下，「越南人的一切都受到了限制，甚至文字都給消滅了，文化也不得發展，據統計，整個越南找不到三個大學」，「許多人於是為了這二千多萬的越南人悲憤」。[58]在其後一期的刊物中，又刊登相關文章繼續控訴法國對越南分而治之的政策，法帝國主義將越南區分為幾個不同的區域，區域之下又以省、府、州、縣等名目細分為不同的地域，細碎的行政區劃使得越南的一個縣還抵不上中國一個鄉鎮大，「在這樣一分再分之下，使越南人造成畛域的界限，造成各民族間互相對立，互相排擠，

---

57 唐海：〈雙重高壓下的越南革命運動〉，《東方戰友》第24、25期合刊（1941年1月15日），頁10。

58 羅有著：〈法國統治下的越南〉，《東方戰友》第22期（1940年10月15日），頁14。

而不能團結，藉以維持法帝國主義的統治」[59]。此外，該文還陳述了越南在一戰中為法國做出巨大犧牲的情況。文章直言越南是法國「最大的倉庫」，並詳細指出：

> 第一次歐戰時，越南曾有十萬名壯丁替法國作戰，負擔了三萬六千七百萬法郎公債，一萬一千一百萬法郎的參戰費，供給卅三萬五千□食糧，在越南的法國人，地位都是至尊的超越的，操有生殺之權，他們由這「最大的倉庫」裡取出一切，以滿足他們自己的欲望。[60]

在《東方戰友》的最後幾期，期刊更是大篇幅的連載了四期〈越南被法吞併史話〉，即使是在刊物經費難以應付物價無限上漲而面臨內容調整的情況下，也堅持將這篇文稿連載完結[61]。〈越南被法吞併史話〉自十六世紀越南與歐洲資本主義國家往來開始，至一八九三年法國強迫越南簽訂《順化條約》為止，分年度梳理了法國侵略越南的史實，詳細列舉了法國在政治、經濟、宗教、文化等方面的殖民活動，揭示了法國給越南民眾帶來的深重災難，亦是對法國侵略行徑的控訴。感慨道，安南民眾此前生活在安南王國的封建統治下，「是落後得可憐」，安南民眾的「整個命運是交於國王及幾個朝臣手裡」，因此面對這「狂風暴雨般侵襲南太平洋海岸的帝國主義者的掠奪」自是無法抵擋的，但相較於封建統治的孱弱和可憐而言，在此之後的外敵侵略更是讓「越南的命運是天天向悲慘的道路上走」。[62]

59　唐海：〈雙重高壓下的越南革命運動〉，《東方戰友》第24、25期合刊（1941年1月15日），頁9。

60　唐海：〈雙重高壓下的越南革命運動〉，頁9。

61　〈本刊緊要啟事〉，《東方戰友》第31期（1941年8月16日），頁15。

62　曾黎：〈越南被法吞併史話（一）〉，《東方戰友》第27期（1941年3月15日），頁18。

在對法國侵略行徑和殖民統治的揭露和控訴中，朝鮮革命者此時明確提出了「反法」、「抗法」的主張。《東方戰友》在「解放呼聲」專欄全文轉載了《越南民族解放委員會成立宣言草案》，呼籲越南民眾為越南的獨立解放而奮起抗戰，宣言中雖然針對的是日本帝國主義，但是從對越南民眾的呼籲中可看出其對法帝國主義的認知和態度，宣言草案中敦勸道：

> 現在這個殘暴的敵人——日本帝國主義者，它趁著我們的敵人法帝國主義這被德國打敗的機會，想侵略魚肉我們，他帶上一套假面具，大唱其「幫助越南獨立」、「為越南打不平」，它想用點小利或受了一時的歡心，便上了他的當，日本軍閥與法帝國主義者一樣，都是壞東西，他們的目的都是想奴役我們而已！今天越南已是到處布滿了劊子手的陰影，正是惡勢力擴張到最高點，假使我們仍舊執迷不悟，或受其利用，或醉生夢死，則自己父母兄弟姊妹孩子又要作第二次牛馬了！任人姦淫了！[63]

此後，李斗山親自撰寫〈越南革命問題提要〉一文，他首先分析了越南與朝鮮在國內和國際環境上相同的困境，看到「最近越南的革命人士，奮不顧身，而在積極推進其革命工作之中」，李斗山回憶自己「以同病相憐者自處」曾和越南革命者多次談過越南革命問題，並以誠懇的態度在文中提出六點意見給越南革命者參考：

> 一、各黨各派須認清越南的客觀和主觀的條件和環境，須以民族革命為最大目標，而團聚在一致的；

---

63 《越南民族解放委員會成立宣言草案》，《東方戰友》第24、25期合刊（1941年1月15日），頁11。

二、須要少樹敵人，博取友邦之物質和精神上的援助。少樹敵
　　人，對內絕不要陷入於階級鬥爭或宗派軋□之狀態中，
　　博取友邦之援助，絕對以聯合政策和聯絡東方各弱小民族
　　之間接直接之助力；

三、須要利用各帝國主義之矛盾，而利推行革命的事業，但，
　　利用必須有限度的；

四、越南革命的對象是法國帝國主義及日本帝國主義，絕不和
　　它們妥協或被其一方之利用，堅持到底，百折不撓的向著
　　這些仇敵□□而奮鬥的；

五、須要訓練幹部人材——軍事、政治各方面，而早日建立堅
　　實的武裝隊伍。

六、須要擴大鼓勵其民眾的宣傳工作範圍。[64]

　　意見中明確指出法、日帝國主義均為越南革命的對象，即使要利
用各帝國主義之間的矛盾進行抗爭，始終得依靠自身的力量取得民族
自由解放，不能妥協聯合日、法任意一方。不久，越南民族解放同盟
會對於李斗山革命意見的回覆亦全文登載在《東方雜誌》上。該文首
先提到，關於李斗山的意見，已經在越南解放同盟會的全國代表大會
開幕時，在中越代表及來賓面前宣讀過，並表示極其歡迎李斗山「這
充滿著深長意義和高度熱情的信」，「全體越南人民也一定和我們同樣
的歡迎它」[65]。這封公函逐條回應了李斗山的革命意見，其中第一條
即為關於革命對象的回應：「對日法帝國主義，你的意見是要同時打
倒，我們原來也是這樣主張，全越南人民也正為了這個主張而奮鬥

64　李斗山：〈越南革命問題的提要〉，《東方戰友》第27期（1941年3月15日），頁4。
65　〈越南民族解放同盟會之一封公函〉，《東方戰友》第30期（1941年6月15日），頁13。

著，這是我們的目的，這是我們民族解放的主要條件。」[66]從「聯法」到堅定「反法」，與革命者的對民族革命認知的加深有關，也與法國在越殖民勢力的變化有關。隨著法國對德投降以及日寇進兵越南，法國在越南的統治基礎已經起了根本的動搖，這對越南革命來說是有利的時機。

李斗山的革命建議既切中越南革命問題的要害，也透露出李斗山對朝鮮革命境況的反思。他的前兩條意見均是針對越南革命力量內部意見分歧、紛爭不斷的現象而提出的。二戰爆發前，越南主要的兩股革命力量為階級較為廣泛的「越南獨立運動同盟會」和代表工農階級的越南共產黨，此外還有不少其他黨派，這些革命力量至四十年代初一直未形成統一的力量。越南民族解放委員會的成立，是得中國國民黨支持的張佩公受國民黨指令與越南共產黨人胡志明合作而正式成立的，雖然此後其依然出現內部力量的分化，但該組織的成立仍是當時越南革命力量整合的階段性成果而引發社會關注，《救亡日報》、《掃蕩報》等桂林各主要報紙均刊登了這一成立宣言[67]。朝鮮革命陣營內部各勢力在獨立運動期間的紛爭一直未有緩和，在中國開啟全面抗戰之時，甚至有愈演愈烈之勢。以金九為首的韓國臨時政府及「光線」一派與以金若山為首的「民線」一派，在臨時政府駐南京時期就因革命力量的歸屬問題而印發布告互相指摘。金九等一派人士為對抗朝鮮民族革命黨「臨時政府無用論」的論調，一方面加強發展臨時政府的週邊團體，如韓國國民黨、韓人愛國婦人會等，同時公開指責金若山一派混淆韓人耳目，動搖革命陣腳，認為在日寇暴敵當前之際，無論任何韓國個人或團體，都應供輸其力量於臨時政府，以完成民族獨

---

66 〈越南民族解放同盟會之一封公函〉，頁13。
67 〈越南民族解放委員會成立宣言〉，《救亡日報》，第2版，1940年12月28日；〈越南民族解放委員會成立宣言〉，《掃蕩報》（桂林），第3版，1940年12月28日。

立。[68]此後韓人革命團體內部一直就革命力量的領導權問題而時有明爭暗鬥，甚至在一九三八年的五月於內遷途中在長沙發生了震驚中朝的楠木廳槍擊事件，遇刺的正是時任韓國臨時政府主席的金九以及其他政要。當時，韓國國民黨、朝鮮革命黨以及韓國獨立黨就三黨合一問題在楠木廳進行討論，會場突然被朝鮮革命黨黨員李雲漢持槍強行闖入，李雲漢向在場的政要開槍襲擊，槍擊事件使得金九、柳東悅、李青天受傷，玄益哲不幸身亡。金九的傷勢使得其一段時間內無法投入工作，臨時政府事務甚至一度停擺。韓人各革命團體內部的互相傾軋甚至戕害，使得韓人在華的反日獨立革命運動一度陷入低谷。針對這種狀況，不論是中國國民黨政府還是朝鮮各革命團體，都呼籲朝鮮各革命勢力能實現完全的統一團結，因而，在一九三九年「三一」運動二十周年紀念日時，桂林、柳州以及國內各地的韓人團體紛紛強烈呼籲朝鮮革命團體內部要「團結」、要「聯合」、要「集中革命力量」。[69]

　　李斗山關於建立武裝力量的意見亦深受朝鮮革命實踐的影響。隨著韓國國民黨、韓國獨立黨、朝鮮革命黨於一九四〇年五月實現三黨合併後，作為「國軍」的武裝力量的建立遂被提上議程，最終於九月成立了韓國光復軍總司令部。雖然其後因為光復軍的指揮權歸屬問題，韓國臨時政府與國民黨一度產生間隙，以及因為朝鮮義勇隊的改編問題，朝鮮革命團體內部再次出現矛盾，但光復軍的成立仍為當時「全面展開祖國光復戰爭」的目標打了一針強心劑[70]，與朝鮮國內光復

68　（日）金正明：《朝鮮獨立運動（二）》（東京：原書房，1957年），頁560。

69　〈陝北朝鮮青年呼籲統一團結　為促進中國關內朝鮮革命同志的完全統一團結〉，《朝鮮義勇隊通訊》第3期（1939年2月5日），頁3；〈韓國獨立宣言二十周年紀念宣言〉，《柳州日報》，第3版，1939年3月3日；〈紀念三一節中韓民族攜手前進〉，《新華日報》（漢口重慶），第3版，1939年3月2日。

70　（韓）張世胤：〈中日戰爭期間大韓民國臨時政府的對中國外交——以光復軍問題為中心〉，《韓國獨立運動史研究（한국독립운동사연구）》第2輯（1988年11月），頁546。

軍支隊一同被視為朝鮮光復後「新民主國家建設的武力基礎」[71]。經歷
內部整合而組建起來的革命武力，是民族獨立運動的軍事保障，亦是
國家力量的象徵，李斗山作為朝鮮民族革命黨中央委員及朝鮮義勇隊
的一員，對於軍事幹部培訓以及武裝力量整合的重要性再清楚不過。

第五節　《東方戰友》中越南文化敘事的局限性與改觀

　　在特殊的時代環境中，革命敘事自然是主體，但在越南相關主題
的文稿中，仍有將近半數的越南文化、歷史方面的文稿，其內容選取
均與越南革命鬥爭密切相關，是為讀者更深入地瞭解越南革命而選
載，雖然帶有濃厚的「政治濾鏡」，但一定程度上還是向讀者展示了
文化、生活面向的越南。

　　最早的一篇與越南文化相關的文章，是署名鐵髯寫的〈閒話南
洋〉。文章以「安南人」為主題，一開始就通過比較概括了越南民族的
總體特徵，其談及安南人和朝鮮人、日本人在人種上同源，但從體格
方面來看，「沒有日本人那麼臃腫難看」，從民族性格來看，「沒有朝
鮮人那麼寧靜灑脫」，認為安南人是「介乎二者之間的」[72]作者緊接
著非常具體的描繪安南人的五官、身體等特徵：「安南人有個普遍的
特徵，鼻子是扁平的，額都很高，後腦像遼寧人而且像海南人，是杓
子式的」，「他們的手很短，指亦不纖，腳節比日本人略長，全身比例
雖不能為碩人之順順，然亦未便加以『侏儒』之謂。」[73]言語間頗有

71　（韓）김민호：〈韓國光復軍國內支隊的組成與活動（한국광복군 국내지대의 결성과
　　활동）〉，《韓國獨立運動史研究（한국독립운동사연구）》第49輯（2014年12月），頁
　　187-188。

72　鐵髯：〈閒話南洋〉，《東方戰友》第4期（1939年3月1日），頁10。

73　鐵髯：〈閒話南洋〉，頁10。

些挖苦的意味。作者還特地對安南人喜吃檳榔的生活習慣加以調侃：

> 也許是吃檳榔的緣故，他們的牙齒多數黑得發光，他們以為這
> 是美。好像馬來人要塗著椰子油在陽光之下曝曬發紫而且紫中
> 透醬由醬而烏一樣的美。但天公卻不作美，有些是半棕半白，
> 有些是半黑半藍，有些是半灰半暗，有些是半紫半紅，五光十
> 色，倘若回頭一笑，包管你會頓生異感。[74]

　　作者最後才提及檳榔具有護齒固牙的功效，「所以安南人的牙齒
似鐵鑄一般的不會壞」，但是筆鋒一轉，寫道檳榔益齒卻傷目，所以
墨鏡在安南各埠非常暢銷，對於吃檳榔的習慣，作者認為廢除為好。
作者此番「閒話」並沒有從越南以「漆齒」、「黑齒」為美的習俗或藥
理等方面去探析越南喜食檳榔的原因，僅僅是做表面化的主觀描述，
言語間多有揶揄。〈閒話南洋〉在第十八期時再次以越南為主題刊
登。這一期文稿論及的話題較為廣泛，圍繞越南的行為習慣、衣著愛
好、社會管理、城市景觀等方面進行寫作，其介紹了堤岸、海防、河
內、老街幾個地方的歷史沿革、地理環境和發展概況，還介紹了在越
華僑繳納身稅[75]狀況以及中國人出入越南辦理過境和護照的大致流程
和費用。同時，文章也很直白的批判一些社會不良現象，例如在「小
偷」這一節的內容裡，特別提醒道：

> 與其說小偷，不如說扒手更來得通俗些。到海防的朋友千萬不
> 要忘記，管理自己的自來水筆和銀包，走路的時候尤其不要忘

---

74 鐵聾：〈閒話南洋〉，頁10。
75 華僑在越南的居留稅，每年繳納一次，繳納額度各地不一樣，由北圻、中圻、南圻
　依次遞增，此稅凡屬華僑成年男子必須繳納。

記醬色衣褲迎面而來的安南人，一不小心左右一擠，包你有損
失，究竟損失的是什麼東西那都要碰運氣，總之他們得心應
手，千變萬化，花頭不一，有時在左，有時在右，有時在前，
有時在後，戲法雖不同，目的則一呢。[76]

在「小便」這一節當中也不留情面地抨擊女性隨地小便的現象，
提到：

小便進廁所那是毫無問題的，男人有沒有當街小便卻不得而
知，女人當街小便卻是千真萬確的，女人小便中心沒有固定，
牆腳好，街心行人道也好，身體一蹲，褲子一推，眉頭一皺，
牙根一緊，便解決了，也許當時遇見親友還要打個招呼呢。[77]

對於越南人的衣著，文章亦頗為刻薄，將越南人的服飾與其他地
方的服飾相比較，提到日本人的衣服寬身博袖，所以稱為蝴蝶衣，也
叫做和服，中國人的衣服長身廣袖，如唐人的服飾所以叫做唐裝，西
洋人的衣服貼襟挺領，稱作洋裝，筆鋒一轉，稱「安南人則不然，袖
窄大領，衣長僅過膝，顏色是上黑下白，說方便也方便，說難看也可
算難看了」[78]。

此種薩義德式「東方主義」的描寫不僅僅存在於東西方二元對立
視角中，在「東方」的內部同樣存在，這種隱含著「優越感」的文化
敘事在後期逐漸趨向客觀。

後期對越南文化的關注主要集中在文學方面。〈越南雜話〉一文

---

76 鐵髯：〈閒話南洋〉，《東方戰友》第18期（1940年6月15日），頁11。

77 鐵髯：〈閒話南洋〉，頁10-11。

78 鐵髯：〈閒話南洋〉，頁10。

中通過對越南歷史文化的梳理，表現出對越南文化傳統及高等教育方面所受摧殘的惋惜，作者譴責法人對越南傳統文化的壓制、對宗教信仰的限制以及對高等教育的壟斷，文章悲痛地寫道：

> 誰不習慣自己的風尚呢?!誰不崇尚自己的文化傳統呢?!越南人強烈的酷愛著本國的南（喃）字學，尊孔儒佛，但是法國人可要越南人信奉天主教，不准讀進步的新書，蒙館是允許的，但是大學就非要特准不可了！留學或者發表言論，哼！機關槍會看上了你。人，是有情感的，誰不愛自己的同族呢?!但是法國人不准越南人大族同在一起，父母兄弟，高興就殺，姐妹老婆，奸！三個人在一起走路談天也得當心「金不者」（越南警察）對你不起，不是麼？[79]

　　文章對法國殖民者提出控訴的同時，也指出日本所謂的「日本和越南同文同種」的文化陰謀。該文提到日本在越南放的文化煙霧彈，包括日本人為在法國文化壓制下的越南人「打抱不平」，捐款給越南人辦學校，送公費生前往日本留學等等，蠱惑「同文同種」越南應該與日本團結起來，一起「打倒番鬼佬」。[80]對此，文章有著清醒的認知，從日本禍害越南的歷史和事件著手，一一分析並破解日本的陰謀，點明「狐狸終究還是狐狸，任憑他怎麼善變，尾巴總還是有的，在極度洋洋得意之下，卻禁不得露出真獸像來了！」明確地斥責「挑撥安南王和柬埔寨王交惡的是日本，討好越南人和主使無恥的越奸冒著『革命』的金字牌來達成其統治越南的是日本，破壞真正的代表國家民族利益的越南革命陣線而給越南獨立自由解放的發展蒙上暗影的

79　林植樑：〈越南雜話〉，《東方戰友》第26期（1941年2月15日），頁15。

80　林植樑：〈越南雜話〉，頁15-16。

也是日本」，籲求「儘管少數的人們還迷惑著炫耀著日本底漂亮外衣吧！但是，每一個真正不甘做奴隸的越南人民現應是夢醒了」[81]。

還有一篇〈越南的文化〉主要談論受法國影響之下的越南文學的狀況。文章先是梳理了越南從以越文、漢文為主到以法國傳教士所創的拉丁字母拼讀文、法文為主的文字使用歷史，雖然提出在法人的經營下，越南的書報事業發展進步很快，但也明確指出這套拉丁字母的拼讀文「雖然是掃除文盲的一種工具，其實法人用意，卻在消滅越人的方塊字」，「法國人所注意的是教授越人法文使他們能寫，能讀法國書報，法政府並編有特種課本，以便教育，法人更在越南設印刷工廠，出版報紙，課本及其他法文書籍，所以越人研究各種學問，都以由法文為便利，更有許多法國特派的學者相勸越南文人進行各項工作，使越南文化與法國文化混合」，文章不無擔憂的提到「重要言論都係根據法國報章開設，小說，戲劇，詩歌，都是法國化，法人雖竭力傳播法國的文化，可是卻不讓越人接受各種政治思想，一味製造奴化的文學或科學」[82]。作者從文學發展的角度肯定越南當時的進步，卻也憂心地提出越南著名的作家深受法國影響並均以法文寫作，且多半是越南政府的官員，這種情況要想「產生『弱小民族的文學』以至泰戈爾那種人物，在越南是極難的」[83]。

對越南文化敘事由薩義德式「東方主義」到理性分析、逐漸趨向客觀的歷程，與朝鮮對越認識的不斷加深以及朝鮮革命者對自身革命進程的認知發展相關。朝鮮在甲午更張[84]之前，一直被禁錮在陳舊的東方文化意識之中，對外部世界知之甚少，在甲午更張前後，大量關

---

81 林植樑：〈越南雜話〉，頁17。

82 赫文：〈越南的文化〉，頁8-9。

83 赫文：〈越南的文化〉，頁8-9。

84 又稱甲午改革，是一八九四年朝鮮王朝進行的一系列近代化改革。

於世界知識的書籍從中國傳入，其中最受歡迎的一部書籍就是《越南亡國史》，此書由梁啟超整理出版，主要寫的是他與越南愛國志士潘佩珠關於越南亡國過程的交談及感悟。此書一九〇五年流傳入朝鮮，一九〇七年編入當時朝鮮非常普及的教科書《幼年必讀》中，由此成為了朝鮮家喻戶曉的愛國啟蒙書。該書傳入朝鮮並受到廣泛關注之時，正值朝鮮陷入民族危機之中，《越南亡國史》使得越南成為朝鮮人心目中的「亡國鏡像」，作為「警醒工具」刺激著朝鮮民族關注本國的時局興衰，並非以深入瞭解越南為目的。分處中國大陸兩端的兩個民族各自處在自身的獨立解放鬥爭當中，長久以來相互之間的認知程度相當有限。為加深亞洲各弱小民族國家之間的革命合作，各國間開始注重和提倡文化的交流，以維護各國革命團體之間的政治穩定。越南明確表示要與中國、朝鮮等被壓迫民族加強聯繫，正如越南民族解放同盟會在給李斗山的公函中提到的「對中國和其他被壓迫民族，我們也認為『同病相憐』，『同仇共滅』是一個沒有再中肯的道理，我們要設法與它們密切的聯絡」，同時發願「我們希望在朝鮮革命團體中間，能夠有一個很好的聯絡，我們相信你（李斗山）是這個聯絡的促成者」。[85]一九四〇年十月，中越文化工作同志會在桂林成立，李任仁在成立大會上指出，「中越除軍事上應該合作外，我們還要促進中越文化交流，以保障東亞和平」，李斗山作為朝鮮代表也在成立大會上發表了講話。[86]在促進與越南文化交流的倡導下，對於同樣處於民族同化政策下、民族文化受到嚴重摧殘的朝鮮來說，對民族文化焦慮的「共感」自然會使朝鮮革命者關注越南文化的發展。此種革命的文化轉向雖帶有明顯的為政治軍事服務的指向性，但也為各國之間跳脫政治軍事理解框架提供了可能。

---

85 〈越南民族解放同盟會之一封公函〉，《東方戰友》第30期（1941年6月15日），頁13。
86 黃錚：《中越關係史研究輯稿》（南寧：廣西人民出版社，1992年），頁95。

小結

　　抗戰時期，在華的關內韓人在中國整體部署的引導下，以及在自身革命活動進程的影響下逐步向中國腹地遷移，兩支關內主要的韓人革命勢力於一九三八年秋相繼內遷進入廣西。朝鮮革命團體內遷入桂受多種因素的影響，此中既有不得已而為之的客觀「被動」因素，即由於日軍戰略的轉變，廣西暫時形成一個具有柔性「邊界」的抗戰大後方區域，在一段時間內得以維持相對的穩定平和，這是中國民眾以及在華韓人內遷入桂、寓桂的時勢原因，另外，廣西在上個世紀三十年代良好的發展態勢和建設成就，亦吸引著在華韓人選擇入桂、寓桂。同時，在華韓人基於獨立復國運動進程的考量，亦有不北上而選擇入桂的主觀「主動」因素。歷時性地考察韓人獨立運動進程，可知韓人在桂時期是其由持續轉移向基本穩定的過渡時期，共時性地考察中國東北、中朝俄邊境一帶、朝鮮半島、日本、美洲等其他地區的反日復國運動的情況，亦可觀在桂韓人革命活動整體以文化活動為主的區域性特點，在戰火紛飛、身陷囹圄的前線和淪陷地區，文化活動往往舉步維艱或受制於人，而相對安定的地區則有較多開展文化活動的可能，韓人在桂期間深受廣西政治、經濟、社會、文化狀況及民眾心態的影響，特別是在桂林「文化城」文化氛圍的浸染下，在桂韓人迸發出蓬勃的文化活力，桂林所營造的文學氛圍以及相對優越的出版發行條件，使得在桂韓人構建起了一個屬於自己的文學場域並在其中進行朝鮮書寫，讓受眾置於其中聽到「朝鮮聲音」，韓人期刊就成為了在桂朝鮮革命者發出「朝鮮聲音」的重要平臺。《東方戰友》即為其中重要且具有代表性的韓人期刊。

　　總觀《東方戰友》中越南主題文章的登載情況，在其介紹亞洲各弱小民族的文章中，是除了朝鮮之外數量最多的，可見相較於亞洲其

他各弱小民族而言，越南是受朝鮮關注最多的對象，且文稿數量呈現逐漸增多的趨勢。這些文稿呈現出以革命敘事為主、以文化敘事為輔的多面向內容，成為窺探在桂韓人這一「他者」對越南認知的有益「窗口」。朝越之間近代以來相似的被殖民歷史境遇，以及由「尋求承認」到「自我爭取」的獨立運動經歷，是在桂朝鮮革命者關注越南的歷史性動因。二戰局勢的發展和越南國內革命運動興起的時局性因素，以及共同在廣西開展獨立運動的地緣性際遇，共同推動了朝鮮革命者向「西南」觀望。分處中國大陸東北端和西南端的兩個民族匯聚在西南一隅的廣西，朝越之間現實的革命實踐取代了以往的異域想像，為朝鮮革命者的越南書寫打下現實基礎。

　　由於時代的特殊性和歷史使命，這些文稿均圍繞著越南革命運動而生發。革命敘事中，由於朝鮮革命者的立場，其對日本帝國主義態度是一以貫之的抗爭態度，但是對於法帝國主義的態度，在越南革命敘事前後卻有著較大的轉變。經歷了從「聯法」的曖昧到「反法」的堅定，這當中既有朝鮮革命者對越南革命境況的應時性考慮，背後也透露出朝鮮迫切促成東方被壓迫民族反侵略統一戰線的訴求，以此獲得日後聯合國家中的一員的地位。對越南革命問題的分析，亦滲透著朝鮮革命者對朝鮮革命困境的反思，如對朝越革命力量內部同樣出現意見分歧、紛爭不斷的現象的思考，以及建立國家武裝力量的考量等等。在文化敘事中，從早期對越南文化僅做表面化的主觀描述，到後期對越南文學的集中關注以及對其發展顧慮的理性陳述，整體是從隱含的「東方主義」視角到漸趨理性的改觀。此種變化不單與朝鮮革命者跳出「亡國鏡像」後對越認知的不斷加深有關，也與朝鮮革命者拓寬革命路徑的認知發展相關。二戰期間，在八桂大地上，朝越之間在文本語境和歷史語境當中「跨越中國」的相會，在整個二十世紀少有接觸的兩個民族的交往當中留下重要歷史印跡。

第四章
新中國成立初期西江水域社會治理與新秩序的形成[*]

梁新堂

　　國民政府時期，國家權力對鄉村基層社會的控制和滲透並沒有達到實際的控制效果。與國民黨統治時期不同，新中國成立後，中國共產黨在鄉村社會以階級鬥爭為突破口，通過土地革命、民眾動員等方式對地主豪紳進行階級鬥爭、沒收財產、教育民眾，逐步瓦解了鄉村中的舊式傳統權力。輔之進入鄉村基層社會的是，中國共產黨通過建立農民協會、婦代會等新的社會組織，在新政權的建設中塑造起了中共的權威，並通過擴大民眾參與鄉村治理的範圍，加速了國家權力對鄉村社會的實質控制。與陸上鄉村社會相比，水域社會的情況則顯得更為複雜。歷朝歷代國家政權力量對水域社會的滲透都是極為有限的。大量倚水維生的人群，具有文化水準低下、分散、流動性強等特點，這就決定了新中國成立初期國家權力對水域社會控制與建立新秩序是有難度的。一九五一年在全國各江河湖海建立起來的民船聯合運輸社雖然一定程度上解決了水上運輸秩序混亂問題，但這並不代表中

* 廈門大學研究生田野調查基金專案（編號2019GF006）研究成果；廣西中青年教師科研基礎能力提升項目「新中國成立初期廣西水上改革運動研究」（編號：2023KY0251）階段性成果。

國共產黨已經在水域社會中建立起絕對的政治權威。那麼，中國共產黨是如何在西江水域建立新秩序，實現對水域流動人群的有效管理？本章以廣西水上社會民船民主改革[1]（下文簡稱水改）為切入點，討論新中國成立初期國家權力在西江水域社會的滲透以及建立水域社會新秩序的過程。

第一節　水上改革的政策表達與水域社會的變革

一　水上改革政策的表達與生成

水上民主改革與陸上民主改革是相呼應的。新中國成立後，中國共產黨對基層社會秩序的管理經歷了一個充分的準備和醞釀的過程。從一九五〇年起，國家開展了各項社會改革運動，打擊和消滅了大批反革命分子，初步鞏固了新生的國家政權。一九五二年全國土地改革的基本完成，實現了農民的「翻身」和促進農業的「生產」。陸上的社會改革運動結束，並不意味著全國各地區的反革命勢力已經遭到徹底消滅。在江河湖海地區，約有幾百萬倚水維生的人仍未得到徹底的「解放」。在當時，江蘇的水上船民有「三面朝水，一面朝天，就是不見毛主席」之說，廣西的船民中也流傳「毛主席好是好，岸上人民得翻身，水底下的仍在水底」[2]之賦有政治色彩的諺語。其實，中共

1　根據廣西內河民船工作會議的指示，廣西漁民主要以北海為主，由於漁民的改革性質與民船不同，廣西省政府對省內的漁民情況瞭解不夠，幹部力量又非常有限，一九五三年四月之前不進行民主改革。廣西內河漁民較少，可結合民船改革進行摸底，後期再進行改革。因此，為了清晰梳理廣西水上改革的過程，本章主要討論的是廣西內河水上民船改革問題，北海漁民和內河漁民改革暫不作為主要內容進行討論。

2　《向中南局匯報本周民改情況》，1953年1月27日，廣西壯族自治區檔案館藏，檔號X001-006-0279-0015。

中央對這些水上船民[3]的「翻身」訴求早有注意。從一九五一年下半年開始，中共中央就開始對水上民船工作的政治改革進行醞釀。

　　新中國成立前後，中共中央對內河民船運輸業的發展極為重視，把原來混亂無序的民船組織起來，建立民船運輸公司、民船聯合運輸社等集體性群眾組織開展運輸活動。但經濟秩序的逐漸恢復並不代表水上狀況已經得到根本的好轉。內河水上情況仍是極為複雜的，甚至一些反革命分子、惡霸等在全國鎮壓反革命運動期間，潛逃於水上。這樣的行為引起了中共中央的注意。一九五一年二月二十三日，羅瑞卿就廣東、廣西、江西三省的鎮反工作向毛澤東匯報時就指出「從江西和若干其他地方經驗看，我們還留給了反革命一些逃匿的空隙：一是從鄉下逃向城市，二是從陸上逃到水上，三是逃向邊沿地區，四是躲藏在我們的機關、學校、工廠、礦山內部。」[4]他認為一下子把所有的這些空隙彌補起來是有困難的，要自覺採取適當的步驟，掃除反革命逃匿的死角是十分必要的。

　　一九五一年八月十三日，中華全國總工會辦公廳在致劉少奇的民船工作報告中，再次提到了有關水上的敵情：「全國內河運輸的主要工具——民船運輸業目前存在著嚴重的困難。『黃牛』船行、封建把頭、會道門、幫派的反動頭子仍然對船工船民進行殘酷的剝削和壓迫；特務分子、反動黨團、偽工會、偽同業公會仍然進行敲詐；漏網匪特、逃亡地主混入活動。他們互相勾結，控制江面，掌握碼頭，操

3　根據任雲仙在〈1952-1953年江西水上民主改革研究〉中指出船民與船工是兩個不同的概念，船民指的是自己有船、參加主要勞動、不雇工或少雇工的個體船民；船工指的是自己沒有船隻，以出賣勞動力為生的船上工人。在此，本文為避免涉及船民階級劃分的混亂，非特別說明之處，在本文中所指的船民一般泛指包括船主、船工等倚水維生的普通勞動船民群眾。

4　中共中央文獻研究室：《建國以來毛澤東文稿》（北京：中央文獻出版社，1988年），頁137。

縱貨運，並進行反革命的破壞活動」。[5]該報告指出當前民船運輸業存在的困難原因，主要是「封建把頭」、「反動頭目」等反革命分子對船民船工進行壓迫，控制江面並進行破壞活動。因此，他們給出的建議是今後的基本方針任務就是集中全力發動組織廣大民船工人，團結獨立勞動的民船，聯合民船老闆，推翻封建把頭、特務的反動統治。鎮壓反革命，消滅封建剝削，建立新的民船運輸機構和新的制度，保障改善船民生活。總工會的工作方針任務並沒有得到了劉少奇的直接答覆。劉少奇只是在批覆中要求彭真，「此件請你找工會、交通部、公安部、中共中央組織部協商，提出切實的解決辦法，通報各地處理，同時建立全國性的統一領導機構也是需要的」[6]。很顯然，劉少奇只是贊同建立全國的統一的領導機構，對於海員工會在工作任務中提出要對「封建把頭」、「反動頭目」、「匪徒」等鬥爭對象實行「鎮壓反革命」、「推翻封建把頭、特務」等要求並沒給出具體意見，而是要求彭真能夠與中央其他部門進行討論解決方法。正是這樣，後來彭真根據劉少奇的指示，才擬定出了《關於開展內河木船工作的指示》。

幾乎與此同時，八月十八日，中共中央向全國各區部委轉發了中南局部署民主改革運動的電報。在電報中，中共中央要求全國各省已開展的民主改革應限制在工礦交通企業、碼頭、行業、街道四個方面，其中的「行業」，檔特別說明是指與生產事業密切相關，且存在著不同程度的封建把持制度的某些行業（如建築、駁划、魚欄、菜市、糞便等）。並要求各地應堅決抓住工廠、礦山、交通、企業為民主改革的重點，以適應整個生產事業發展的需求。[7]民主改革，簡而

5　中共中央文獻研究室、中央檔案館編：《建國以來劉少奇文稿》（北京：中央文獻出版社，2005年），第3冊，頁670。

6　中共中央文獻研究室、中央檔案館編：《建國以來劉少奇文稿》，第3冊，頁669。

7　中央檔案館、中共中央文獻研究室：《中共中央檔選集（一九四九年十月～一九六六年五月）》（北京：人民出版社，2013年），第6冊，頁455。

言之就是對舊式行業進行政治改造，廢除封建的剝削制度，建立適應社會主義生產關係的新制度。交通企業、碼頭、駁划、魚欄等行業均屬於水面行業。因此，中央要求各省對水面行業進行民主改革，說明涉及水上的民主改革運動自一九五一年八月十八日就已經開始。[8]八月十八日的電報雖然是要求各省開展涉及到水面的民主改革，但並沒有具體的改革內容措施。然而，從各省的地方執行情況看，我們可以大概瞭解到此次涉及水面行業的民主改革的內容目的。八月二十一日，中共廣西省委副書記何偉在廣西省第一次代表大會上作了報告。該報告有一項要求，就是在廣西內河航運事業中開展民主改革，並說明改革的內容和目的就是「發動海員工人群眾，肅清隱藏在航業工人中的反革命分子，掃除封建殘餘分子，摧毀各種反動的幫會組織，及各種封建剝削制度，清理假公濟私的超額的冗員，廢除不合理的陋規雜費，固定與保護工人的正常工資收入，逐步做到統一貨源，扶助私營航商的聯運事業，適當的調整航運的價格，只有如此，才有利於航運事業的發展，又有利於城鄉物資交流」。[9]可以看出，此次的水面航業民主改革目的就是肅清隱藏在航業中的「反革命分子」、「封建殘餘分子」等等。但由於中央要求民主改革是為了適應生產的需要。因此，內河航運事業的民主改革內容也增加了廢除「封建剝削制度」、「陋規雜費」等舊式制度的要求。可以說，八月十八日中央對各省開

8　關於交通行業的民主改革，其實早已開始。從一九五一年三月鎮反運動後，中南局第二書記鄧子恢就已經關注到了工礦交通企業中反革命分子、把頭制度等情況的嚴重，三月五日，中南局擴大會議之後，城市中的工礦交通企業的民主改革運動開始在試點城市進行。五月九日，中南局第一次城市工作會議後，中南局的工礦交通企業和城市各行業、街道的民主改革運動開始。八月十八日，中共中央轉發中南局部署民主改革的文件，是全國工礦交通企業民主改革的開始。

9　廣西卷編委會：《中國工會運動史料全書・廣西卷》（南寧：廣西人民出版社，1999年），頁220。

展民主改革的要求，是打擊反革命分子與廢除舊式剝削制度相結合
的。但實際上，廣西全省只有極少數的地區實行了改革。比如當時只
有桂林市對灕江上的民船進行了民主改革，民船工作幹部對江邊的船
民實行了宣傳發動、扎根串連、揭發批鬥舊街長及惡霸分子，並建立
了灕江水域船民戶籍管理。[10]除此之外，廣西其他沿江地市並無開展
相關內河航運民主改革的工作。可見，此次內河航運民主改革在全國
的影響力與執行力都是十分有限的。此次的民主改革雖然只是局限於
工礦交通企業、碼頭、行業、街道等四個方面，但是對於涉及到水面
行業的範圍仍是模糊不清。在國營輪船運輸業薄弱的廣西，民主改革
的影響力更是有限。因此，民船運輸業的改革也往往會牽涉其中。直
到一九五一年十月二十日，經過劉少奇修改的《關於開展內河木船工
作的指示》最終在黨內公開，專門針對內河民船的民主改革才正式開
始。該指示明確指出：

> 我們在船民、船工中，迄今還沒有進行系統的工作，因此，不
> 僅殘餘的封建勢力仍然極端野蠻地壓榨著船民（包括船主），
> 特別是船工（據全總和交通部不甚精確的材料，「黃牛」船行
> 的中間剝削，有時達運費總額的百分之二十至五十。薦頭行對
> 於勞資雙方的剝削，有時達工資百分之二十以上），抬高運
> 費，偷竊貨物，並且有很多土匪、惡霸、特務和反動地主，利
> 用內河木船業的複雜情況和木船流動不定、我們尚難嚴密控制
> 的空隙，紛紛潛伏進去，把木船作為其活動的巢穴。他們不僅
> 勾結原有的封建殘餘壓榨船民、船工，並且依靠木船為基點，

---

10 王玉梅、周德榮：《青春獻桂林　桂林文史資料》（桂林：灕江出版社，1999年），
　 第40輯，頁219。

　　四處進行破壞活動，首先是破壞內河航運事業。為了肅清隱藏
　　在木船中的反革命分子，在木船中進行民主改革，並改善我們
　　的內河航運事業，我們必須立即著手加強這方面的工作。[11]

　　該指示其實是對八月十三日的中華總工會關於民船工作報告的再
次申明。而八月十八日中共中央轉發中南局部署民主改革的電報內容
及後來的各省的開展情況報告，也均沒有在此文件中得到體現。因
此，在該指示中，可以發現中央要求地方民主改革中打擊的對象是
「殘酷壓榨船工、船民的『黃牛』船行、薦頭行等封建殘餘和混入在
木船業中的土匪、惡霸、特務等堅決反革命分子」，對「封建剝削制
度」、「陋規雜費」等問題也並沒有提出廢除的要求。但這條針對民船
的民主改革運動指示，在地方上沒有引起足夠的重視。除了華東、西
南個別省份推行外，大部分地區並沒有實際的行動。直到一九五二年
九月一日，劉少奇重新提起「1951年民船工作文件」的施行情況時，
民船民主改革運動才重新回到中央的工作視野。九月八日，交通部召
開了座談會，再次討論有關民船民主改革工作的問題。根據王首道向
劉少奇匯報會議的情況知道，共有五個方面內容：一九五一年十月份
的民船工作指令繼續有效；全國各省的民船民主改革工作根據開展早
晚情況進行補課或重點展開；中央成立專門辦公室負責領導，派出工
作隊，等等。[12]與一九五一年十月公布的《關於開展內河木帆船工作
指示》不同的是，此次討論會中，增加了「在淡季應酌情予以貸款扶
助」的做法，即通過政府發放貸款幫助船民修補船隻。可見，船民的
生計問題也是民主改革考慮的內容之一。

---

11 中央檔案館、中共中央文獻研究室編：《中共中央檔選集（一九四九年十月～一九
　　六六年五月）》，第7冊，頁150。
12 中共中央文獻研究室、中央檔案館編：《建國以來劉少奇文稿》，第4冊，頁454。

　　十月十九日，《中共中央關於民船工作的第二次指示》作為正式
文件下發各省，此次檔的內容是在九月八日的座談會上談論的內容基
礎上進行修改完善的。對比《關於開展內河木帆船工作指示》發現，
第二次指示中明確提出了民船民主改革的方針：「依靠船工和貧苦的
獨立勞動者，團結一般真正船民（包括船主），打擊反革命分子，封
建把頭，反動的幫會首領（幫會有其群眾性，不應一般地提出反對幫
會的口號，但其首領多與反革命封建把頭有關），逃亡的惡霸地主及
走私販毒主犯，以肅清反革命分子，打倒封建把持制度，同時進行愛
國主義教育，提高所有船民政治覺悟，組織起來發揮運輸能力。」[13]
這個方針要比第一次指示要更加詳細，並把打倒封建把持制度和愛國
主義教育也作為了民船民主改革的方針內容。十二月二日，全國民船
工作會議的召開，要求各省堅決貫徹第二次指示中的民船民主改革的
方針內容。自此，從一九五二年的十二月開始，中央人民政府自上而
下地在全國各江大河中進行了一次水上民船民主改革。

　　通過梳理這些中央政策檔可以發現，國家開展民船民主改革的內
容是在逐步地發生變化的。從一九五一年八月十三日中華總工會提出
在民船中實行打倒封建把頭，實行鎮反運動開始，到《關於開展內河
木帆船工作指示》的公開，中央對水上的惡霸、土匪等反革命分子的
重視不斷加強，而當中國共產黨在全國完成了土地改革之後，在國家
經濟建設的需要和幹部力量上的充沛等因素影響下，中共中央在民船
民主改革決策上也隨之發生了新的變化，開始把「扶助民船的生
活」、「廢除封建剝削制度」、「實行愛國主義教育」等涉及「民生」的
內容也逐步地納入到改革的範疇內。國家民船民主改革內容政策的變
化，說明了民船民主改革運動的目的並不僅僅是打擊水上五方面敵人

13　中央檔案館、中共中央文獻研究室編：《中共中央檔選集（一九四九年十月～一九六
　　六年五月）》，第10冊，頁112。

和打倒封建把持制度，還在於注重活躍水上運輸。這樣的變化是在地方民船民主改革的實踐中體現出來的。廣西容縣專區民船工作委員會在總結本專區的民船民主改革過程經驗教訓時就提出，「如果改革工作對今後運輸沒有好處，改革就算失敗。因而應把活躍運輸的工作，在整個運動過程中當作是經常重要的任務貫徹到底，隨著運動的深入而逐步做得更好，民改工作要服從運輸，這是今後水上改革工作出發點之一」。[14]因此，民船民主改革運動其實就是水上鎮反與民主改革的結合。[15]

二　水改前的廣西水域社會環境

當國家自上而下地在全國推行民船民主改革運動之時，遠在南疆的廣西，此時在民船聯合運輸社的作用下，西江水上的航業運輸秩序已經逐漸得到了恢復。在廣西西江水域，大量倚水維生的人群以捕魚、運輸等方式開展生產生活活動。據廣西公安廳水上分局在水改前統計：廣西全省有輪船一百六十二艘，帆船約一萬三千餘隻，主要分布於邕、梧、柳、桂、北海五市及百色、欽州、平樂等專區。據五市不完全統計，水上固定戶口為四千二百一十八戶，二萬一千四百零二

14　《貴縣民船民主改革準備鬥爭階段工作總結報告》，1953年5月13日，廣西壯族自治區檔案館藏，檔號X001-006-0294-0156。

15　劉詩古在〈從「化外之民」到「水上編戶」：20世紀50年代初都陽湖區的「民船民主改革」運動〉中認為，民船民主改革運動的核心目標是肅清反革命分子和封建把頭。張策在全國第二次民船工作會議上總結時，針對民改與鎮反的區別，也指出「民改則不僅要求肅清反革命，還要打倒封建把頭制度和為改革民船運輸經營創造各種條件，無疑間民改會達到鎮反的目的而鎮反則不能完全達到民改的目的」。因此，本文認為活躍水上運輸，迎接國家第一個五年計劃經濟建設同樣是民船民主改革的重點內容。

人。至於流動戶口，只據南寧市統計有二千四百餘戶，一萬三千餘人。此外，北海市及欽州區有大小漁船六千三百七十八隻。純漁民七萬六千九百八十五人，半漁民十九萬二千零一十五人。全省內河船民及漁民（半漁民不算在內）約有二十萬餘人。全省五個市及半數以上的縣城、圩鎮靠近內河沿岸，約計百分之十的人口依靠或半依靠水上生活。[16]可見，廣西內河船戶、漁民人數眾多，這給廣西省人民政府在廣西內河開展水上改革帶來了挑戰。

在新中國水上航運政策和社會各項改革運動的影響下，廣西內河航運管理機構已經建立並開始了對水上船隻的管理，民船聯合運輸社也在一九五一年十一月之後紛紛在廣西各江河沿海城鎮建立起來。廣西省委還在南寧、柳州、梧州、桂林的一些重點地區的碼頭建立了水上公安，初步建立了水上船民戶口管理制度。在河流沿岸的重要縣城和圩鎮，政府對流動的船隻也進行了管理。如容縣專區，從封江剿匪時期起就開始對城廂及沿江圩鎮的船隻實行集中管理和戶口登記，並按職業分類、編組，規定停泊地點實行管理。同時，還在城廂及重要圩鎮建立派出所、治安保衛委員會治安組，對船隻實行定期檢查。[17]

總體而言，一九五二年前後的廣西，陸上剿匪已經取得基本勝利，農村土地改革已經在各地迅速開展，水上運輸業也基本結束了新中國剛成立時的混亂無序的狀態，水上交通運輸能力得到了提升。政府在維護水上治安、保護航運和配合稅收工作起了不少作用。[18]然而這些成效並不意味著中共中央已經在廣西水上運輸業中建立起了體現

16　《廣西省公安廳水上公安局關於水上民改工作的情況報告》，1953年1月24日，廣西壯族自治區檔案館藏，檔號X106-002-0100-0006。

17　《容縣區公安處容縣區水上情況總結報告》，1953年1月23日，廣西壯族自治區檔案館藏，檔號X001-006-0294-0112。

18　《向中南匯報本周民改工作》，1953年1月27日，廣西壯族自治區檔案館藏，檔號X001-006-0279-0045。

中央水域治理理念的新秩序。正如中央的水改政策中所指出的，由於
「我們在船民船工中，迄今還沒有進行系統的工作」、「解放三年來我
們很少估計這方面工作」、「過去各地忙於中心工作，對此未引起重
視」等等原因，水上船民仍受「黃牛」船行、薦頭行等封建殘餘的剝
削，生活生產仍處於極大的困難當中。陸上的土匪、惡霸、特務等反
革命分子在各種社會改革運動後潛伏於水上，繼續開展破壞活動。在
廣西西江水系，水上情況同樣複雜，歸結起來，主要體現在：

　　一是水上情況複雜，一些反革命分子、把頭仍在活動。廣西自解
放後，進行了為期一年的剿匪作戰，大量的土匪、特務遭到了打擊。
但在水上，除了桂林在一九五一年九月開展了民船民主改革外，其他
地區均未有過系統的改革。水上的封建把頭制度和一些匪特、惡霸等
反革命勢力仍控制著水面航業，開展水上破壞活動。據檔案資料顯
示，由於廣西水上管理檢查機構不健全，南寧、梧州等地的反革命分
子、把頭仍在從事公開的反革命活動。如勒收行水、組織武裝暴動、
窩匪、濟匪、造謠惑眾，不一而足。[19]南寧、梧州是當時廣西經濟最
為發達的兩大城市，水上反革命分子尚存眾多，其他沿江城鎮的情況
則不難預料。

　　二是各種水上管理機構中人員身份來源「複雜」。新中國成立
後，廣西雖然建立起了新的內河航運管理部門和群眾集體性組織，但
是也保留了民國時期的一些基層群眾組織。由於管理疏漏和人員幹部
缺乏等原因，一些惡霸、把頭等反革命分子進入了水上基層管理機
構，依仗原有的權勢，繼續剝削和壓迫船民。據資料記載：桂林的排
筏工會、航運工會、海運工會、民船工會、工商聯合會、漁民委員

19　《廣西省航運情況調查報告》，1953年，廣西壯族自治區檔案館藏，檔號X001-006-
　　0461-0065。

會、民船商業工會、中國內河航運工會、農民船業工會等在組織上就混入大量的「反動人員」。[20]除此之外，以船員身份隱藏於船民當中從事破壞活動也是反革命分子常用方法。檔案資料記載，特務梁某在澳門接受美帝特務魯里士的任務，混入梧澳線廣益隆汽艇當雜役，以假積極奪取兩航船治安小組長之職。最近潛回梧州活動。[21]在廣西其他水域，南寧水上慣匪李某，在鎮反運作中未受到打擊，仍在叮噹河以打漁為掩護，暗中控制船民，船民都很怕他。[22]可見，在水域各種管理機構中，反革命分子「借用」各種新身份，繼續從事各種破壞水域秩序的活動。

三是水上幫會組織依然猖獗。兩廣地區歷來是民間秘密團體的活動頻繁之地。水域屬於一個相對封閉的社會，在戰亂頻繁和匪患嚴重時期，為出於克服水道險峻和土匪惡霸的敲詐勒索，許多船民加入了秘密組織，結盟拜會。新中國剛成立時，工作人員就調查發現：天地會、一貫道等民間秘密組織就在水上人群中大量存在。梧州最有勢力的兩大幫派組織「大洪山」、「扶風山」中就有約有一百六十餘名船民加入，分布在梧州的火山碼頭、走私米幫、死豬團、南詞筏（娼妓筏）、豬盤艇、梧戎、梧貴渡等處。[23]新中國成立後，這些民間秘密組織雖然有的被遣散，有的遭到鎮反，但是有部分秘密組織仍在船民當

---

20 《桂林地委民船工委關於桂林市專區民船民主改革及水上鎮反總結報告省城工部民改辦公室》，1953年8月4日，廣西壯族自治區檔案館藏，檔號X001-006-0291-0037-0001。

21 《梧州水上情況匯報》，1953年，廣西壯族自治區檔案館藏，檔號X001-006-0299-0197。

22 《廣西省公安廳水上公安局關於水上民改工作的情況報告》，1953年1月24日，廣西壯族自治區檔案館藏，檔號X106-002-0100-0006。

23 《廣西省航運情況調查報告》，1953年，廣西壯族自治區檔案館藏，檔號X001-006-0461-0065。

中互相聯絡，秘密發展成員。一些船民加入這些幫派組織後，思想上對新中國的認識出現了混亂。「佳某」號公司職工三十二人，參加國民黨三人，青幫三人，紅幫三人，十兄弟二人，一貫道二人，同善社一人，衣弟子一人，佔總職工數百分之百分之五十三點一。後來，反革命分子又遭到一定的打擊，但由於梧州水上力量薄弱，未經發動群眾。因此，混亂現象並未消除。[24]

新中國成立後，還有的水上幫會組織甚至組建武裝隊伍對抗人民政府。如「幫會頭子管某飛、黎某東等，於解放後組織反共救國軍潯梧第五支隊，自任正司令員。於五〇年二月前在蒼梧縣屬梧州市郊等地進行活動搶劫，多次打砸鄉政府，並在撫河一帶設站勒收行水，於五〇年七月間曾密謀爆炸我水上分局。」[25]此外，還有「『大洪山』組織雖散，其成員除部分自動脫離外，餘仍保持聯繫。另一部分歹徒，則三、兩個一組，在梧州破壞社會秩序，到處造事生非，造謠破壞」[26]等等。

因此，在全國水上改革全面展開之前，廣西水上環境正如廣西民船工作委員會在向中南局所匯報的那樣：「廣西的水上鎮反至今仍極不徹底，殘存的封建把頭和五方面敵人尚未完全打倒。陸上鎮反的一些組織的反革命分子潛逃水上，改名換姓，隱藏起來，因而水上情況仍極複雜。」[27]這都表明，廣西的水上民船民主改革是必要的。

---

24 《廣西省航運情況調查報告》，1953年，廣西壯族自治區檔案館藏，檔號X001-006-0461-0065。

25 《梧州水上情況匯報》，1953年，廣西壯族自治區檔案館藏，檔號X001-006-0299-0197。

26 中國人民政治協商會議、梧州市委員會文史資料組：《梧州文史資料選輯》（梧州：中國人民政治協商會議梧州市委員會，1983年），第4輯，頁49。

27 《向中南匯報本周民改工作》，1953年1月27日，廣西壯族自治區檔案館藏，檔號X001-006-0279-0045。

第二節　廣西水上改革工作隊的成立與改革的開展

　　從一九五二年十二月中央召開全國民船工作會議後，全國各地的水改運動即拉開序幕。水改工作與土改相類似，大體上分為準備、鬥爭、建設三個階段。結合民船運輸生產，採取先管後改和按水系民船分布的船籍港分批輪番進行，由點到線、點線結合，典型示範，逐步推廣，分別各地不同情況分區進行。[28]根據中央的指示，全國水上改革的結束時間最遲在一九五三年秋。為能夠快速推進水改的進程，廣西的水改工作進度在中央劃分的基礎上再細分為五個階段，即準備、思想動員、民主鬥爭、民主團結、民主建設階段，時間上要求在四月底前完成試點水改，五月初開始在廣西各地全面鋪開工作，七月底前完成。[29]如何快速推進水改工作進程？廣西省人民政府首先從組建水改工作隊開始。

一　廣西水上改革工作隊的組建與訓練

　　全國民船工作會議後，廣西省委即開始了內河民船民主改革的相關工作布置。由於水改運動與水上鎮反運動相結合開展，因此最先開始準備工作的是廣西省公安廳。一九五三年一月五日，廣西省公安廳在「上級領導機關尚未指示統一的戶口登記管理計劃和辦法之前」的情況下，就首先向廣西各地的水上公安分局下發《指示》，要求各地幹警及時開展以下幾方面工作：一要深入水上進行摸底調查為水上改

---

28 中央檔案館、中共中央文獻研究室編：《中共中央檔選集（一九四九年十月～一九六六年五月）》，第10冊，頁472。

29 《關於深入發動群眾，開展內河民船民主改革運動的佈置（草稿）》，1953年1月8日，昭平縣檔案館藏，檔號002-002-00007-001。

革做好周密計劃；二要組織專門力量，分段分批的進行戶口登記管理和固定港籍的工作，摸清敵情，掌握材料；三是配合航運、工會等部門開展幹部培訓和宣傳工作；四是要求各地水上分局在一月底之前完成水上戶口登記。[30]水上公安局主要從戶口登記著手，通過戶口登記來摸清水上船民的基本情況，為水改的開始做好了準備。一月八日，廣西省委城工部正式下發了《關於深入發動群眾，開展內河民船民主改革運動布置（草稿）》，開始了全省的民船民主改革。該草案主要對全省的民船改革工作進行布置，包括具體的步驟、作法和在開展過程中遇到問題的解決措施。雖然該方案為草稿，但卻從整體上對廣西的水改運動進行了總的工作布置。總體布置方案的出臺，其實就已經意味著廣西水改運動在各地的正式推進。

　　根據全國民船工作會議的要求，為領導地方民船改革的開展，各省要成立民船工作委員會，組成專門的辦公室管理日常工作並建立互相間的工作聯繫。廣西省民船工作委員會在廣西公安局下發《指示》的當天就已成立並開始辦公。廣西省民船工作委員會的人員組成有來自城工部、交通廳、公安廳、航務局、省委城鎮部、省委辦公室等六個部門，並成立了工作委員會。委員會下設立辦公室，徐楠任辦公室主任。[31]從組成成員的身份級別上看，此次民船工作委員會的成立是得到廣西省委的高度重視。廣西民船工作委員會作為此次水上改革的主要領導機關，在廣西各專區、市縣下設相應的民船工作委員會，專門負責領導當地水上改革運動，從而形成了自上而下的領導系統，方便國家與地方政策、資訊的上通下達。在水上管理機構還不健全的情

---

30 《為加強水上戶口登記管理工作由》，1953年1月5日，廣西壯族自治區檔案館藏，檔號X001-006-0287-0001。

31 《關於成立廣西省民船工作委員會的報告》，1953年1月13日，廣西壯族自治區檔案館藏，檔號X001-006-0461-0031。

況下，民船工作委員會的組建保證了水改運動的進度和品質。而要深
入水上瞭解船民實情、開展思想動員、民主鬥爭等水改活動，則需要
有專門的工作隊。

　　早在一九五二年十月十九日的中央文件中就指出，此次水改應像
土改做法派出工作隊。[32]水改工作隊作為新的「國家代理人」要在水
上基層組織中行使權力，實現「國家在場」。他們參與了水改工作的
整個過程，既是國家決策在水域基層社會實施的直接執行者，也是水
上船民資訊情報的重要搜集者。其實，向社會基層派遣工作隊推進民
主改革在中國共產黨的歷史上並非第一次出現。自中共成立後，在蘇
區和革命根據地的實踐過程中就曾有過諸多類似的做法，到土改時期
就有了較為成熟的經驗，特別是在農民動員方面。[33]因此，與以往各
種社會運動中所派遣的工作隊員一樣，水改工作隊的選派成為了水上
改革運動中不可或缺的環節。

　　廣西水改工作隊的人員並非隨意組合。一九五三年一月十日，廣
西省委就根據中南局的要求開始從廣西各地黨委的公安、航運、工
會、黨委四個系統中抽調在職幹部組成水改工作隊，並指出抽調的原
因是「因為內河航運改革，不僅是這幾個系統的業務工作，而且也是
當前的中心任務」[34]。根據中央對工作隊的人數規定，廣西並未有大量

32　中央檔案館、中共中央文獻研究室編：《中共中央文件選集（一九四九年十月～一
　　九六六年五月）》，第10冊，頁112。

33　據《蘇區研究》（2019年第4期）載：美國學者裴宜理研究，中國的工作隊模式是從
　　蘇聯引進的，最早開始於廣州農民運動講習所，但後來經過中國化，成為了一個非
　　常自然的、有機的、傳統的、適合中國情況的一個工作方法或手段。在土改時期，
　　工作隊非常受農民的歡迎。它始終是表徵著中共要和群眾之間要有一個紐帶，要發
　　動群眾，體現了中共在農村動員農民的獨特方式。

34　《關於內河民船改革補充通知》，1953年1月10日，廣西壯族自治區檔案館藏，檔號
　　X001-005-0138-0089。

的水改幹部可以抽調。因此，廣西省委不得不依靠剛剛結束土改工作
的土改工作隊。最初，廣西省委計劃從各地抽調土改工作幹部四百人
組成水改工作隊。但實際上，四百人的工作隊並不夠分配，廣西省委
又分別從邕寧專區、容縣專區臨時增加抽調各一百人。以此計算，抽
調組成水改工作隊中的土改工作隊總人數達到了六百人。[35]然而，一
月十三日，廣西省委公布的水改工作隊的人數卻發生了變化，「為了
加強民船改革的領導和有領導的穩步進行，省委決定抽調地級以上
幹部十六人，縣級幹部四十八人，在職區級與一般幹部三四四人，土
改幹部六百人組成民船改革工作隊」。[36]調整後的人數達到了一千零八
人[37]，比之前的抽調人數增加了四百零八人，除了原計劃抽調的土改
工作隊外，還抽調了大量來自地區級、縣級在職幹部，足見廣西省委
對水改工作的重視。事實上，這樣的人數在後來的抽調過程中還在不
斷進行調整。

　　由各地抽調而來的水改工作隊員是要分配到各地去開展水改工作
的。在一月二十七日召開的廣西民船改革工作會議上，民船工委根據
廣西各地方河流船隻、船民數量的多少原則，對從各專區中抽調的水
改工作隊人數進行了分配安排。「六九○名土改隊幹部分配如下：梧
州市五○名，南寧市五○名，桂林市一○名，柳州市四○名，北海市
五○名，平樂專區一二○名，容縣專區七○名，桂林專區六○名，邕
寧專區一百名，宜山專區七○名，欽州專區七○名。另準備吸收船工
與貧苦船民參加改革的積極份子二百名，分配如下：梧州市八○名，

35　《關於內河民船改革補充通知》，1953年1月10日，廣西壯族自治區檔案館藏，檔號
　　X001-005-0138-0089。

36　《關於成立廣西省民船工作委員會的報告》，1953年1月13日，廣西壯族自治區檔案
　　館藏，檔號X001-006-0461-0031。

37　拋開北海、欽州地區的漁民不算外，廣西內河水上船民應大約有十萬多人，按照比
　　例水改工作隊員人數在一千人以上比較合適。因此，此次抽調人數基本合理。

南寧市二〇名，平樂十名，宜山十名，邕寧十名，容縣廿名，百色四
〇名」。[38]並要求各地要堅決服從廣西省委從地級抽調的十六名幹部，
縣級幹部四十八名領導整個水改的決定。可見，對比原計劃的工作隊
人數，這次公開的工作隊員卻少了一百一十八人，其中原因也難以獲
知。然而，當廣西民船工作辦公室把這樣的工作隊員分配計劃報給中
南局民船工作辦公室後，中南局卻否定了這一選派計劃。根據三月二
日的廣西民船工作辦公室的文件獲悉：「有八百名土改幹部參加了水
改培訓，但實際開展水改工作的只有六百三十人。」又載：「上級批
准我省工作隊五百人，兩個月供給三個億，故我省將工作隊減少人員
由省供給五百二十人，各專市暫供給一百一十人，實際現有工作隊六
百三十人。」[39]從中可知，工作隊人數的削減實際原因與中南局的資
金供給問題應有直接關係。

　　從以上的人數變化看來，實際在廣西各地上開展水改的幹部人數
只有六百三十人，另外還有來自於各地縣的在職幹部六百零三人是協
助工作的。如果按照中央所規定的一百比一的標準來分配人數話，廣
西的水上工作隊員的人數基本符合配備要求（單就內河船民而言）。
此外，水改工作隊員中佔絕大多數的土改幹部、積極分子以及市縣的
幹部，還有來自各縣的在職幹部都參與其中。這都表明水改工作隊的
人員構成比較複雜，這為後來水改工作隊在船民中開展相關改革工作
帶來了問題。

　　由於水上從未開展過系統的改革，民船工作幹部對水上改革又缺
乏經驗。因此，對民船工作幹部的培訓則顯得極為關鍵。從全國水上

38　《關於全省內河民船工作會議總結》，1953年2月3日，廣西壯族自治區檔案館藏，
　　檔號X001-006-0461-0098。
39　《目前廣西民船工作概況》，1953年3月2日，廣西壯族自治區檔案館藏，檔號X001-
　　006-0461-0016。

改革運動開始，廣西省委就要求在一月底召開全省內河民船改革會議，向各專市縣航改領導骨幹幹部傳達中央、中南內河民船工作會議決議，討論與布置全省內河民船改革工作，重點解決政策思想和具體步驟與做法問題。[40]並要求在內河民船改革會議召開後，這些參會的領導骨幹幹部需要回到原處，在各專市縣召開會議，對各地抽調的水改工作隊進行專門的訓練。從一月二十七日至二月三日，廣西內河民船工作會議共召開八天。會議成員有來自廣西各專區、市、縣民船工作幹部一百一十五人，內公安系統七十三人，工會二十九人，航務系統三人，黨委十一人，其中地縣級幹部二十九人。其餘為一般區級幹部。[41]會議主要傳達了中央、中南內河民船工作會議決議和開展廣西內河水上改革布置初步草案的報告等，但會議也花了四天半的時間在圍繞以下五個問題開展小組討論。一是水改的布置和要求問題；二是先活後改與先管後改的問題；三是關於充分發動群眾問題；四是領導問題；五是關於階級劃分、貸款、少數民族地區是否實行改革的具體問題。[42]這五個問題，主要是還是解決民船工作幹部關於水改應該怎麼改？如何與船民群眾建立聯繫？以及在領導問題上存在的一些常規問題，目的在於強調水上改革與其他社會改革的做法不同。這五個問題在會議總結時，廣西省民船工作委員會主任郭偉人做了詳細的解釋和布置。此次廣西省內河民船工作會議召開之後，廣西各地的水改各項工作才正式開展。

　　根據廣西民船工作會議要求，二月上旬之前，民船工作幹部要對

40　《關於深入發動群眾，開展內河民船民主改革運動的佈置（草稿）》，1953年1月8日，昭平縣檔案館藏，檔號002-002-00007-001。

41　《關於省民船工作會議情況的報告》，1953年2月5日，廣西壯族自治區檔案館藏，檔號X001-006-0461-0007。

42　《關於全省內河民船工作會議總結》，1953年2月3日，廣西壯族自治區檔案館藏，檔號X001-006-0461-0098。

各地抽調的水改工作隊員進行培訓。從廣西省委的抽調情況已知，從各專區召集而來的水上工作幹部大部分是來自土地改革中的土改隊。這些土改工作隊員雖然在土改工作中積累了經驗，但土地改革與水上改革畢竟是不一樣的。水上情況如何？船民的特點是什麼？水改要改什麼？等等，這些問題對於大部分土改幹部來說還是陌生的。因此，為了便於工作隊員開展水上工作，廣西省委在分派水改工作隊時，就要求各專區要用一個星期的時間對抽調而來的工作隊員進行幹部培訓。至於培訓內容，雖然省委民船工委沒有明確規定，但從各地開展的水改幹部培訓內容上看，主要還是領會一九五三年一月二十七日廣西民船工作會議精神和部署本區的水改工作。也就是注重要求水改工作隊員能夠瞭解水改的目的、水改的方針政策、水改的具體操作步驟等等。這些內容與廣西民船改革會議的會議內容是相同的。由於各個專區抽調和召集水改幹部的時間不統一，各地的水改幹部的培訓時間也長短不一，培訓效果更難以保證。為了在四月份完成試點水改工作，有些專區甚至在沒有完全培訓完就匆忙把水改隊伍派上崗位，這也就造成了後來各地的水改完成進度不一及水改工作隊員的工作效率低下等問題。

經過水改培訓後的水改工作隊員，地方各專區民船工作辦公室要對他們進行最後的工作再分配。分配的方式是把工作隊細分設成隊小組，工作地點精確到內河船舶停泊的碼頭和灘塗邊。以廣西邕寧專區橫縣為例，該縣有民船工作隊九十四人，但為了增強工作力度，橫縣又另抽調有當地在職幹部二十人加入水改工作當中。當地民船工委把工作隊與縣抽調的在職幹部混編為三個中隊，中隊設有正副隊長，中隊下又再設置小組，設組長一名。第一中隊五十五人，設正副隊長二人，組長六人，所佔地區下從大嶺起到縣城以上西津渡止，大小碼頭六個。第二隊共二十九人，設正副隊長三人，組長三人，所佔地區從

南鄉以下米埠起上到飛龍止,共有三個較大的碼頭。第三隊二十九人,設正副隊長三人,組長三人,所佔地區下從平部起上到六景以上伶俐交界止,共有碼頭三個。[43]分配好後,這些經過培訓後的水改幹部就可以進入河流碼頭,開展為期四個月的水改工作。

二 廣西開展水改工作的實踐策略

經過培訓後各專區的工作隊,被分配到廣西各河流段船民中後,即開始了水改的具體工作。根據中央、中南局對水改工作的開展要求,廣西的水上改革工作是採取了由試點逐步到全面鋪開的方式來開展的。在廣西省民船工作會議上,廣西民船工作委員會就確定廣西的試點主要以南寧、柳州、桂林、梧州四大直轄城市港口以及各專區自選重點縣市開始,共十一個試點區。工作隊在分配到各河段後,開始按照廣西省民船工作會議上的分階段工作要求開展水改工作。主要工作過程如下:

首先是準備階段:管與活。中共中央、中南局在水上改革的工作部署中,特別強調了水上改革要按照「先管後改」、「先活後改」[44]的方式進行,即先解決好民船的「活」和「管」的問題,然後才能開始進行「民主改革」。因此,在第一步驟的準備階段中,水改工作幹部的工作重點是「管」與「活」。「管」主要指的是管理船隻和登記船民戶口。從廣西各地開展水改的情況看,工作隊員被分配到地方後,圍繞著「管」的要求主要做了這幾件事:一是在未建立航管機構和公安

---

43 《邕寧專區民船工作會報》,1953年2月24日,廣西壯族自治區檔案館藏,檔號 X001-006-0288-0001。

44 在一九五二年三十日王首道的全國民船工作會議總結報告中只提到「先管後改」。根據廣西水改檔案可知,「先活後改」應是中南局提出的。

機構的沿江地方，建立派出所、檢查站，以實現政府對水上船隻的行
政控制。二是對未建立有船民群眾組織的水域，則根據《內河航運工
作組織簡章》和《船民協會組織通則》建立航運工會籌備會和船民協
會籌備會作為船民的權力組織。對已經建立群眾組織的地區，則實行
人員整頓，保證組織內部人員的「純潔」。三是對所在地的船隻實行
登記、檢丈和發放牌照。四是對船民進行戶口登記。按照中南局所發
戶口名簿式樣進行印發登記，凡是以船為家，長期生活在船上的為基
本戶，即發給戶口名簿，以一船一戶為原則。凡陸上住的水上人口只
發臨時戶口，對其船舶在登記戶口時在戶籍簿上簽注其船牌照號碼；
五是對船隻運輸實行固定港籍，確定航區，劃定水位，編隊編組。把
隨意流動的船隻固定在具體碼頭，確定主要航行的路線，實行統一管
理。「管」的工作為後期的改革做好了準備。

　　「管」的工作在於管理，而「活」的工作重點在於解決船民生活
困難問題，與船民建立情感關係。中央規定「活」與「管」的工作不
能分開進行，而是同步開展，雙管齊下。在「管」的前提下，「活」
主要指「活躍」水上運輸，目的是為了解決廣西內河船民水上運輸的
困難，初步改善內河運輸的混亂狀態，以團結廣大船工與船民，而便
於進行改革。[45]在新中國成立初期，廣西船多貨少，普通船民的運輸
困難主要體現在貨物運輸、船隻修補、勞資關係、陋規雜費等問題
上，其中貨物運輸問題最為突出。要解決船民的運輸困難問題，各地
工作隊員往往從招攬貨源出發，與當地聯合運輸社、糧食局等供應部
門聯繫，掌握貨源，簽訂合同，保證船民的運輸業務。而關於船民船
隻的修補問題，工作隊通過宣傳國家貸款政策，鼓勵船民向銀行貸款

45　《關於全省內河民船工作會議總結》，1953年2月3日，廣西壯族自治區檔案館藏，
　　檔號X001-006-0461-0098。

解決。還有，在船民與船工中長期存在的勞資關係問題處理上，工作隊則是通過思想教育的方式進行處理。即向船工、船民解釋國家關於船主的階級劃分標準和推行雇工自由的政策。以此來消除船工與船民之間的隔閡關係，穩定雇傭關係，保證運輸通暢。

　　總之，水改工作隊在船民中開展好「管」與「活」的工作，就為第二階段的思想動員做好準備。

　　其次是思想動員階段：與船民建立情感關係。思想動員階段是整個水改工作中最為關鍵的階段。在思想動員階段中，充分發動船民是水改取得勝利的關鍵。[46]發動船民並非易事。根據中央文件規定：「民改應著重政治鬥爭，從政治上滿足群眾要求，不要造成經濟清算運動。」[47]也就是說水改是無法使船民像農民一樣通過鬥爭地主獲取田地財產。因此，如何發動船民？這是一個問題。針對這個問題，早在一九五三年一月二十七日的廣西民船工作會議上，廣西省城工部部長郭偉人對民船民主改革動員工作做了具體的布置。他認為，船民的動員工作是細緻並且艱苦的。因此，郭偉人要求工作隊員要充分發動船民，就必須達到以下三個方面的要求：一、發動船工、船民分清敵我界線，思想顧慮打破，敢於鬥爭和具有一定的政治覺悟。二、在自覺自願的原則下，把百分之八十以上的船工、船民組織起來，形成強大的民主改革隊伍。三、初步樹立起來愛國主義的思想，做到為搞好內河運輸，迎接國家經濟建設任務而努力。[48]從以上三個方面標準內容可以看出，廣西省委對船民的動員側重思想發動，從思想上幫助船民

46　中央檔案館、中共中央文獻研究室編：《中共中央檔選集（一九四九年十月～一九六六年五月）》，第10冊，頁472-477。

47　中央檔案館、中共中央文獻研究室編：《中共中央檔選集（一九四九年十月～一九六六年五月）》，第10冊，頁472-477。

48　《關於全省內河民船工作會議總結》，1953年2月3日，廣西壯族自治區檔案館藏，檔號X001-006-0461-0098。

打破顧慮，提高船民政治覺悟，團結船民樹立愛國主義思想。因此，要實現思想動員目標，工作隊員就必須首先做到與船民「三同」，獲取船民信任。其次採取個別訪問、召開小型會議的方式，與船民建立感情，拉近船民與工作隊員的距離。然後才能通過宣傳政策、訴苦、回憶、對比的方式啟發船民的階級覺悟，劃清敵我界線[49]。此外，要實現百分之八十的船民動員面，工作隊還需要在船民群眾中扎正根子，實行串連，培養好典型苦主，為鬥爭階段做好準備。

再次是民主鬥爭階段：召開鬥爭大會。民主鬥爭階段是發動群眾，打擊「敵人」的基本環節，也是水上改革運動中最為緊張的階段。因此，廣西民船工委要求工作隊在召開鬥爭大會前強調做好兩項準備工作：一是成立人民法庭，交代國家關於鬥爭中的政策，避免了亂打現象。二是強調發動群眾，在鬥爭「敵人」過程中，不以「鬥倒」為發動群眾標準，注重在鬥爭中培養骨幹。通過民主鬥爭階段，工作隊員實現了打擊了水上「敵人」的目標，同時也培養了船民骨幹。

然後是民主團結階段。在民主鬥爭階段完成後，對「敵」鬥爭開始轉向對內檢查。民主團結著重解決的是船工船民之間的勞工問題、地域上的宗派問題。保證鬥爭後的船民群體在水域活動中遵守秩序。

最後是民主建設階段。民主建設階段通常是水改過程的最後環節。根據會議要求，水改的民主建設階段，就是要健全水上管理機構，建立水上民主管理制度。進一步調整勞資關係與雇傭關係使之合理化與正常化，進行航運管理及經營業務的改革，制定航運計劃，訂立各種合同，以發揮船工船民的積極性，最大限度地發揮民船的運輸效率。從而真正建立體現新中國國家意志的水域新秩序。

---

49 根據中共廣西省委城工部的《關於深入發動群眾，開展內河民船民主改革運動的佈置（草稿）》規定：船民群眾主要與五方面敵人（土匪、特務、惡霸、反動黨團骨幹、反動會道門首領）、封建把頭、走私販毒主犯劃清界線。

　　五個階段的水改做法在廣西水上試點和全面鋪開時均屬於常規做法。但在實際的運作過程中，這五個階段之間其實並沒有絕對的天然劃分界線。每個階段相互交叉影響但又不能夠相互轉換，呈現出的是一個逐步深入的過程。由於廣西各個專區的實際情況是不相同的，各專區的水改工作開展的時間有早晚，進度有快慢。因此，在水改開展前，廣西省民船工委也提出各地要結合當地的實際情況進行，採取缺什麼補什麼，缺多少補多少的補課方式開展，但重點仍是進行愛國主義教育和前途教育，提高政治覺悟並組織起來改進和發展運輸生產。[50]

第三節　廣西水上改革的船民思想動員與問題應對

　　上文已述，思想動員階段是整個水改工作中最為關鍵的階段。只有船民的思想被動員起來，水改的目的就容易實現。然而，動員船民並非易事。長期以來，船民在水上從事生產、生活活動，具有流動性強、獨立分散等特點。此外，由於新中國成立後中共中央從未系統地對水上船隻進行過改革，大部分船民對國家推行的水上改革目的和意義是不瞭解的。因此，當水改工作隊員到水上開展改革運動時，廣西的船民不管是心理上還是思想上都呈現出了多重面向的反應。

一　水改初期船民心理活動的多重面向

　　廣西船民面對國家開展的水上改革，心理和思想上呈現出了以下幾方面反應：一是對水改有顧慮。廣西各江的船民對水改有顧慮，這在當時是一個普遍現象。當水改工作隊員下到船民當中開展水改工作

---

50 《民主改革的步驟與要求》，1953年3月27日，藤縣檔案館藏，檔號33-1-1-1。

時，由於沒有在船民中直接提出水改的具體內容和目的，大多船民對
水上改革的認識還認為像農村土地改革一樣。如橫縣莫大碼頭的船民
認為「我們有兩隻大船即可解決生活問題」。其他還有船工有鬥爭船
主、提高工資的思想。[51]此外，柳州的船民代表，有「要先鬥爭老
闆，然後才說得上團結」[52]的思想。可見，在水改開展初期，在船民
當中最早存在一種清算船主和分財產的思想。這就給船主和生活富裕
的船民在思想上帶來了顧慮。如平樂專區的船民怕改革是「分船」，
把「好」的「改沒」了。[53]橫縣南鄉船主有五怕思想，「怕鬥爭、怕算
剝削帳、怕劃階級、怕沒收、怕暴露經濟資本」。[54]還有的地方的船主
為避免財產被分，出現賣大船買小船現象。

其實，除了船主和富裕的船民有思想顧慮外，一般船民和船工也
存在顧慮。近代以來廣西匪患嚴重，特別是桂江的平樂、昭平一帶，
有些船民曾有過「濟匪」行為。另外，還有些船民在民國時期的水上
管理機構中充當過村長、甲長等職。因此，這些有「歷史汙點」的船
民，顧慮往往比較大。除了一般船民存在顧慮，就連在船上工作的船
工，同樣也存在顧慮。他們害怕船主被鬥倒後，沒有人請工人幹活，
生活成了問題。如欽州專區武利船工，就有「害怕我同志走了之後，
沒有人請去做工」的顧慮。[55]可見，不同群體的船民，面對水改，都

---

51 《在試點階段中的作法》，1953年3月10日，廣西壯族自治區檔案館藏，檔號X001-
006-0288-0008。

52 《民船工作進行情況報告》，1953年3月25日，廣西壯族自治區檔案館藏，檔號
X001-006-0297-0066。

53 《平樂區民船民主改革總報告》，1953年7月23日，廣西壯族自治區檔案館藏，檔號
X001-006-0293-0085。

54 《在試點階段中的作法》，1953年3月10日，廣西壯族自治區檔案館藏，檔號X001-
006-0288-0008。

55 《民船改革工作簡報》，1953年3月11日，廣西壯族自治區檔案館藏，檔號X001-006-
0295-0013。

有著不同程度的思想顧慮。

　　二是船民對水改不關心。船民對水改不關心，這與船民的水上生活方式有關。新中國成立後，廣西船民的水上生產、生活環境和秩序都較之前有了很大的改善。因此，船民普遍認為新社會已經安定，水上不會存在「敵人」。當水改工作隊員開展水改動員時，船民對政府主導的水改則顯得漠不關心。柳州民船工委在召開船民大會開展水改動員時，就有船民在船民大會後說：「現太平無事了，沒有什麼搞。一個船也能走，改革是好，恐怕沒有敵人了。」[56]另外還有船民只關心自己的生產，表示對水改不關心，「民改好是好，可是我要打漁搞生產」。[57]貴縣東津橫水渡的船民，在工作隊剛到船民中開展水改工作時，大多不敢與工作隊員接近談話，甚至開小組會也很少人參加，認為是「搞好航運與我們橫水渡無關」。[58]

　　三是船民對水改仍有期待。儘管有船民對水改有思想顧慮，也有漠視不關心，但船民對水改的開展仍是有期待的。截止一九五二年十二月，廣西大部分地區的土地改革已經完成。土地改革使廣大農民在政治上翻了身，在經濟上獲得了耕作的田地，真正實現了耕者有其田。對於以水為生的船民而言，土地改革所帶來的影響使他們認識到只有推翻舊有的剝削制度，才能真正在政治上翻身、在經濟上獲取直接利益。[59]因此，對於在水上生活的船民而言，他們也有著迫切需要

---

56 《民船工作進行情況報告》，1953年3月25日，廣西壯族自治區檔案館藏，檔號X001-006-0297-0066。

57 《石龍縣象州碼頭民改工作檢查報告》，1953年5月30日，廣西壯族自治區檔案館藏，檔號X001-006-0290-0010。

58 《容縣地委民船工委工作快報第四期》，1953年4月10日，廣西壯族自治區檔案館藏，檔號X001-006-0294-0023。

59 根據檔案資料顯示，在廣西的農村土地改革過程中，也有少量的水上人（主要以船隻停靠在農村江邊的為主）從地主中獲得了田地和房屋。

得到改革的願望，也希望能像岸上農民一樣獲得經濟利益。比如邕寧
專區橫縣南鄉的船民一見工作隊員就問：「一九五三年的經濟建設在
今年五六月間是否建設到我們船家呢？」[60]當南鄉成立水上派出所後，
船民則表示「這回好了，政府派人來理我們船民的事了」。[61]柳州的船
民王某德在民船代表大會上更是表態說：「這一下改革了就好做事情
了，過去運貨還要搞關係，現在統一分配，我們不愁生活了，改革和
我們的生活是分不開的，我們應當協助政府搞好改革。」[62]在灕江段，
當民船試點改革工作開展之後，桂林各地的群眾對水上改革開始有了
新的認識。桂林大圩鎮的船民也要求實行水上改革，認為「陽朔、桂
林等地都組織起來了，船民也翻了身，只有我們還是落後份子」。[63]

　　總的看來，在水改工作隊剛進入水上開展水改工作時，廣西各地
船民看待廣西省政府所推行的水上改革措施，其心態是複雜多樣的。
這讓我們看到了有的船民對水改心存顧慮，有的對水改漠不關心，也
有的則希望能像岸上的農民一樣進行改革，實現真正的「政治翻身」
等等的事實。這些複雜多樣心態的形成，與船民在新中國成立後國家
制度和社會重組的過程中對國家新政權的性質認識以及在相當程度上
受到地方傳統因素的影響相關。面對船民中存在這種複雜多變的心理
特徵，水改工作隊要順利開展水改，面臨著極大的困難。

---

60 《邕寧專區民船工作會報》，1953年2月24日，廣西壯族自治區檔案館藏，檔號
　　X001-006-0288-0001。

61 《廣西省公安廳水上公安局關於水上民改工作的情況報告》，1953年1月24日，廣西
　　壯族自治區檔案館藏，檔號X106-002-0100-0006。

62 《民船工作進行情況報告》，1953年3月25日，廣西壯族自治區檔案館藏，檔號
　　X001-006-0297-0066。

63 《廣西省公安廳水上公安局關於水上民改工作的情況報告》，1953年1月24日，廣西
　　壯族自治區檔案館藏，檔號X106-002-0100-0006。

二　水上改革的阻力形成

　　由於水改工作隊到水上進行水改，首要目標就是要打擊水上反革命分子和封建把頭。而根據中央部署要求，工作隊員在剛到水上的時候是不能直接向船民提出「水上改革」的要求，而是要求用「搞好運輸」來代替「改革」，「改革」的口號要在船民思想動員後才能提出。因此，在水改工作隊開展摸底和思想動員工作過程中，除了要面對船民自身帶有複雜多樣的心理外，水改工作隊還會遇到了來自船民和「反革命分子」等多方面阻力，水改過程中遇到的問題與困難大多也在此階段。

　　首先是來自船民方面的不配合、不信任。水改工作隊到船民中開展「活」與「管」的工作，最終目的就是要把「掩藏」在船民中的反革命分子、把頭「揪出來」進行打擊。但由於大多數水改工作幹部對水上的情況並不熟悉，又缺乏相關水上工作經驗。因此，要把「掩藏」在船民中的反革命分子「揪出來」，就必須得到船民的配合。然而，實際工作中，當水改工作隊員要向船民摸底瞭解水上敵情時，大多船民心存顧慮，害怕遭到報復，不敢配合水改工作隊員。如桂林大圩鎮的船民就以「船上不比岸上有大門，如果我們講了，壞人半夜三更摸上船來報復我們，不是吃了虧？」[64]為由拒絕配合調查工作。船民害怕報復，甚至就連水改工作隊培養的船民根子，也同樣害怕遭到報復。崇左龍州縣船民根子曾向工作隊員表示「將來勞改回來報復怎麼辦？」[65]所以，不管是船民還是根子，都存在怕遭到報復的思想。

64　《民改工作簡報》，1953年6月20日，廣西壯族自治區檔案館藏，檔號X001-006-0291-0029。

65　《崇左碼頭思想動員階段的情況及做法》，1953年5月14日，廣西壯族自治區檔案館藏，檔號X001-006-0288-0048。

這都給工作隊員的摸底和思想動員工作帶來了影響。

此外，船民不信任工作隊員，對水改工作心存不滿。由於工作隊員宣傳水改是用「搞好運輸」代替了「改革」。因此，船民們更關心的是「搞好運輸」能否給他們帶來了「經濟利益」。在不明水改目的的情況下，船民的生活問題若得不到及時解決，就會對水改幹部不滿。如邕寧專區槎城碼頭在劃分水位時經常開會討論，但在會後有些船民則對劃分水位不滿。其中就有船民說：「討論它幹什麼，派我到那裡，不好就算了。待同志走後，我再撐回好地方」。[66]另外，在梧州的船民由於沒有在水改中解決生活問題，對工作人員的不滿情緒更為明顯。如東一、西二村有些船民群眾說：「學什麼習，今天米都沒有得煮。」有的工作隊員幫助群眾解決過河通行問題，反而因觸犯了船民的權益而引起船民不滿。比如有些划過河艇的船民對工作隊員修橋就不滿，認為是浮橋搞好了，人民方便了，但他們每日的幾斤米沒有了。[67]甚至還有船民認為水改影響了水上生產。讓水改工作隊員「趕快搞、搞完民改好搞運輸」。[68]再有就是工作隊員雖然做了大量的宣傳，但卻拿不出實際解決問題的辦法，船民對此頗為反感。因此，船民對這些工作隊員的工作方法頗為不滿，許多工作隊員對此卻束手無策。

水改工作隊面臨的另外一個問題，則是來自水上反革命分子對船民的威脅、造謠，甚至向水改工作隊員展開對抗。對於工作隊員和反革命分子而言，水改必定是一場激烈的鬥爭較量。儘管水改工作隊員在船民中沒有提出「改革」的口號，但是他們希望利用「活躍水上運

---

66 《邕寧地區第一階段簡報》，1953年3月7日，廣西壯族自治區檔案館藏，檔號001-006-0288-0098。

67 《水上區工作總結》，1953年6月27日，廣西壯族自治區檔案館藏，檔號X001-006-0299-0144-0001。

68 《民改工作簡報》，1953年6月20日，廣西壯族自治區檔案館藏，檔號X001-006-0291-0029。

輸」、思想動員等方式來構建起反革命分子與船民的「敵對關係」。然而，在實際的摸底排查中，這種敵對關係很難被激化，因為水上的反革命分子就是「當局者」，他們在不斷地觀察水改工作隊員的動向，利用各種手段來瓦解船民與水改工作隊已經構建起來的穩定關係，企圖「置身法外」。最常見對抗手段有：

威脅船民。上文提到，在水改中，船民顧慮大，不敢檢舉反革命分子，很大原因就是遭到了反革命分子的威脅。這些長期以來就在水上欺壓船民的惡霸和反革命分子，在船民中已經擁有自己權力控制圈。當水改威脅到他們的利益時，不惜公開威脅船民。如在梧州水面，「壞分子」郭某城、許某等人因過去有罪惡，也公開威脅工人，說是「誰敢檢舉我，到香港就要誰命」。[69]柳州水面「慣匪」梁某生甚至利用其親戚的「革命關係」來威脅船民。[70]在遠離城市的偏遠河流水面，也同樣存在這樣的情況。比如在中越邊境崇左龍州，有土匪經歷的船民曾某飛就以「國民黨回來你們就要見鬼」威脅其他船民。甚至封鎖資訊，使一些船民不敢來開會。[71]等等。反革命分子利用原有權勢威脅船民的情況，這在新中國成立後的廣西各江船民中仍普遍存在。

另外，反革命分子在船民中造謠。造謠是水上反革命分子常用方法，可以起到蠱惑人心、離間船民群眾與幹部關係的作用。造謠並非水上改革獨有，在土改以及國家社會改革運動中也常碰到。新中國成立初期，最為常見的傳謠是利用抗美援朝戰爭造謠國民黨軍隊要反攻大陸、第三次世界大戰要爆發等一些涉及時事的謠言。在水上同樣如

69　《廣西省民船民主試點工作情況綜合報告》，1953年3月28日，廣西壯族自治區檔案館藏，檔號X001-006-0461-0021。

70　《廣西省公安廳水上公安局關於水上民改工作的情況報告》，1953年1月24日，廣西壯族自治區檔案館藏，檔號X106-002-0100-0006。

71　《龍州碼頭思想動員階段中發現的問題及做法》，1953年5月14日，廣西壯族自治區檔案館藏，檔號X001-006-0288-0058。

此，目的在於讓船民相信中國共產黨的政權是不會長久的。此外，造謠水改不好。這種現象在水上最為普遍。其目的在於醜化中共政權，達到離間人民政府與船民的關係。比如當時在南寧邕江水面傳播的謠言大多是「政府要封船吃大鍋飯啦」、「政府要收船每人每天發二千五百元伙食」等等。梧州水改中，反革命分子藉船民對實行工資由米轉到分數政策不滿，大量散布謠言，攻擊國家政策。[72]還有的造謠說政府在開代表大會會議時對貧苦的船工船民實行救濟，只不過是「只開鼓響，不見龍船來」。[73]這些謠言的散播，給不明真相的船民造成了心理負擔、思想顧慮，對水改工作隊員開展工作是極為不利的。

再有，就是選擇逃亡。選擇逃亡是反革命分子逃避鬥爭最佳的方式。當反革命分子的身份被揭穿後，他們在無法反抗的情況下，只能選擇逃亡。如住在柳州水上的土匪王某奇、周某光，屢次要求遷到陸上居住。其他有的水上匪首在水改中逃往他處。[74]在平樂專區，有老慣匪雷某九及黃某財，在水改過程中不知去向。還有昭平籍的「小隊長」林某榮，逃亡到藤縣至蒙江渡船工作，逃亡時帶有左輪及八駁槍支。鎮反運動後，柳州、梧州均有偽街長逃到荔浦江上來掩藏，[75]等等。在水改中，選擇逃亡，是大多數反革命分子的最後選擇。

最後，是到處搞破壞活動。為了讓船民疏遠水改工作隊員，水上反革命分子不惜直接採取對抗手段，對水改運動進行破壞。這樣的事

---

72 《梧州水上情況匯報》，1953年，廣西壯族自治區檔案館藏，檔號X001-006-0299-0197。

73 《民船改革思想發動工作報告》，1953年3月30日，廣西壯族自治區檔案館藏，檔號X001-006-0299-0063。

74 《民船工作進行情況報告》，1953年3月25日，廣西壯族自治區檔案館藏，檔號X001-006-0297-0066。

75 《平樂區民船民主改革工作初步總結》，1953年4月26日，廣西壯族自治區檔案館藏，檔號X001-006-0293-0028。

例在當時廣西各地的水改匯報材料中均有體現。據平樂船民蘇某才以組織私人聯營為名，拉攏一些思想覺悟較為落後的船民，破壞工作隊員組織貨源，統一調配運輸的機會。平樂水手工會正副主席是有血債土匪，混入工會後無惡不作。當工作隊下去後，土匪黃某安掛上工會主席的名義到長灘公開召集船上群眾開會控制消息。副主席劉某章，自知罪大。在禁毒當中派出六個青年黃某權、黃某保等，偵察何人收他材料，準備暗害。另外，在水改中他派出黃某瑞、黃某珍、李某南、黃某能等船民青年探聽消息，並放出謠言，控制群眾。[76]

綜上可見，反革命分子和把頭盡可能利用一切可能的手段來破壞工作隊員構建起來的敵對關係，以此繼續破壞水上秩序。由於船民與反革命分子大都是相互認識並長期在同一地方生活，船民是否願意檢舉「反革命分子」，這完全取決於船民對水改工作隊的信任和船民思想覺悟的提升。因此，水改工作隊員如何與船民建立良好的信任關係？如何提升船民的思想政治覺悟？這成為水改工作隊員開展船民思想動員工作的重點。

水改工作隊除了碰到來自船民和反革命分子兩方面的問題外，工作隊自身也同樣存在著不可迴避的問題。其中最為突出的問題是有些水改幹部對水改不重視，急於求成，工作敷於表面。水改工作隊員中，大部分是來自參加過土改的工作幹部，他們對水上的情況不瞭解，思想上也沒有引起足夠的重視，容易以「土改」的經驗來看待水上的情況，認為水上沒有什麼可搞了。[77]有些工作隊員片面地看待船民動員工作，認為動員工作就是單方面的發動群眾，其他事情不用

76　《平樂區民船民主改革工作初步總結》，1953年4月26日，廣西壯族自治區檔案館藏，檔號X001-006-0293-0028。

77　《梧州航改》，1953年6月27日，廣西壯族自治區檔案館藏，檔號X001-006-0299-0144-0001。

管。如在梧州開展水上動員的工作隊員中，就有一些隊員機械地執行上級的要求，認為「我只管發動群眾，不管登記宣傳。」[78]這樣的做法忽視了水改工作「管」的基本工作要求，必然在工作目的認識上造成了誤導。還有些工作隊只會機械式地動員船民，至於動員效果更難以把握。比如平樂專區的一些水改工作隊員，下到船民當中開展工作，也扎上根子，發動了群眾，但到底發動了多少？發動的效果如何？有無異常？工作隊員對此一無所知。由於工作態度不認真，政策宣傳不到位，動員效果不佳。[79]還有一些工作隊員急於求成，工作追求過快，沒有按照廣西省民船工作委員會的要求有步驟開展工作。比如船民的思想沒有動員起來，就直接進入到鬥爭階段，以致造成了工作隊員與船民之間經常因為誤解而發生衝突，甚至有些船民被人煽動反對工作隊員。在柳州專區的長安港，有一組工作隊隨船出發開展水改工作，由於沒有按照省內的要求開展思想動員工作，使得工作隊在水改工作中陷於被動。[80]諸如此類的事件，在水改工作隊初下船民中開展動員工作中時有發生，使水改工作隊的形象受損，影響了水改工作的進度和品質。

三　水改問題的應對與效果

如何應對上述水改工作隊到民船中開展水改工作遇到的問題？早在一九五三年一月二十七日的廣西民船工作會議上就有所預判。郭偉

78　《各試點準備階段工作的一些情況和存在問題》，1953年3月16日，廣西壯族自治區檔案館藏，檔號X001-006-0279-0008。

79　《平樂區民船工委平樂區民船民主改革工作初步總結》，1953年4月26日，廣西壯族自治區檔案館藏，檔號X001-006-0293-0028。

80　《民改工作的情況匯報》，1953年3月24日，廣西壯族自治區檔案館藏，檔號X001-006-0279-0012。

人就發動群眾問題要求水改工作隊要「進行解決一些能夠迅速辦到的困難，以便與群眾建立感情」。其實就是要求水改工作隊員要注重建立與船民之間的情感關係。上文已述，船民思想顧慮大、不願意配合水改工作或者對水改工作隊員的不滿等問題，是有深層次原因的，但主要還是船民對水改政策不明和怕遭到報復。當然這也與船民生活生產的流動性以及長期以來受到的他人「歧視」和「壓迫」有關。面對突然到來的國家工作幹部，船民自然難以與這些來自岸上的國家幹部尋找到共同的話語，相互間的信任感也難以在短時間內建立起來。因此，要首先解決與船民的配合問題，工作隊除了按照規定召開大小型會議進行解釋說明以及「三同」標準與船民進行同吃、同住、同勞動外，主要還是從與船民建立情感關係入手。由於廣西省民船工作會議只是從面上要求工作隊員要與船民建立情感關係，並沒有對建立感情關係有相關的具體經驗講授。因此，當廣西各地的水改工作隊員在摸底和思想動員過程中遇到船民顧慮大，不配合、不信任工作隊員問題時，大多是結合各自的經驗做法來進行解決。比如一九五三年四月二十日，容縣專區的《工作快報》就專門報導了一篇水改工作隊員李茂祥的〈我是怎樣發動廖二嫂的〉的文章，專供各地水改工作隊員學習。[81]

李祥茂作為容縣專區的水改工作人員，他所遇到的船民不信任、不配合問題，在船民思想動員中是最為常見。由於船民與工作隊員之間缺乏信任關係，在生活中對工作隊員所問的問題和相關工作自然不關心或者不配合，思想上難免有抵觸。根據中央要求，思想發動船民是水改工作的關鍵環節。只有船民的思想發動了，水改的目標才能夠實現。因此，在思想動員中，李祥茂面對「不參會」或者「開會不說

---

81 《工作快報（第五期）》，1953年4月20日，廣西壯族自治區檔案館藏，檔號X001-006-0294-0031。

話」的廖二嫂，首先從「三同」開始，通過日常生活中的「幫忙」來
與她建立初步的情感聯繫。當初步的情感建立之後，李祥茂再從廖二
嫂的日常生活入手，把廖二嫂在生活中出現問題的原因引導到舊社會
的苦根上，然後通過新舊社會的對比教育來啟發廖二嫂，從而以訴苦
的形式讓廖二嫂明白了「苦從何處來」。然後再從中說明此次水上改
革的目的，引導廖二嫂要與工作隊員「心連心」，向「組織」靠攏。
李茂祥的思想啟發過程，全程圍繞著建立「情感關係」入手，以簡單
的生活問題為導向，逐步深入進行對比啟發。這樣的思想動員既實現
了對船民的思想啟發，也實現了摸清水上敵匪的目標。可見，水改工
作隊員只要與船民的情感聯繫建立起來，船民的思想啟發工作就容易
實現，其他的問題也就能夠迎刃而解。

　　針對反革命分子、把頭的造謠、威脅船民、反抗等行為，給水改
工作隊帶來了麻煩。針對這樣的情況，各地水改工作隊員大多自有應
對辦法。

　　首先是擊破謠言。應對謠言，對於參與水改的民船工作幹部而言
並不陌生。在當時的全國各地的水上改革運動中，地方政府大都能夠
通過召開群眾會議的方式進行及時破謠，但也採用了武裝鎮反的方
式。比如一九五三至一九五四年期間，影響南方幾大省的「水鬼毛人」
謠言，安徽省無為縣政府最後就採取了武裝鎮壓的方式平息。[82]在廣
西的水改過程中，由於謠言大多只針對水改的政策，並沒有煽動船民
對抗政府，影響的範圍也只是僅局限在船民群體。因此，大多謠言只
是給船民造成心理負擔，並無造成惡劣事件。但應對水改造謠一事，
廣西省民船工作委員會早已有準備。在處理方法上，廣西水改工作隊
並無採取過激做法。由於工作隊員通常都是他人告知或最後獲知謠言

---

82 趙凱欣、李俊傑等：〈平謠術：安徽省無為縣「水鬼毛人」謠言治理（1953-1954）
　　研究〉，《開放時代》2021年第2期。

資訊。因此，大多數工作隊員為了把謠言的傳播控制在最小的範圍內，通常就會在謠言出現時及時收集和掌握謠言資訊，通過召開大小會議和隨時揭發的形式對船民進行解釋教育，交代了政府的政策，明確政府的對敵態度。這是常規做法。其他破謠方法各地也有，如欽州專區組織積極分子追根破謠；在邕寧專區，工作隊員還布置積極分子監視偵查「壞分子」，觀察他們的行動。甚至還有水改工作隊員直接找出散布謠言的「壞分子」實行正面的談話，談生產生活以觀察他們的思想，以此制止他們的活動。[83]這樣的做法，實際上是比較直接和「溫和」的。但工作隊員能夠及時擊破謠言，目的在於讓船民能夠真正認識水改的目的和政策，能夠支援和擁護國家在水域開展民主改革。

對於反革命分子的威脅，水改工作隊則往往會採取比較嚴厲的手段進行打擊。除了對已經確定的鬥爭對象實行關、管、殺外，還有就是對船民進行政策教育，打消船民的顧慮。比如平樂專區的水改工作隊員在船民大會上實行強調壞人不低頭群眾不起，運輸不搞好，政府堅決不收兵，嚴重警告破壞者。[84]再有就是培養典型根子，通過訴苦會的形式來帶動船民暴露思想，以此打消顧慮。

最後，針對水改工作隊員自身的工作態度問題。水改工作隊員的自身工作問題從抽調開始就已經註定會長期存在。水改工作隊員大部分是來自土改工作隊，缺乏經驗、工作敷於表面、急於求成等問題，都是工作隊員對水上工作的認識欠缺所造成的。因此，廣西民船工作委員會辦公室要求各地的民船工作委員會要「深入下去，培養幹部，

83　《邕寧地區第一階段簡報》，1953年3月7日，廣西壯族自治區檔案館藏，檔號X001-006-0288-0098。

84　《專區民船工作委員會批示》，1953年4月1日，廣西壯族自治區檔案館藏，檔號X001-006-0293-0013。

抓住思想發動，組織隊伍」[85]說的就是要求工作隊能夠深入到船民當中瞭解情況，扎好根子，通過根子的串連來擴大船民的思想動員面。欽州專區在解決工作隊「急於求成」的問題上，做法最為具體。要求工作隊員不能跟隨根子去串連，目的就是「防止根子去和被串對象談話時有顧慮，和急於要求對方訴苦給我同志聽」。[86]這讓工作隊員通過多次觀察和接觸才能瞭解到串連對象的思想情況，這也就制止了工作隊員急於求成的思想。

總的看來，廣西的水改工作開展是自上而下布置進行的。廣西省民船工作委員會的政策部署基本遵循了中南局的要求。然而，在水改過程最為關鍵的思想動員階段，針對各地船民呈現出來不同的船民心理反應和水改工作中存在的問題，廣西各地的工作隊員能夠在實踐過程中能夠進行及時的處理和調整，說明水改過程中，中央對廣西地方實情是能夠及時掌握的。水改的核心工作是船民動員，廣西水改工作隊能夠通過「管」與「活」的方式，在「三同」中與船民建立信任關係，打擊了水上反革命分子，保證了水改工作的正常進行。

第四節　水改背景下的廣西水域社會秩序的構建

一　「階級對立」的消除：水上人群社會關係的變化

水改時期，根據中國共產黨對水上人群的階層劃分標準，共分為一般船民、勞動船民船工、船主三種類型。與土改不同，水改的口號

---

85 《民改工作的情況匯報》，1953年3月24日，廣西壯族自治區檔案館藏，檔號X001-006-0279-0012。

86 《民船改革工作簡報》，1953年3月11日，廣西壯族自治區檔案館藏，檔號X001-006-0295-0013。

是依靠船工和貧苦船民，團結船主，主要目標是打擊水上反革命分子和封建把頭制度，最終目的是為了活躍水上運輸。反革命分子、封建把頭是水改打擊的主要對象，這群人究竟在水上人群中佔有多大比重呢？根據廣西各地在水改中對反革命分子、把頭等打擊情況統計看，這群人佔船民的總人數的比例極少。與中央限定的打擊面還有很大的差距。由於這些反革命分子大多是土匪、把頭、「混入」水上管理機構的管理人員，以船工、勞動船民等身份進行反革命、壓榨船民等活動。因此，從階級關係的變化來看，水改之後，廣西各江水上的反革命分子、封建把頭等均遭到了不同程度的打擊。由於水上敵人的人數佔有太少，這些人雖然已被打倒，但水上船民的階級關係變化並沒有像土改後農村的階級關係那樣能夠發生明顯的變化，甚至可以說是沒有變化的。

　　然而，水改的目的並不僅僅是打擊反革命分子、把頭，活躍水上運輸也是水改的目的之一。在水上，船工船民的勞資關係一直是水上人群關係的焦點問題。有些地方的勞資關係處理不好，已經影響水上運輸秩序的正常運轉。在一九五三年一月二十七日召開的廣西民船工作會議上，郭偉人就指出廣西的各港口碼頭河流中有大量的船民和船工處於半失業狀態，其中原因之一就有水上勞資關係嚴重。[87]根據廣西水上運輸情況可知，水上勞資關係嚴重主要表現在船工與船主的工資糾紛、陋規陋費、定員定額等方面。這些勞資問題存在的原因是多方面的，有工會強行輪派的原因，也有受船上陋規的影響等等。在處理這些問題方面，中共中央雖然要求可以通過雇傭關係進行內部處理，但勞資問題嚴重的源頭則是在於船工與船民之間長期存在的「階級對立」，即船工把船民當作「資本家」看待。這種「階級對立」伴

87　《關於全省內河民船工作會議總結》，1953年2月3日，廣西壯族自治區檔案館藏，
　　檔號X001-006-0461-0098。

隨在雇傭過程中，造成了船工與船民關係的緊張。比如石龍縣的水上勞資關係，如果船工對船民工作態度好就被其他船工認為是「立場不穩」。在梧州、南寧、柳州等地區也存在片面強調船工利益，限制和強迫船民雇工等現象。這種機械式地搬用工廠處理勞資關係的管理方法，造成水上問題的複雜化，非常混亂。[88]這些勞資問題，嚴重影響了水上的運輸。因此，為了活躍水上運輸問題，中共中央要在船民關係中構建起穩定的社會關係秩序，就必須從解決勞資關係問題著手，實現由原來緊張的勞資關係向「船民船工一家人」轉變。然而，要實現船工船民關係的根本扭轉，對水上船民階級成份劃分的宣傳教育就顯得十分重要。在廣西各專區中，工作隊員對勞資關係的處理主要還是依靠宣傳教育。以平樂專區為例，為實現船工船民關係融洽，平樂水改工作隊通過劃階級的宣傳動員來使得船工認識到什麼是自己人，該團結什麼人，什麼人該打擊，教育了船工。使船工在思想認識上有了根本的改變。受過教育後的水改積極分子黃某秋、黃某珍表示：在以前我總以為流動戶的船是資本家，叫他們做「資方」。這次劃分階級後，才認識他是勞動船民，是自己人。[89]又如石龍縣，水改工作隊員通過在船民中進行階級劃分教育，教育船工認識船民也是勞動人民，使船工船民在階級認識上取得一致。船民們認為「這樣才算真的一家人」。[90]但是，單憑工作隊員對政策進行宣傳教育解決勞資關係還是十分有限的。因此，中共中央決定從解決船民的運輸問題上入手，在水上推行「雇工自由」。

---

88 《向中南電話匯報目前運動進展情況及存在問題》，1953年4月22日，廣西壯族自治區檔案館藏，檔號X001-006-0279-0017。

89 《關於平樂試點第一、第二、三、四階段工作總結》，1953年5月5日，廣西壯族自治區檔案館藏，檔號X001-006-0293-0055。

90 《石龍港是怎樣貫徹雇工自由的情況報告》，1953年7月2日，廣西壯族自治區檔案館藏，檔號X001-006-0286-0009。

　　雇工自由既屬於水改中「活」的內容，也屬於民主團結、民主建設階段的內容。所謂雇工自由其實就是改變了過去由工會強制實行的輪牌派工、定員定額制度，轉變為按照船民根據運輸貨物的實際需要實行自由聘請船工。雇工自由推行後，船民可以自由聘請船工，原來只需輪牌的船工不再享受特別的「待遇」，減輕了船民的經濟負擔，保障了雇傭雙方的權益，緩和了勞資關係。然而，這一制度在剛開始實施時，也遭到了一些來自殘疾、老年等船工的阻撓，在一些地方執行起來仍有困難，但在各地推行政府救濟補貼、工會介紹推薦等措施下也得到了解決。最終在廣西各地得到了迅速推廣。

　　總的看來，雇工自由徹底改變了過去勞資關係緊張的狀況，實現了船工與船民之間平等的勞動關係。據藤縣民船工作辦公室的報告記載，藤縣的船工與船民在雇工自由後關係更好緊密，船民到民船工會與船工說話已是常有的事。船工要回家看家屬，有的船民還給船工自給力艇划。還有的船隻逐漸走上長期性的固定雇工。這樣無疑地是減少船工船民關係上的矛盾，大大有利於船運。[91]

二　西江水域社會的「精英」培養與水上政權的建立

　　與傳統時代的鄉村精英依靠自身所擁有的財富、知識、威望、權勢等資源在鄉村中發揮作用不同，中國共產黨的基層精英主要來自於貧苦階層。他們注重階級身份和政治表現，突出在民眾中的聲望。水上的國家「精英」的培養同樣如此。民船民主改革的方針政策是「依靠船工和貧苦船民，團結一般船民和船主，打擊反革命份子、封建把頭及走私販毒主犯，以達肅清反革命份子，打倒封建把頭，建立水上

91　《容縣區桂平、平南藤縣三個主要縣解決突出問題的情形》，1953年7月13日，廣西壯族自治區檔案館藏，檔號X001-006-0294-0263-0001。

人民民主專政的政治基礎，發揮民船運輸能力，為城鄉物資交流和國家大規模的經濟建設服務發展新中國的航運事業」。因此，具有政治優勢的船工和貧苦船民成為了能夠代表國家「精英」的船民代表和幹部的主要來源。據統計，在廣西內河水上，從事運輸業的船民群眾人數有十餘萬。根據統計資料可知，廣西的勞動船民船工佔最多數，佔總船民人數的百分之八十一點三，如果加上一般船民，高達百分之九十九。所擁有的船隻數量也是最多，佔總船舶數的百分之八十五點五五。因此，可以知道，廣西水上的船民比重以勞動船民、船工數量最多，他們是構成水上基層幹部的主體，是水改工作隊員爭取的主要對象和水改工作的推動者。

在水上政權沒有建立之前，水上存在群眾性質的管理組織主要有民船工會、民船聯合運輸社等，這些群眾組織有些是民國時期遺留下來的，如船民工會組織。有些是新中國成立後建立起來，如民船聯合運輸社。由於之前水上沒有經過系統的社會改革運動，在工會、民船聯合運輸社內的幹部隊伍人員雜亂，歷史背景也比較複雜。如龍津縣民船工會主席吳某義是流氓出身，來歷不明。[92]由於工會、聯運社中的人員身份複雜，因此在水改中的行為表現也各不相同。為了選出積極分子協助推進水上改革並在水改後能繼續開展水上管理工作，水改工作隊員除了整頓工會、民聯社等組織外，還另建水上行政管理機構，並注重在船民中選出積極分子，培養根子，使之成為水上管理機構的幹部後備人選。

由於水改工作隊對水上環境是陌生的，而要在水改中實現全面發動群眾、打倒反革命分子、把頭的目標，就必須依靠根子。因此，「扎根串連」對水改工作隊員發動群眾、開展鬥爭極為關鍵。扎根串

---

92 《邕寧專區民船工作會報》，1953年2月24日，廣西壯族自治區檔案館藏，檔號X001-006-0288-0001。

連，這是土改運動中發動農民的一個成熟做法，在水改中再次得到了運用。在廣西民船工作會議上，郭偉人就要求水改工作隊員在船民中扎正根子，用好根子做好典型事例教育船民。並在港口、船民協會、工會內部建立核心，達到培養幹部的目標。而要建立協會、工會內部的核心，就需要水改工作隊員在水改過程中對船民進行觀察，發現積極分子，從積極分子中評選根子。根子，主要以貧苦、積極、正派、勞動的船工、船民為主。要扎正根子，就得選好積極分子。現實中，並非所有的積極分子都能成為根子，評選根子是有條件的。從廣西各地的水改工作隊員的挑選情況看，根子通常要具備以下幾個條件：一、終年勞動，政治可靠；二、歷史清楚，思想先進；三、工作積極，聯繫群眾。[93]具備以上條件的積極分子，才容易脫穎而出，成為工作隊員扎根對象。廣西各地評選根子的方式是多樣的，有的是水改工作隊員首先通過摸底、排查，召開船民大會選舉積極分子。然後，再從積極分子中評選或選舉出根子。比如柳州水改工作隊在船民中首先選出積極分子五十名，然後評比根子二十七名。[94]也有工作隊員列出根子條件，由船民提名評比。比如容縣專區的藤縣，普遍用公開選根子的方法。[95]這兩種方式都是公開選根，是土改時期普遍採用的一種經驗作法。公開選根子的好處是可以快速的找到根子，但缺點也很明顯，主要是「在群眾未經充分發動，這樣做法是很容易出偏差的，不可能都選上好人。很可能會選上一些不積極生產勞動的（群眾認為他有時間），平常愛出風頭好講話的（認為他積極）或十幾歲的青年

93　《訓練幹部工作匯報》，1953年3月15日，廣西壯族自治區檔案館藏，檔號X001-006-0294-0128。

94　《民船工作進行情況報告》，1953年3月25日，廣西壯族自治區檔案館藏，檔號X001-006-0297-0066。

95　《關於民改工作中的一些問題》，1953年6月27日，廣西壯族自治區檔案館藏，檔號X001-006-0294-0237。

（認為他歷史清楚）」。[96]除此之外，也有以比較秘密的方式評選根子的。比如邕寧專區發現根子，是通過工作隊員深入到船工、貧苦船民中進行集體瞭解發現。[97]不管怎樣的方式，兩種方式都存利弊。於是，廣西各地的民船工作委員會對工作隊員評選根子的要求就是要對這些根子做到「心中有數」。由於評選出來的根子大多是來自於貧苦的船民、船工，文化水準自然不高，要把根子培養成「核心」，成為工作隊員的「幫手」和「主要力量」，就需要培養。這也是「根子」開始參與水改工作第一步。

評選出來的根子，只是完成水改發動群眾的初步工作。要實現根子能夠串連船民，就必須能夠使根子擁有一定的思想動員和政治工作能力。根據廣西各地對根子的培養要求，有兩個條件是必須要求根子能夠做到的：一是提高階級覺悟，劃清敵我界限；二是對敵仇恨心高，要求鬥爭。也就是能夠認識敵我之間的區別，然後對「敵」實行鬥爭。要達到這樣的要求，水改工作隊員會對根子實行「三同」，通過對比、回憶、訴苦挖苦的方式，對根子實行階級和愛國主義教育。一九五三年容縣專區的《工作快報》上刊發了一篇水改工作人員吳詒超培養根子鄧七叔的文章。[98]

這篇文章介紹了水改工作隊員吳詒超培養根子鄧七叔的全過程。吳詒超在培養根子的過程中共採用了對比教育、幫助解決生活困難、形象舉例等方法對鄧七叔進行思想教育。在此過程中我們可以發現，對比教育雖然可以讓鄧七叔瞭解到苦的來源，但吳詒超並未能從心理

---

96 《關於民改工作中的一些問題》，1953年6月27日，廣西壯族自治區檔案館藏，檔號 X001-006-0294-0237。

97 《邕寧地區第一階段簡報》，1953年3月7日，廣西壯族自治區檔案館藏，檔號X001-006-0288-0098。

98 《工作快報（第五期）》，1953年4月20日，廣西壯族自治區檔案館藏，檔號X001-006-0294-0031。

上真正獲得鄧七叔的信任。最終，吳誥超選擇從幫助鄧七叔解決生活中的實際問題入手，才與鄧七叔建立情感關係並獲取信任，通過形象舉例的方式讓鄧七叔認識到團結的重要性以及怎樣團結的方式方法，從而實現了培養根子的目的。解決實際問題的做法，在水改工作隊員對船民進行思想動員中是最常用的做法，也是最有效的做法。水改工作隊員通過與船民建立良好的信任關係，引導發動的船民自發訴苦，清楚苦從何來，明白為何而苦，以此得到思想啟發，實現發動船民的目的。培養根子同樣需要建立情感關係，同樣需要思想啟發，培養根子的過程其實也是根子接觸國家政治、思想、文化，實現政治覺悟提升的過程。當根子的思想覺悟得到提升後，他們能夠實現船民串連，帶動更多的船民進行訴苦和挖苦。所以當鄧七叔思想覺悟有提高後，吳誥超通過以造船舉例進行「團結」教育，讓鄧七叔放下思想包袱，主動串連、開展鬥爭，從而實現培養根子的目標。

　　經過串連、召開鬥爭會發動船民後，根子在船民中樹立了威信。這為根子向幹部轉變準備群眾基礎。而根子要真正成為國家幹部，還得有國家幹部的形象。因此，水改工作隊員往往會對在水改中表現出色的根子進行重點培養。比如平樂的水改工作隊員會對政府幹部按照四個標準進行培養：一、不驕傲。二、虛心聯繫群眾。三、大公無私。四、作風民主。同時還要培養出水上公安人員，條件是：一、政治絕對可靠。二、聯繫群眾。三、工作負責。四、作風正派。[99]不管是政府幹部還是公安人員，都強調了工作作風和聯繫群眾問題，突出了國家幹部在船民中的良好形象。鬥爭大會之後，反革命分子和把頭被打倒，船民中船民協會籌備委員會開始成立船民協會。根子要成為國家幹部大多是要通過船民協會和船民代表大會的選舉。船民協會作為協

99　《關於平樂試點第一、第二、三、四階段工作總結》，1953年5月5日，廣西壯族自治區檔案館藏，檔號X001-006-0293-0055。

助政府直接管理船民的群眾組織，在船民中有很大的影響力。在各地的協會內的主要職位，通常都是由地方根子擔任。例如柳州在組織船民協會籌備會時，就是從二十七名根子中選出籌備委員二十一名。又如平樂專區荔浦河上的根子黃永修當上了治安組組長。當根子被選舉進入到船民協會中時，這也就意味著根子國家幹部身份的確立。

　　解放戰爭後，隨著國民黨政權的瓦解，原來在水上的保甲制度和行政管理機構等均遭到了摧毀。新中國成立後，為鞏固政權和發展水上運輸，保障國家權力在水域社會的滲透，水上政權和人群管理制度亟需建立。最早提出要在水上建立基層行政管理組織，是在一九五〇年二月召開的首屆全國漁業會議上，「在一定的水產區域如洪澤湖、太湖、長江等地，在可能及必要的條件下，應組織統一的漁業管理機構和群眾的漁業組織」。[100]然而，這樣的提議也只是針對管理漁業、漁民而提出的，範圍小，沒有把水域中其他人群和船隻管理納入考慮。由於當時全國解放戰爭還沒有完全結束，各地的航管部門也還沒有完全恢復設置，民船行政管理機構更是難以引起地方政府的重視。一九五一年四月六日，中南軍政委員會首先就中南區內的民船管理提出要設立行政管理機構，「按各河流實際情況，凡貨運頻繁之重要城市和船隻集散地區，應重點設立民船行政管理與運輸業務機構」[101]，並要求行政機構與業務機構分開，受當地航管部門和人民政府領導。但由於當時各地因經費和幹部問題，此項決定同樣沒有在地方上執行。中南區各省地除了在水上設立業務運輸機構外，行政管理機構並沒有建立起來。一九五一年八月十三日，劉少奇在批覆中華全國總工會辦公廳的民船工作報告中，要求在全國的內河民船中建立民船管理

---

100 〈全國漁業會議在京開幕討論保護漁場發展水產改善漁民生活系統建立漁業組織制定今年生產計劃〉，《人民日報》，第2版，1950年2月8日。
101 〈關於建立帆船運輸管理機構的決定〉，《廣西軍政報》（1951年4月），頁80。

機構統一行政管理。十月二十日，《中共中央關於開展內河木船工作的指示》要求「各有關的地方人民政府，應設立行政的木船管理機構」，這是中共中央首次就水上民船的管理自上而下地設立民船行政管理機構的公開文件。自此之後，各地的水上基層組織民船工會、漁民工會、船民協會等逐漸成立起來。但這樣的水上基層組織的管理能力是很有限的，涉及面也難以覆蓋整個水域。因此，水上民船仍需要有專門的行政管理機構進行統一領導。從一九五一年十月開始的水上改革，雖然沒有引起地方足夠的重視，但有些地方也還是按照指示進行了改革。比如當時廣西桂林就在此次民船改革中健全了灕江街船民組織，選出街幹部十餘人。並根據桂林水上民船管理分四段劃分為二十三個船民小組。[102]儘管如此，灕江街並沒有單獨的水上民船行政管理機構，廣西其他河段的民船水上行政管理機構也同樣沒有建立起來。一九五二年十月十九日，《中共中央關於民船工作的第二次指示》要求繼續貫徹一九五一年十月的指示，同時再次要求建立船民協會為群眾性組織對內河和沿海的船隻進行組織管理。十一月十九日，中共中央下發《關於漁民工作的指示的通知》在漁民中開展漁民民主改革，認為「做好漁民工作的首要關鍵，是按湖設治」，設立政權機關專管。[103]這樣在江湖海中設立政權機關專管的做法，進一步推進了政府對船民的領導管轄。

一九五二年十二月，全國全面鋪開水上改革運動。廣西各地港口、碼頭船隻集中的地方，基層船民協會紛紛成立。在沿江民船行政管理機構產生之前，船民協會是協助地方政府管理船民的群眾組織。

---

102 王玉梅、周德榮：《青春獻桂林　桂林文史資料》，第40輯，〈灕江船民民主改革的回顧〉，頁219。

103 中央檔案館、中共中央文獻研究室編：《中共中央檔選集（一九四九年十月～一九六六年五月）》，頁268。

各級船民協會行使權利的機關是各級船民代表大會，其職權是根據政府法令和上級指示及當地船民要求，決定船民工作的方針和計劃，審查船民協會委員會的工作報告，選舉船民協會委員會。廣西各地的船民協會是在水改工作隊員的幫助下成立起來的，通過召集船民召開代表大會，然後通過選舉選出主席團成員、委員[104]。根據水改的需要，肅清反革命分子，打倒封建把頭，是建立水上人民民主專政的政治基礎。因此，當各地打倒反革命分子之後，水上人民政權則需要馬上建立起來，以鞏固水改成果。廣西陽朔縣在完成水改之後，在船民中採取差額選舉的方式，建立了水上鄉政府。

據檔案資訊可知，陽朔縣水上鄉人民政府幹部設置有十二個職位，涉及治安、財務、婦女、武裝、生產等方面工作。在這些鄉政府幹部中，大部分出身是來自貧苦的船民，職業以捕魚和運輸為主。而且幹部人員平均年齡只有二十五點二五歲，最小十九歲，最大五十歲，總體上幹部是年輕的。[105]此外，梧州水上區人民政府，也於一九五三年五月中旬水改後成立，全區管轄八個村（上一、上二、下三、下四、東一、東二、西一、西二），共二千二百九十三戶，八千八百三十七人。水上區人民政府，有編制十九人（勤雜在內），內設區長一人，第二區長一人，秘書一人，其他部門有民政股副股長一人，幹事六人，文教衛生股長一人，幹事二人，調解股二人，會計收發二

---

104 根據桂平縣民船工作委員會要求的評選條件可知，船民代表的條件是（1）歷史清楚，作風正派。（2）認識自己的苦，劃清敵我界線（3）工作積極，能聯繫群眾。船民協會委員條件為：（1）歷史清楚，作風正派。（2）正在認識自己的苦，劃清敵我界線，勇於鬥爭敵人。（3）工作積極，能聯繫群眾。（4）能堅決執行黨和人民政府的政策法令。船民代表名額，一般以二十至二十五人選出一人，（代表總數中，一般工人佔20%-30%。運輸船占20%-30%。其他船舶佔40%-60%）。委員名額以七人至十一人為宜。

105 《陽朔縣民船民主改革工作總結》，1953年4月29日，廣西壯族自治區檔案館，編號：X001-006-0292-0057。

人，勤雜二人。剛成立時，水上區區長由梧州公安水上分局局長張雲中兼任。由於他本身的業務牽制，無法很好兼顧到水上區政府的工作，管理的工作由第二副區長負責。[106]

梧州、陽朔是率先在水改之後建立起水上人民政權。待廣西各地水改即將完成後，廣西省民船工作委員會再次向各地下發《關於建立水上政權及民改補課等問題的指示》，要求各地「關於水上政權機構及黨群編制問題，在中央未統一確定以前，各地市可先自行調劑試行」。[107]該指示同時指出在水改之後，由於有些港口和碼頭的水改工作草率，群眾發動不充分、敵人打擊不徹底，水上群眾組織多流於形式，並且缺乏水上權力機關統一領導，工作陷入了自流。因此，指示要求各地「進行補課，並建立水上政權，健全和整頓水上群眾組織，只有這樣，才能鞏固民改勝利成果」。[108]最後，指示還對水上人民政府的人員設置、編制、政府級別等問題進行規定。

水上人民政權的建立，改變了新中國成立以來西江水域社會無人管轄的狀態，人民政府把水上人群納入到了國家政權的管理體系內，鞏固了水改的成果。從水上人民政府的部門設置看，水上不僅有了專門的行政管理機構，設置的生產部門可以活躍運輸，治安、武裝等部門維繫了水上的治安穩定，婦女委員的設置實現了水上婦女地位的提升等等。西江水上人民政府的建立，解決了水上人群的生產、生活問題，增強了水上人對新生人民政權的認同感，實現了水上社會從舊社會到新社會的完全蛻變。

---

106 《粵桂內河航務管理局梧州聯合辦事處關於梧州港目前水上的工作情況的報告》，1953年11月4日，廣西壯族自治區檔案館藏，檔號X105-001-0034-0045。

107 《關於建立水上政權及民改補課等問題的指示》，1953年7月24日，貴港市檔案館藏，檔號011-004-0001-0084。

108 《關於建立水上政權及民改補課等問題的指示》，1953年7月24日，貴港市檔案館藏，檔號011-004-0001-0084。

三　船民政治認同的塑造

　　政治認同，通常指的是人「在一定的社會聯繫中確定自己的身份，如把自己看作某一政黨的黨員、某一階級的成員、某一政治過程的參與者或某一政治信念的追求者等等，並自覺地以組織及過程的規範來規範自己的政治行為」。[109]由於船民生產、生活的流動性以及新中國成立初期國家對民船組織領導不夠重視。水改開展初期，廣西西江水域大部分船民對中國共產黨政權的性質、宗旨以及推行水改政策的認識其實還是相當模糊的，以致船民中有人對水改是漠不關心，甚至對工作隊員的訪貧問苦也是相當排斥。為了解決這個問題，在水改中，中共對船民的國家政治認同的培養就是「改造」船民的開始。

　　如何「改造」船民？中共首先從解決船民的利益需求著手。通常情況下，在社會運動開展之前，階級劃分是國家意識培養的開始，也是最為直接的方式。階級劃分可以樹立人群中的「敵我關係」，與「敵人」劃清界線，然後通過鬥爭的方式打擊或改造「敵方」。但水上的情況與陸上是不一樣的。在水改中，中共對船主與船民的階級劃分並不是要在船民當中樹立「階級敵人」，也不是要消滅船主，原因在於「我們中國工業落後，過早的提出消滅船主階級，對整個國家人民是極不利的，而且是有害的。」[110]而是為了消除船工與船民之間長期存在的「勞資糾紛」，爭取船工、船民並團結船主，把目標對準了反革命分子、把頭。因此，這樣的階級劃分在水改中的運用並非像農村土改運動中那樣產生明顯的「效應」。那麼，如何使船民能夠實現

109　中國大百科全書出版社編輯部編：《中國大百科全書，政治學》（北京：中國大百科全書出版社，1992年），頁501。

110　《關於全省內河民船工作會議總結》，1953年2月3日，廣西壯族自治區檔案館藏，檔號X001-006-0461-0098。

國家政治認同，自覺地服務於國家建設？

　　上文已述，水改除了要打擊反革命分子、把頭，還需要活躍水上運輸。這就需要工作隊員在水改過程中有意識地在船民中「培養」國家意識，以實現水改的目的。而這個過程不是單獨進行的，是連續性、有目的性。主要是從船民的「活」與「管」問題入手，以訴苦的形式，摧毀之前舊有的船民生活生產的社會、經濟基礎。然後在訴苦中對船民進行對比教育和挖苦追苦，讓船民認識到現在與過去的區別在哪裡？苦從何處來？等道理，以實現船民從「中國共產黨和人民政府是來幫助船民」到「為國家服務」的認識轉變。中國共產黨在水上推行的「管」與「活」是代表國家意志的活動，含有以下幾層意思：首先，「先管後改」和「先活後改」的開展，改變了水上船民對舊有國家政權與身份地位的認識。比如登記戶口和固定港籍，結束了船民在戰亂後散漫無序的生活狀態，使船民能夠認識到中共與國民黨時期不同的做法。「活」的做法又進一步加深了船民對中國共產黨政權在水上的執行力和親和力的認可，從而在船民思想上開始形成中國共產黨政權的「權威性」和「幫助船民」的國家意識感。其次，「活」與「管」的做法，使中國共產黨的權力直接下移到水上，這種新的國家政治結構，改變了傳統社會時期的國家與地方的關係，使國家意志直接能夠在水上得到體現。最後，中共通過水改發現了大量的積極分子，並在水改之後把這些積極分子納入到國家的管理機構當中，成為國家決策的代理人、秩序的維護者，其背後依託的是新中國的權力。

　　此外，中共注重構建共同的價值認同。價值認同能夠提升政治認同的穩定性，構建價值認同的方式是多樣的，通常會有思想政治教育和文化宣傳。但是，由於船民生產、生活的流動性以及文化水準普遍低下，在水改過程中，採用集中進行思想政治教育的機會並不是很多。與以往城市中對工人、舊職員的政治思想改造進行集中教育相

比，水改中船民價值認同的培養更注重與船民建立共同的情感體驗，從拉近船民與船民、船民與水改工作隊員之間關係入手，然後通過訴苦、挖源等方式啟發船民政治意識。船民產生的政治意識是他們能夠主動參與水改的前提。這種國家政治意識的產生並不是一個簡單的灌輸過程，而是國家新政權與船民之間的一系列互動活動形成的。在水改工作隊員沒有對船民進行思想啟發之前，大部分船民對自己生活生產的「苦」並不「知情」，或者是認為「苦」並不是一件與他人有關的事情，甚至部分船民對自己的命運持有「天註定」的想法。以致當工作隊員試圖通過訴苦來啟發船民時，船民有「要我說苦，我還要睡覺時想一想，才說你聽」以及上文提到的容縣專區廖二嫂、根子鄧七叔等不願說苦的現象。所以，水改工作隊員對船民的思想政治教育，更注重從個人思想啟發出發。通常有以下幾種做法：首先從船民的日常生產生活中深挖苦源，在思想啟發船民對比過去與現在的生活情況，讓船民瞭解苦源，觸動心靈。然後再輔之以小型漫談會、召開大型的訴苦會，經過不斷對比、追根、訴苦，把「苦根」引申為一個群體的共同「受害」因素，讓船民在思想上認識「苦」是由共同的「敵人」造成的。而現在只有中國共產黨才能實現船民的翻身，在思想上對中國共產黨的認識進行昇華。此外，在水改過程中，水改工作隊員通過在船民中開展訴苦和召開鬥爭大會，使船民與反革命分子、把頭等「敵人」劃清了界限，克服了過去對人民政府、民船工作幹部不信任、排斥等思想，樹立起了船民當家作主的思想，使船民對新國家、共產黨產生了情感上的認同，實現了船民「國家身份」認同的轉變。據檔案資料載：平樂城廂發動群眾參軍時，就有十二個水上青年主動報名參軍。船民說盤古開天地船民都沒有參軍的，這是第一次。[111]

---

[111] 《平樂區民船民主改革總報告》，1953年7月23日，廣西壯族自治區檔案館藏，檔號 X001-006-0293-0085。

小結

　　水改是鎮反運動的尾聲。在水改開展之初，中央就已經指出打擊的對象就是在陸上鎮反運動之後「潛逃」到水上反革命分子和把頭。水上屬於鎮反運動之後未進行過系統的社會「真空地帶」，水改的開展是必要和適時的。與陸上鎮反不同的是，水上改革打擊的目標對象僅僅是針對水上存在的反革命分子和把頭等，範圍較小，規模不大。「殺、關、管」的比例也是極低。在水改之前，人民政府採取了「先管後改」、「先活後改」的方式，拉近了船民與新政府之間的距離。但不管怎樣，水改的總體做法，是在鎮反運動的框架下完成，是多方面力量互相作用的結果。另一方面，水改是結合了多項社會運動同時進行，是鞏固政權與社會改造的結合。水上改革運動肅清了水上的反革命分子，解決了水上舊政權得以維繫的社會基礎，建立了水上基層群眾組織和權力機關，鞏固了新政權並建立了水上新秩序。鑑於土改的經驗和中央的統一部署，廣西的水改從開始到結束，分別採取從試點到全面鋪開的做法，採用準備、動員、鬥爭、團結、建設五個階段的方式開展打擊水上反革命分子和活躍水上運輸。從廣西各地捕殺的反革命分子情況看，「土匪」佔多數，這些「土匪」大多是鎮反運動時期潛逃於水上的反革命分子。這說明中央對水上「掩藏」起來的反革命分子的判斷是正確的。水改中對反革命分子的打擊，儘管沒有對水上船民階級的變動產生巨大的影響，但新的國家水上政權組織、水上運輸制度和群眾性治安組織的建立，使國家的力量滲透到了水上，對水域社會的控制越來越強，「壓縮」了各種破壞社會秩序力量的活動空間。中國共產黨對西江水域社會秩序的調整過程不單是打擊反革命分子的過程，也是對水域社會進行改造的過程。在水改的準備階段，水改工作人員採取「固定港籍」、「登記戶口」等方式使原來隨意流動

的船民固定下來，船民重新獲得了新國家的身份，完成了國家身份認同的改造。同時，工作隊員對原有的民船工會、聯合運輸社等組織內部人員進行了整頓或裁撤，清理身份複雜人員，保證了國家水上管理機構的穩定。此外，中國共產黨注重船民的思想教育。在思想動員階段，工作隊員在船民中開展的訴苦、鬥爭大會，潛移默化地完成了對船民的政治意識培養和改造，實現了水上人群從「化外之民」向「人民當家作主」的根本性轉變，新的水上秩序從而形成。

史學研究叢書・歷史文化叢刊 0602028

流散與匯聚：
明清以降華南地區的流動人群及其經世策略

作 者	韓冬威 丁 汀
	謝智敏 梁新堂
責任編輯	林婉菁
特約校對	吳昕瞳
發 行 人	林慶彰
總 經 理	梁錦興
總 編 輯	張晏瑞
編 輯 所	萬卷樓圖書股份有限公司

臺北市羅斯福路二段 41 號 6 樓之 3

電話 (02)23216565

傳真 (02)23218698

發　行　萬卷樓圖書股份有限公司

臺北市羅斯福路二段 41 號 6 樓之 3

電話 (02)23216565

傳真 (02)23218698

電郵 SERVICE@WANJUAN.COM.TW

香港經銷　香港聯合書刊物流有限公司

電話 (852)21502100

傳真 (852)23560735

ISBN 978-626-386-048-3

2024 年 5 月初版

定價：新臺幣 380 元

如何購買本書：

1. 劃撥購書，請透過以下郵政劃撥帳號：

   帳號：15624015

   戶名：萬卷樓圖書股份有限公司

2. 轉帳購書，請透過以下帳戶

   合作金庫銀行　古亭分行

   戶名：萬卷樓圖書股份有限公司

   帳號：0877717092596

3. 網路購書，請透過萬卷樓網站

   網址 WWW.WANJUAN.COM.TW

大量購書，請直接聯繫我們，將有專人為您

服務。客服：(02)23216565　分機 610

如有缺頁、破損或裝訂錯誤，請寄回更換

國家圖書館出版品預行編目資料

流散與匯聚：明清以降華南地區的流動人群及其
經世策略 / 韓冬威, 丁汀, 謝智敏, 梁新堂著. --
初版. -- 臺北市 ： 萬卷樓圖書股份有限公司,
2024.05

　　面；　公分. -- (史學研究叢書. 歷史文化叢
刊；0602028)

ISBN 978-626-386-048-3(平裝)

1.CST: 移民史　2.CST: 人口遷移　3.CST: 文集
4.CST: 中國

577.1907　　　　　　　　　　　113003175